大学生
职业生涯规划与就业指导

主　编　王晓庆　麻曦业

副主编　关振平　何慧姝　卢　栎

主　审　张景春

北京理工大学出版社
BEIJING INSTITUTE OF TECHNOLOGY PRESS

图书在版编目（CIP）数据

大学生职业生涯规划与就业指导 / 王晓庆，麻曦业主编. — 北京：北京理工大学出版社，2021.1

ISBN 978-7-5682-9385-3

Ⅰ. ①大… Ⅱ. ①王… ②麻… Ⅲ. ①大学生-职业选择-高等学校-教材 Ⅳ. ①G647.38

中国版本图书馆 CIP 数据核字（2020）第 263577 号

出版发行 / 北京理工大学出版社有限责任公司
社　　址 / 北京市海淀区中关村南大街 5 号
邮　　编 / 100081
电　　话 / （010）68914775（总编室）
（010）82562903（教材售后服务热线）
（010）68948351（其他图书服务热线）
网　　址 / http://www.bitpress.com.cn
经　　销 / 全国各地新华书店
印　　刷 / 定州市新华印刷有限公司
开　　本 / 787 毫米×1092 毫米　1/16
印　　张 / 16.5
字　　数 / 396 千字
版　　次 / 2021 年 1 月第 1 版　2021 年 1 月第 1 次印刷
定　　价 / 45.00 元

责任编辑 / 张荣君
文案编辑 / 曾繁荣
责任校对 / 周瑞红
责任印制 / 边心超

前言
PREFACE

本书是依据教育部印发的《大学生职业发展与就业指导课程教学要求》(教高厅〔2007〕7号),结合高职院校学生培养目标,立足于提高大学生的就业能力和职业生涯管理能力而编写的教材。

在编写过程中,编写团队坚持以学生为主线,专注于大学生在校期间的学业规划、生活成长规划和职业生涯规划,引导学生树立正确的就业与创业观,使他们在充分认识自己的前提下,自我设计,自我规划,有目的地提升自己的就业与创业能力。本书注重理论与实践并重,强化专业和职业之间的联系,力求贴近大学生的实际需求,突出内容的系统性、实用性和有效性,让大学生从观念、心态、知识、技能等方面做好应对职业挑战的全面准备,帮助大学生有效地谋求职业,较快地完成职业过渡和走上职业发展的良性轨道。

本教材分为职业生涯规划篇、就业指导篇两部分。职业生涯规划部分打破传统静态的“生涯匹配”生涯规划体系,以动态的“生涯行动”还原真实、变化的个人生涯状态;就业指导部分试图从“社会需求”的角度切入,构建“以用人单位为导向”的逆向思维就业指导模式。

在本书的编写过程中,编者借鉴了一些专家及学者论著中的先进思想和理念,在此对这些论著的作者表示衷心的感谢。由于编者水平有限,书中难免存在一些不足之处,望各读者批评指正。

编　者

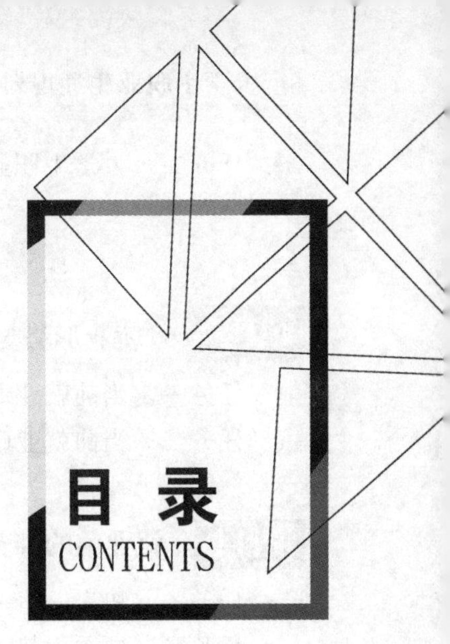

上篇　职业生涯规划篇

下篇　就业指导篇

上　篇

职业生涯规划篇

- ◆认识职业生涯
- ◆认识自我
- ◆认识职业环境
- ◆做好职业决策
- ◆大学生职业生涯规划

项目一　认识职业生涯

1. 掌握生涯、职业生涯的内涵。
2. 认识专业、社会活动、人际关系三者与职业生涯发展的关系。

任务一　职业生涯概述

案例导入

没有规划的人生注定要失败

小张，毕业于某专科学校文秘专业，现从事文职工作。大学期间，小张一直是名优秀的学生，但自认为毫无特长，大学的专业并不是自己喜欢的，也不清楚自己到底喜欢什么。她当了两年教师，没找到兴奋点，后来又稀里糊涂地读了原专业的研究生，毕业后进入出版社工作。工作了两三年，没有太大的成就感，感觉很苦闷，好像有劲儿没处使，于是想跳槽。偶然看到报纸上的某个招聘广告就去应聘了，虽然顺利进入新领域，然而她对所进入的行业没有太多的了解。

刚进入一个新领域的新鲜感消失后，小张又开始怀疑自己的选择："我到底适不适合这个职业？"她在这个岗位工作了几年，别人看来还算不错，但她内心有时会冒出一个声音："这不是我最想要的！"不满足感常常困扰着她。这期间，她读了一些有关职业规划的书籍，才把这个问题与自己的职业规划联系起来，后悔从前没有自我规划的意识。但转念一想，即便有自我规划的意识，如果不清楚自己想干什么，也无从规划。

转眼间，小张已经35岁了，再重新规划职业道路也有些力不从心了，所以她非常想提醒那些尚未进入职场的大学生：不要随波逐流，规划自己的未来很重要。

问题聚焦：

1. 大学只是另一次旅途的起点，进入大学后你是否为自己找到了一个目标？
2. 思考应该怎样选择自己的职业？

一、生涯的内涵

生涯在中国文化中有尽头、极限之意，语出《庄子·养生主》："吾生也有涯，而知也无涯。""生"乃活着之意，"涯"则为边界之意，二者构成生涯则是生活、一生的极限，也就是终生经历的意思，指生命从开始到结束的历程。生涯的英文为 Career，最早源自古罗马 Via Carraria 及拉丁文 Carrus，二者意义均指战车。在希腊文中，Career 有疯狂竞赛的意思，其当作动词，如 to career a horse，意思是驾驭马车，在马场上驰骋竞技。西方人认为 Career 含有未知、冒险、克服困难、奋进向上的意思。生涯是面向未来的，我们依然可以面向未知而冒险。这种应对是一种积极向上的态度。

随着语言的发展，Career 逐渐有了两种用法：一种是作为名词使用的，意为生涯、职业、事业和向上的职业流动，指的是一份职业由基层逐步向上发展的过程，如高校教师的生涯指的是从助教、讲师、副教授、教授逐步向上发展的过程；另一种是作为形容词使用的，意为毕业生职业发展的稳定性及专业性，如职业军人。

目前，大多数学者接受的生涯定义是美国著名的生涯大师舒伯（Super. 1976）的观点："生涯是生活里各种事态的演进方向和历程，是生活里各种事态连续演进的方向，它整合了人一生中依序发展的各种职业和生活角色，表现出独特的自我发展形态。它是人生自青春期开始到退休之后，一连串有酬或无酬职位的综合，除此而外，还包括任何与之相关的角色，如学生、受雇者、退休人员，甚至包括副业（休闲者、持家者）、家庭（儿女、父母、配偶）、公民的角色。"

二、职业生涯

职业生涯是指个体职业发展的历程，一般是指一个人终身经历的所有职业发展的整个历程。

（一）舒伯的生涯阶段理论

舒伯将人的职业生涯发展分为 5 个阶段。

1. 第一个阶段：成长阶段（0~14 岁）

这个阶段的孩童开始发展自我概念，开始以各种不同的方式来表达自己的需要，且经过对现实世界不断地尝试修饰自己的角色。这个阶段发展的任务是：发展自我形象，发展对工作世界的正确态度，并了解工作的意义。

2. 第二个阶段：探索阶段（15~24 岁）

这个阶段的青少年通过学校、社团等举办的活动，对自我能力及角色、职业进行探索，职业倾向趋向于某些特定领域。这个阶段共包括 3 个时期：一是试探期（15~17 岁）；二是过渡期（18~21 岁）；三是试验并稍做承诺期（22~24 岁），生涯初步确定并试验其成为长期职业生活的可能性。大学生的生涯发展阶段属于探索期。这个阶段发展的任务是从多种机会中探索自我，逐渐确定职业偏好，并从所选择的领域中开始起步。

3. 第三个阶段：建立阶段（25~44 岁）

经过上一阶段的尝试，不合适者会谋求变迁或做其他探索，因此，这个阶段较能确定在整个事业生涯中属于自己的"位置"，并在 31~40 岁开始考虑如何保住这个"位置"并将之固定下来。这个阶段发展的任务是统整、稳固并求上进。这个阶段又包括两个时期：一是试验—承诺稳定期（25~30 岁），个体寻求安定，也可能因生活或工作上的若干变动而尚未感到满意；二是建立期（31~44 岁），个体致力于工作上的稳定，大部分人处于最具创造力的时期。

4. 第四个阶段：维持阶段（45~64 岁）

个体通过不断努力来获得职业生涯发展和成就，并能逐渐在自己的领域中占有一席之地，这一阶段发展的任务是维持既有的成就与地位。

5. 第五个阶段：衰退阶段（65 岁以上）

这一阶段由于生理及心理机能日渐衰退，个体不得不面对现实，从积极参与到隐退。通过发展新的角色，或寻求不同方式以替代和满足需求。

在上述生涯发展阶段中，每一阶段都有一些特定的发展任务需要完成，每一阶段需达到一定的发展水准或成就水准，而且前一阶段发展任务的达成与否关系到后一阶段的发展。在人一生的生涯发展中，各阶段同样需要面对成长、探索、建立、维持和衰退的问题，因而形成“成长—探索—建立—维持—衰退”的循环。图 1-1 为职业生涯彩虹图。

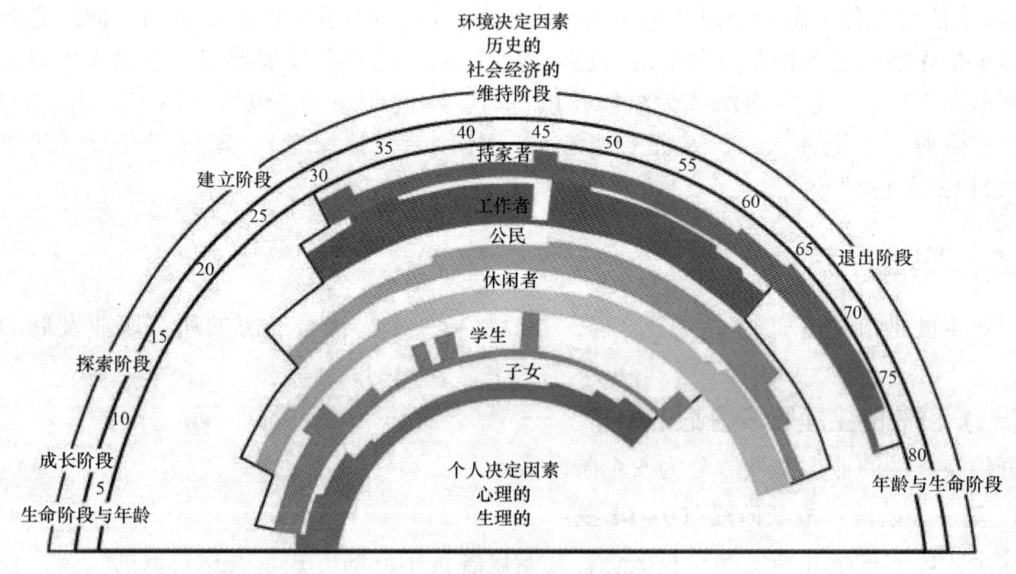

图 1-1　职业生涯彩虹图

从图 1-1 中我们可以看到生涯发展立体化了。从长度上，它包括了一个人从生到死的全部生命历程；不仅关注职业角色，也重视非职业角色对一个人生涯的影响。舒伯认为，持家者、公民、休闲者、学生、子女、配偶、退休者等角色和工作者的角色都是一个人自我概念的具体表现。工作与生活满意的程度有赖于个人能否在工作上、职场中，以及生活形态上找到展现自我的机会。

在舒伯的理论中，生涯规划更注重职业对人的意义。完美的人生，未必仅仅依赖于职业角色的完美与否，更多的非职业角色使人生有更多自我实现的可能性。例如，一个学生的兴趣，如果不能从专业学习中得到百分之百的释放，那么就要认真规划一下自己的休闲角色，从而获得更多的自我实现。关于非职业角色对生涯发展的意义，我国台湾学者金树人先生的描述很生动、贴切，他说：“生涯辅导是将休闲视为生涯中与教育、职业不可分割的部分：宛如一幅画中，留白的部分也同时构成全幅画的精髓；又似一盆插花，空间的部分也是花道的精华。”

生涯不是一个静止的点，它是一个动态的历程。不只发生在人生的某个阶段，而是如影随形，相伴人的一生。同时因为遗传、家庭、经历、性格、兴趣、价值观、能力及所处社会环境等的不同，每个人的生涯也会不同。所以，生涯的发展是个性化的发展，即使身处同一时代、同一文化背景下，每个人也会有属于自己的生涯。

（二）帕森斯特质因素理论

美国波士顿大学教授弗兰克·帕森斯（Frank Parsons）的特质因素理论，同时也被叫作"帕森斯的人职匹配理论"。

他认为人格模式中的每个人都是独一无二的，而且每一种人格模式都有对应的一些职业类型。

特质因素理论主要是对人进行分类，具备某种特质的人，适合去做什么样的事情，具备另一种特质的人，又适合去做哪些事情。

帕森斯提出用三要素，即特性、因素和人职匹配，构成特质因素理论的核心点。

首先，认识自己，包括自己的身体状况、兴趣、性格、能力、价值观念、学历成绩、工作经历等一些个人资料，以及各方面的限制。

其次，认识工作世界，分析各行各业所需的工作条件。

最后，对上述两方面的所得资料进行适当推理，找出二者之间的关系，作一个适当的配合。

特质因素理论存在以下限制：

（1）太过单一。特质因素理论认为个人的生涯目标是单一的，人一辈子只有一个适合自己的正确目标。而事实证明，一个人是可以有多个适合他们的目标的。

（2）过于依赖心理测量的结果，太过片面。事实上，影响个人职业选择的因素除了个人特质以外，环境中多方面的因素都能够对其产生影响。

（三）霍兰德职业兴趣理论

霍兰德提出职业选择的人业互择理论，也有人称之为"人格类型理论"。基于这个"人格类型理论"，发布了六角形模型。

霍兰德的观点源自荣格心理学的概念，在他看来，职业选择行为是个人人格特质的延伸，在进行职业选择的过程中可以反映出个人的人格特质。而最后选择的职业与个人人格特质的匹配程度，则会影响个人对工作的满意度、适应度以及工作稳定程度。

至今为止，霍兰德职业兴趣理论在生涯领域仍是具有影响力、运用非常广泛的一个测评工具。它的重点不在于个人心理特质是如何形成的，而是在于如何将形成的个人特质与职业相匹配。霍兰德职业兴趣测试区别于其他工具的一个非常重要的点，就是它不仅展现了个体的兴趣人格价值观，同时还对职场的环境以及职业进行分类。

（四）克朗伯兹职业决策社会学理论

美国斯坦福大学教育和心理学教授克朗伯兹将班杜拉社会学习理论应用在生涯辅导的领域里，通过讨论影响个人做决定的一些因素，设计出一些学习方案，用来增进个人的决策能力。克朗伯兹认为每个人都拥有相当复杂的生涯发展经历，个人的社会成熟度在很大程度上依赖于对他人行为的学习和模仿，并由此决定了他们的职业导向。他还认为应当主动把偶发事件整合进自己的生涯规划中，积极地去汲取学习经验，了解工作技能提升的方法。

三、职业生涯规划的意义

著名的职业生涯专家米歇尔·罗兹（Michelozzi，1998）指出，生涯规划有突破障碍、开发潜能、自我实现三方面的积极目的，如图1-2所示。一个人最大的幸福，是能以自己选择的方式生活，择其所爱、爱其所择的结果，会使一个人以己为荣，并呈现出圆融、丰足、喜悦、智慧和充满创造力的气质。

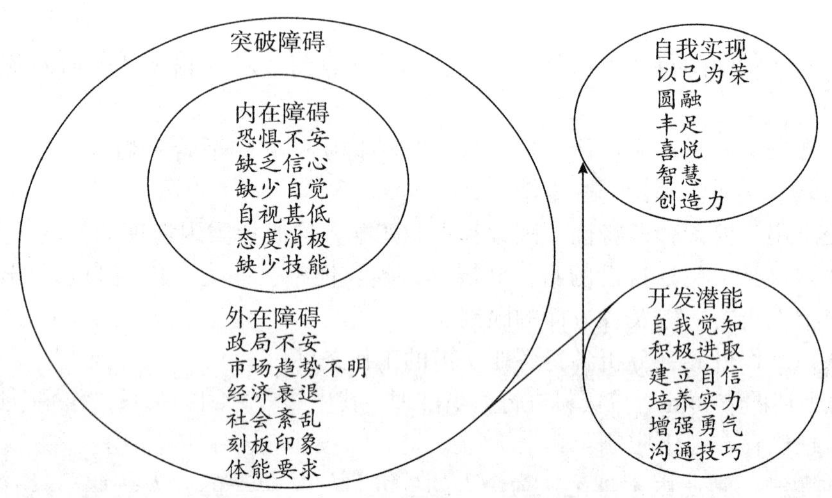

图1-2 生涯规划的三个积极目的

在职业生涯发展过程中，很多学生对如何追求理想的工作或人生目标充满疑虑；还有的学生甚至不敢去想象或者设立理想目标，因为觉得那是不可实现的，从而阻碍了学生插上理想的翅膀。造成学生不敢迈出勇敢脚步的原因通常有两种：内在障碍和外在障碍。内在障碍通常是由于个体对自己的不了解、低评价、不自信或者无安全感造成的。外在障碍则来自个体所处的环境，通常与政局变动、市场的难以预测、经济衰退和社会秩序混乱等相关。一个没有职业生涯目标的人，很容易受外界因素的影响。

职业生涯规划可以帮助人们设立目标，给人们带来希望，从而突破发展中的内在障碍和外在障碍，最终实现幸福人生。

职业生涯规划可能在以下几方面对个体产生影响：

（1）个体选择了某种职业，它决定了个体的兴趣、能力是否能得到充分发展。

（2）个体的生涯抉择将决定个体在什么地方工作或居住。

（3）不同的生涯抉择，对个体的生活作息与工作时间有不同的影响。

（4）不同的职业，决定了个体与什么人一起工作，建立怎样的人际关系。

（5）工作时间的长短对休闲方式也会有所影响。

（6）不同的工作也会影响家庭生活形态。

职业生涯活动将伴随我们的大半生，拥有成功的职业生涯才能实现完美人生，因而职业生涯规划对大学生具有如下重要意义。

（一）职业生涯规划有助于大学生明确学习目标

大学是学习知识、培养和锻炼能力的关键时期，刚刚进入大学的学生往往因为尚不适应大学生活变化而变得慵懒。相对于高中阶段而言，大学阶段没有人为其设定明确的目标，学生大多是盲目的。职业生涯规划的作用，在于帮助学生尽早树立明确的目标并预先进行系统的安排。进行职业生涯规划必须分析理想职业对从业者的素质和能力要求，分析每个人现有的知识结构和实际能力，通过评估职业目标和个人现状的差距，使大学生充分认识到自身的不足并合理地为自己定位，进而为大学生提供努力进取、奋发图强的动力。

（二）职业生涯规划有助于大学生树立科学的择业观

大学生进行职业生涯规划的目的不仅仅是个人在毕业时找到一份自己喜欢且适合的工作，更重要的是使个体真正认识自我，努力谋划未来，追寻自己理想的生活方式，实现自我价值。首先，要树立科学的就业观，认识就业与人生的关系，发挥主观能动性，有意识地结合职业理想，自我发展，真正实现“要我学”到“我要学”的转变，能从根本改进校风、学风；其次，应正确认识自己的特点与职业的要求，全面分析专业对口、职位薪水、行业特点等，找到岗位与自己的对接点，实现“人职匹配”；最后，认清自身的发展与社会需求的关系，在择业中既尊重自己的职业发展又兼顾国家与社会的需要，达到个人与社会、与国家的和谐发展。

（三）职业生涯规划有助于大学生提升就业竞争力

尽管造成大学生就业难的原因是多方面的，但是其中最突出的问题仍是大学生的自身就业能力不足，达不到用人单位的要求。大学生进行职业规划的过程，实际上是培养自身能力以适应社会需求的过程，是不断增强就业竞争力的过程。在此过程中，既能获取丰富的外部信息，增强心理上的就业准备，又能随着知识和能力的积累，以及对自己和职业认识的加深，逐步建立和增强就业创业自信心。

（四）职业生涯规划有助于大学生缩短职业适应期

合理的职业规划有助于大学生为未来职业提前做好各种准备，这将缩短任职后的职业适应期，帮助其尽快完成从学生向职业人的角色转换，尽快适应社会，适应新的工作。同时，职业生涯规划是一个动态过程，一个人会在实践中不断根据外部环境、自我潜能发展的状况，合理地修正自己的职业目标，最终在“人职匹配”的最佳位置更好地发挥自己的聪明才智。

（五）职业生涯规划有助于合理配置人力资源

职业生涯规划有利于合理配置人力资源，实现个人和企业的双赢。通过职业生涯规划，可以促使大学生主动了解国家的政治、经济、科技、文化和社会要求及发展趋势，使其自觉调整职业预期以寻找更多、更大的发展空间，做到“人尽其才，才尽其用”。即使在同一企业内部，加强员工职业生涯规划和管理也是企业资源合理配置的首要问题。企业为了留住人才、凝聚人才，将努力为员工提供施展才能的舞台，帮助员工提高在各个需要层次的满足度，促成员工充分实现自我价值，因此，懂得适时把握机会，进行长期职业规划非常必要。

大学生涯是人生中最美好的时期之一，它是职业发展的准备期和起步阶段，是自我概念增强与认知能力发展的关键阶段，也是丰富情感与开发智力的关键阶段。很多新生拿着录取通知书到校报到、注册后就以为完成了身份的华丽转身，其实不然。从高中到大学，无论是生活方式、学习方法，还是人际交往都会有全新的变化和不一样的感受。因此，在大学里做一份详细的学业规划，制订达成目标的行动方案是非常必要的。

任务二　大学生活与职业生涯发展

案例导入

有目标定位与没有目标定位的出路比较

哈佛大学曾做过一个非常著名的关于目标定位对人生所产生的影响的跟踪调查。调查对象是一群智力、学历、环境等条件都相当的年轻人，调查内容为规划对人生的影响。结果发现：毕业时，27%的人没有人生目标；60%的人目标模糊；10%的人有清晰但比较短期的目标；3%的人有清晰而长远的目标。

通过25年的跟踪调查发现，他们的生活状况与定位有极大的关系。定位决定了他们日后的发展，目标定位对人的出路有巨大的导向作用。

27%没有目标的人，几乎都生活在社会的最底层。他们都生活得不如意，常常失业。靠社会救济生活，并且常常抱怨他人、抱怨社会、抱怨世界。

60%目标模糊的人，几乎都生活在社会的中下层，安于现状，属于社会的蓝领阶层。几乎没有什么特别的成绩。

10%有清晰的短期目标的人，大都生活在社会中上层。他们的共同特点是：不断完成短期目标，生活状态良好，他们已经成为各行业不可或缺的专业人士，如医生、律师、工程师、高级主管等。

3%有清晰且长远目标的人，25年来总是朝着同一个方向不懈努力。25年后，他们已经成为社会各界的顶尖人才，其中不乏创业者、行业领袖、社会精英。

美国耶鲁大学也曾做过类似的调查研究，调查结果为：3%有清晰的长期目标的毕业生，20年后挣的钱比剩下的97%的毕业生挣的钱的总和还多。

我们都知道的目标，像分水岭一样，轻而易举地将资质相似的人分为少数精英和多数平庸之辈。前者主宰了自己的命运，后者随波逐流。

问题聚焦：

你认为大学进行职业生涯规划是不是太早了？

大学生涯是整个人生的重要阶段，是职业发展的准备期、探索期。在大学选择某一专业进行学习，是为今后做职业准备，因而大学生涯是为职业准备的阶段。这是个人职业生涯的起步阶段和打基础阶段，是决定自己能否赢在起点的重要阶段。

一、专业与职业生涯发展

进入大学后，有的学生认为，学习知识已经不是大学生活的主要内容了，甚至对专业知识学习也缺乏动力与兴趣。这种观念对吗？答案是否定的。大学生毕业以后要想成为专业人士，从事专业性较强的工作，就必须有过硬的专业知识。而作为知识结构的核心部分，专业知识需要具备一定的深度和广度，而且大学生要善于将专业领域与其他相关领域紧密联系，做到专博相济、专深博广。学习哪些专业知识，从一定程度上决定了个体的职业选择，学得如何在一定意义上决定了个体的职业发展情况。有较强的专业知识、专业技能，个体的职业发展的空间将会很大，职业生涯也会越走越远，越走越宽广。同时，选择了合适的专业，需要构建合理的知识结构。知识的积累是成才的基础和必要条件，人们常常把一个人掌握知识的多少作为衡量水平高低的标准，但它不是衡量人才的绝对标准。单纯的知识数量并不足以表明一个人真正的知识水平。21 世纪对未来人才的知识综合性结构提出了更高的要求，要求大学生既能很好地适应社会需要，又能充分体现个人特色；既能满足专业要求，又有良好的人文修养；既能发挥群体优势，又能展现个人专长。构建合理的知识结构没有捷径可走，只能通过学习和积累。需要强调的是，大学生所学的专业知识要精深、广博，除了要掌握宽厚的基础知识和精深的专业知识外，还要拓宽专业知识面，掌握或了解与本专业相关、相近的若干专业知识和技术。此外，还要在学习中培养创新能力和创新精神。

二、社会活动与职业生涯发展

大学是连接学校与社会的桥梁，所以需要发展职业能力，没有职业能力就没有就业资格，也就没有职业发展的可能。发展职业能力最重要的环节就是参与社会实践活动。社会实践活动环节是相对于课题、书本、理论教育环节而言的。通过实践教育环节有效地促进学生提高思想觉悟、丰富知识、增强社会责任感，树立正确、健康向上的世界观、人生观和价值观，增长才干。就实践活动的具体环节而言，又有各自相对侧重的功能和目的，包括：教学实践环节，侧重课堂书本理论的学习；第二课堂实践环节，侧重综合运用所学知识的能力；社会实践活动环节，侧重在社会实践中锻炼和发展自己；生活管理实践环节，侧重培养学生自主、自理、自律、自强的精神和能力。

社会实践活动对大学生调整知识结构，增强社会适应能力，提高思想政治素质等方面起着关键作用。一是促使大学生认识社会，增长见识，认清自我。通过各项实践活动，能够使大学生了解社会，了解国情，开阔视野，明确历史使命，正确地评价自己，找到自己在社会中的位置。二是使理论与实践相结合，培养学生的综合能力。通过各项实践环节，大学生可培养独立获得知识、不断更新自己知识的能力、实践活动能力、思维想象能力、表达能力、组织管理能力、科学研究能力等，完成知识与能力的互相促进与转化，积累一定的社会实践经验。三是为将来大学生从事职业活动做积极、有效的准备。参加社会实践活动，能够帮助大学生顺利从学校向职业活动过渡。实践活动在大学生心态转变过程中担负着重要使命。

三、人际关系与职业生涯发展

对于个人而言，良好的人际关系是获取机会、获得事业成功的重要途径。

美国著名的企业家、职业生涯指导专家卡耐基说过：“一个人事业上的成功，只有 15% 是由于他的专业技术，另外的 85% 是靠人际关系和处事技巧。”也许这句话有些偏颇，但是在相同的智商、同等的学历和工作技能的条件下，谁的人际关系好，谁的人际资源丰富，谁的事业就能得到更好的发展，这一点是不可否认的。

人的一生中会结识很多人，同学、校友、师兄弟的关系在人的社会关系中占有很大的比例。从中学到大学，到进入社会，经过多年的历练，许多同学在社会上取得了一定的社会地位，有了一定的经济基础。如果能够和曾经一起寒窗苦读的同窗好友联手打天下，无疑是很多人的美好愿望。同学资源作为个人人际资源中的重要一项，我们必须学会珍惜它，在平时的学习、生活中与同学建立良好的友谊，构建和谐的人际关系。

良好的人际关系可以成为我们有效的人际资源，并为我们的工作及职业生涯发展创造一个良好的发展空间。

四、大学生职业生涯规划的常见问题

问题一：我是谁？

全方位地对自己进行深刻反思，从各个方面去真正地认识自己。在这个环节里，需要对自己的兴趣、性格、专业、学历、爱好、动机、能力、特长、技能、价值观等多个方面做全面的评估，逐一列出。

问题二：我想干什么？

这是对自己职业发展的心理趋向的访谈，指明职业发展方向。大概率下，每个人在不同阶段的兴趣和目标不一定完全一致，甚至有可能出现对立的情况。随着阅历的增加以及年龄的增长而不断调整，人生目标自然也会发生相对应的调整，这是一个非常正常的现象。

问题三：我能干什么？

这是对自己能力和潜能的全面总结，归根结底，个人的职业最根本还要归结于个人的能力，发展空间的大小主要还是取决于自己的潜力。对潜力的了解可以从自身学习能力、兴趣、知识结构、沟通能力等方面进行重点认识。

问题四：与时俱进的大环境下允许我干什么？

当前的国际形势、国家形势以及当地的各种状态，如经济发展、帮扶政策、人事政策、职业空间、家庭环境等，甚至还包括一些全国性的乃至全球性的突发情况（如2020年初席卷全球的新型冠状病毒肺炎疫情），都有可能影响到就业环境。例如，濒临破产的口罩厂在疫情发生后“死而复生”，全国中小型企业特别是餐饮行业在疫情期间叫苦不迭，难以维持生存等。人为主观方面包括领导态度、同事关系、亲戚关系等，也会产生一定影响，应将二者结合起来加以分析。

问题五：我将成为什么？

通过对上面4个问题的详尽分析以及得出的答案，综合分析，便可找准自己的职业定位、职业选择和职业目标，最终形成自己有效的生涯规划路径，在实施过程中可不断地进行调整完善。

五、大学生职业生涯规划的误区

误区一：职业生涯规划就是为找工作而准备。

职业生涯规划是为了找到适合自己的职业，如果在大学阶段就为自己日后的职业发展做好充分准备，那就可以相应地加快个人的职业发展。找到适合自己的职业就可以更好地发展自己的职业生涯，职业生涯的有利发展也会促进个人生涯的发展。我们可以看到，职业就是人生最大的课题之一。所以，在大学阶段规划职业是对人生负责的一种表现。

误区二：才大学一年级就考虑职业发展是不是太早了？

很多同学认为，我刚从繁重的高三中解脱出来，还想在大学好好放松，轻松享受大学生活呢。大一就要考虑职业的事情太早了。其实，考虑职业发展并不是从大一开始的。高考后选专业、选大学、选地域都是为职业发展所做的决定，甚至在更早的时候就做过别的职业决策。需要大家思考的是，未来职业朝哪个方向发展、发展到什么程度，这些都是需要时间和经验积淀的。大学是大家从学生逐步转变为社会人的阶段，大家要在大学中完成观念的转变、能力的提升和专业的训练，这些都是在为未来职业发展做准备。因此，大学一年级就应该考虑和未来相关的事项了。

误区三：计划赶不上变化，职业生涯规划有用吗？

有这种意识的大学生混淆了规划和计划、规划和变化的关系。计划是一种较主观的思考安排，而规划则是将主客观都考虑到的一种统筹安排。很多计划是表现为头脑一热，大腿一拍就草率确定的主观行为，我们可以在大学生安排寒暑假的生活中来明确这个区别。一些大学生设定的假期计划落了空，而另外一些大学生的计划得以落实，前者为计划，后者为规划。造成计划落空主要有两方面的原因：一方面是计划不周密，另一方面是自我管理不严格，当然还有其他的因素在里面。但如果是规划呢？那就会在事前考虑自律性差、环境不具备等因素，并制订相应的应急方案。可以说，如果规划制订得不严密，就会沦为计划，而缜密的计划就是规划。计划和规划的区别不仅仅是以执行的最终结果为判断依据，而是以考虑得全面周到与否和执行得严格与否来区分的。变化本身就是在规划中要考虑的因素和步骤，换句话说，就算是最坏的结果、最大的问题也是可以预料到的，即使预料不到，也会通过修正步骤及时发现，即使不能及时发现，也会通过应急方案予以解决。所以说，变化是逃不过规划的，除非你没有考虑变化就开始规划，而没有考虑变化的规划是不能够称为规划的，最多可以称为计划。

误区四：职业测评是可以测出自己适合什么职业的。

目前，在大学生中有着这样的一种认识倾向：通过做职业测评就可以测出自己适合的职业。其实，测评主要是依据一定的行为投射反映内在心理，界定影响目标行为的关键因素并确定所占影响的权重，再结合一定的真实样本，通过测评个人对关键因素的关键事件的反应来做一定判断。测评是通过外在因素来分析内在本质特征，因此，我们不能完全依赖人才测评，很多测评选取的常模不是来自我国本土案例，这样就更加大了测评的风险性。所以，国内的一些职业测评软件的可信度和有效度没有测评公司对外宣传的那么高。那么，测评到底有没有作用呢？笔者认为，人才测评报告只能作为我们分析自己和选择职业的一个参考，仅仅凭一个测评软件来为自己人生职业的前程做决策显然是不理智的。职业规划是一定要将理论分析、实践验证以及自我修正等手段加以综合并且通过一定时间才可以确定，否则单纯依靠理论分析，或者单纯依赖职业测评，抑或是单纯的职业实践都不能得出有效和准确的判断。

误区五：职业生涯规划是可以通过讲座等方式速成的。

职业生涯规划是不能速成的。职业生涯规划是不可能通过几场讲座或者几次活动，甚至是几次授课就可以做出的，因为其中几个因素必须由当事人在实际情景中亲身探索才能确定，而这些仅仅通过理论上的学习、课堂的讲授是无法落实的。技能、技术等操作层面的东西只要掌握了正确有效的方法，就可以速成，而职业生涯规划必须经过实际职业体验和职业能力塑造、职业潜力开发等各个环节才可以完成，自身定位是无法通过理论来速成的。

项目二　认识自我

学习目标

1. 澄清职业价值观，把握职业发展中的决定因素。
2. 发掘自身职业兴趣，将兴趣与未来职业发展相联系。
3. 了解职业性格，将性格与未来职业发展联系起来。
4. 发掘和提升职业能力，将能力与未来职业发展联系起来。

任务一　我看重什么——职业价值观探索

案例导入

渔夫和商人

一个美国商人坐在墨西哥海边某个小渔村的码头上，看着一个渔夫划着一艘小船靠岸。小船上有好几尾大黄鳍鲔鱼。

商人问渔夫："要多久才能抓这么多？"

渔夫说："才一会儿工夫就抓到了。"

商人接着问道："你为什么不待久一点，好多抓一些鱼？"

渔夫不以为然："这些鱼已经足够我一家人生活所需啦！"

商人又问："那么你一天剩下那么多时间都在干什么？"

渔夫解释："我吗？我每天睡到自然醒，出海抓几条鱼，回来后跟孩子们玩一玩，再睡个午觉，黄昏时，晃到村子里喝点小酒，跟哥儿们玩玩吉他，我的日子过得充实又忙碌呢！"

商人不以为然，帮他出主意，说："我是美国哈佛大学企管硕士，我倒是可以帮你的忙！你应该每天多花一些时间去抓鱼，到时候你就有钱去买条大一点的船，再买更多的渔船。然后你就可以拥有一个渔船队，你甚至可以自己开一家罐头工厂。这样你就可以控制整个生产、加工处理和行销。然后你可以离开这个小渔村，搬到墨西哥城，再搬到洛杉矶，最后到纽约，在那里经营你不断扩充的企业。"

渔夫问："这要花多少时间呢？"

商人回答："15 到 20 年。"

渔夫问："然后呢？"

商人大笑着说："然后你就可以在家享福啦！时机一到，你就可以宣布股票上市，把你的公司股份卖给投资大众。到时候你就发啦！你可以几亿几亿地赚！"

渔夫问："然后呢？"

商人说："到那个时候你就可以退休啦！你可以搬到海边的小渔村去住。每天睡到自然醒，出海随便抓几条鱼，跟孩子们玩一玩，再睡个午觉，黄昏时，晃到村子里喝点小酒，跟哥儿们玩玩吉他喽！"

渔夫疑惑地说："我现在不就是这样了吗？"

问题聚焦：

1. 你想过哪种生活？
2. 在职业选择中你会看重哪些因素？

一、职业价值观内涵

价值观是指一个人对周围的客观事物（包括人、事、物）的意义、重要性的总评价和总看法。像这种对诸事物的看法和评价在心目中的主次、轻重的排列次序，就是价值观体系。价值观和价值观体系是决定人的行为的心理基础。价值观是因人而异、相对稳定的，也是可以改变的，它是人们世界观的核心，是人们行为的内驱力。舒伯认为职业价值观是个人追求的与工作有关的目标，即个人在职业上所看重的工作特质或属性。它是个人价值观在职业问题上的反映。

二、价值观与需要——马斯洛需求层次理论

价值观是人对于事物的价值特性的认识，价值观的最终目的在于按照主体生存与发展的需要来有效地配置价值资源，因此，人的需求层次结构在根本上决定着价值观的层次结构。不同的人有不同的需求，一个人在不同的时间阶段，其需求也会有相应的变化。

人的需求有不同层次。美国社会心理学家马斯洛曾经将人的需求划分为 5 个层次，依次是生理需求（Physiological needs）、安全需求（Security needs）、爱和归属感（Love and belonging）、尊重（Esteem）和自我实现（Self-actualization）5 类，依次由较低层次到较高层次排列。

第一层次：生理上的需求。

如果这些需求（除性以外）任何一项得不到满足，人类个人的生理机能就无法正常运转。换言之，人类的生命就会因此受到威胁。从这个意义上说，生理需求是推动人们行动的首要动力。马斯洛认为，只有这些最基本的需求满足到维持生存所必需的程度后，其他的需求才能成为新的激励因素，而此时，这些已相对满足的需求也就不再成为激励因素了。

第二层次：安全上的需求。

马斯洛认为，整个有机体是一个追求安全的机制，人的感受器官、效应器官、智能和其他能量主要是寻求安全的工具，甚至可以把科学和人生观都看成是满足安全需求的一部分。当这种需求一旦相对满足后，也就不再成为激励因素了。

第三层次：情感和归属的需求。

人人都希望得到关照。感情上的需求比生理上的需求更加细致，它和一个人的生理特性、

经历、教育、宗教信仰都有关系。

第四层次：尊重的需求。

人人都希望自己有稳定的社会地位，要求个人的能力和成就得到社会的承认。尊重的需求又可分为内部尊重和外部尊重。内部尊重是指一个人希望在各种情境中有实力、能胜任、充满信心，能独立自主。总之，内部尊重就是人的自尊。外部尊重是指一个人希望有地位，有威信，受到别人的尊重、信赖和高度评价。马斯洛认为，尊重需求得到满足，能使人对自己充满信心，对社会满腔热情，体验到自己活着的用处和价值。

第五层次：自我实现的需求。

自我实现的需求是最高层次的需求，是指实现个人理想、抱负，发挥个人能力到最大程度，达到自我实现的境界，接受自己也接受他人，解决问题能力增强，自觉性提高，善于独立处事，要求不受打扰地独处，完成与自己的能力相称的一切事情的需求。也就是说，人必须干称职的工作，这样才会使他们感到最大的快乐。马斯洛提出，为满足自我实现需求所采取的途径是因人而异的。自我实现的需求是在努力实现自己的潜力，使自己越来越成为自己所期望的人物。

马斯洛的需求层次理论有两个基本点：

（1）人的需求是有层次的，某一层次的需求得到满足后，更高层次的需求才会出现。

（2）某一层次的需求一旦得到满足，便不能再起激励的作用。

人在不同层次的需求反映到平时的工作、生活中，就体现为不同层次的职业价值观，见表 2-1。

表 2-1　马斯洛需求层次与职业价值观对照表

<table>
<tr><th>需求层次</th><th colspan="2">职业价值观</th></tr>
<tr><td>自我实现需求</td><td>发展和成长、兴趣、创造性、社会意义</td><td rowspan="3">精神性价值观</td></tr>
<tr><td>尊重需求</td><td>成就、地位、声望、自主性</td></tr>
<tr><td>情感需求</td><td>人际关系、团队合作</td></tr>
<tr><td>安全需求</td><td>工作稳定性、工作条件</td><td rowspan="2">物质性价值观</td></tr>
<tr><td>生理需求</td><td>经济保障、工资待遇</td></tr>
</table>

三、职业价值观与职业发展

一个人职业生涯的发展程度，决定着人生需求，特别是高级需求的满足程度。在社会中，一个人的需求怎样得到满足呢？怎样才能更好地满足由基本到高级的需求？就是通过职业生涯，即通过从事一个或者多个职业来满足人生需求与价值。人的价值是在为社会作出贡献和对自我价值的不断认定过程当中实现的，而这个过程就是职业生涯。价值观对人们自身行为的定向和调节起着非常重要的作用。价值观决定人的自我认识，它直接影响和决定一个人的理想、信念、生活目标和追求方向的性质。价值观是一种基本信念，它带有判断的色彩，代表了一个人对于什么是好、什么是坏，以及什么会令人喜爱的意见。每一个求职者由于其所受教育的不同和所处环境的差异，在职业取向上的目标和要求也是不同的。在许多场合，我们往往要在一些得失中作出选择，而左右我们选择的往往就是我们的职业价值观。

例如，是要工作舒适轻松，还是要高标准的工资待遇；是要成就一番事业，还是要安稳太平。当两者有矛盾冲突时，最终影响我们决策的是存在于内心的职业价值观，而我们自己有时对自己的价值观并不是很清楚。价值观是人生决策的依据。当个体知道了自己最重要的人生价值所在，那么怎么做决定就易如反掌；反之，如果个体不知道什么是最重要的，那么就很难作出决定，往往成为痛苦的折磨。

当我们有矛盾冲突或妥协与放弃时，常常也是出于价值的考虑。“限制与妥协”理论认为，人们在遇到环境限制时，在职业选择上最先放弃的是兴趣，其次是社会地位，最后是性别角色。但对美籍华人和中国人的调查表明，他们最后放弃的是社会地位。学生在有诱因的条件下均会忽略自己的兴趣而选择热门的科系或工作。

个人由于所处的生涯发展阶段、社会环境的不同，他的需求会发生改变，从而可能导致价值观的变化。当今多元社会中多种价值观的冲击也会导致原有价值观体系的混乱乃至改变。因此，我们需要对价值观不断地审视和澄清。

常见的“不良”工作价值观包括过分着眼于薪酬及其他福利，追求舒适的工作环境，期望工作性质多样化和具有趣味，要求有充足的空余时间享受生活，梦想从事不需要承担工作责任的工作，要求工作要有充足的自由度和自主权，奢望从一份工作中什么都得到。我们应当清楚，很少有工作能够完全满足一个人所有的重要价值观，生活中亦是如此。因此，我们总是要不断地妥协和放弃，这是不可避免和必要的。所以，我们需要对自己的价值观进行澄清和排序，才能知道如何取舍。

案 例

惠普公司员工的职业生涯管理

美国著名的惠普公司非常重视员工的职业生涯发展规划，为了帮助公司的每位员工制订令个人满意的、有针对性的职业生涯发展规划，公司开设了职业生涯规划与管理的课程，并从哈佛商学院获得六种工具，让员工进行自我剖析，以获取反映个人特点的资料。这六种工具分别是：

1. 一份书面的自我访谈记录

给每位参加者发一份提纲，其中有11道问题涉及他们自己的情况，要他们提供有关自己生活（有关的人、地点、事件）、经历过的转折以及未来设想的资料，并让他们在小组中互相讨论。这篇自传摘要体裁的文件将成为随后自我分析所依据的主要材料。

2. 一篇24小时活动日记

参加者要把一个工作日及一个非工作日全天的活动如实而无遗漏地记下来，用来对照其他来源所获同类信息是否一致或相反。

3. 对另两位“重要人物”（指跟他们的关系对自己有较重要意义的人）的访谈记录

每位参加者要对自己的配偶、朋友、亲戚、同事或其他重要人物中的两个人，就自己的情况提出一些问题，听听这些旁观者对自己的看法。这两次访谈过程需要录音。

4. 个人生活方式描述

每位参加者都要用文字、照片、图像或选择其他手段，把自己的生活方式描绘一番。

5. 一份“斯特朗·坎贝尔个人兴趣调查问卷”

填完这份包含有325个问题的问卷后，就能据此确定他们对职业、专业领域、交往的人物类型等的喜恶倾向，为每个人与各种不同职业中成功人物的兴趣进行比较并提供依据。

6. 一份“奥尔彼特·弗农·林赛价值观问卷”

此问卷中列有多种相互矛盾的价值观，每人需做出45种选择，从而测定这些参加者对多种不同的理论、经济、美学、社会、政治及宗教价值观接受和同意的相对强度。

问题聚焦：

你对惠普公司员工的职业生涯管理有什么感想？

四、了解职业价值观的途径

（一）职业价值观影响因素

工作价值观量表（Work Values Inventory，WVI）是由美国著名的生涯辅导大师唐纳德·E. 舒伯研究开发的，WVI 列出了3个维度15种工作价值，即内在价值维度、外在价值维度和外在报酬维度。内在价值维度指与职业本身性质有关的因素，包括利他主义、美感、管理、智力刺激、成就、独立性和创造性7个方面，反映了职业本身的一些特征。外在价值维度指与职业性质有关的外部因素，包括工作环境、监督关系、同事关系和变异性4个方面。外在报酬维度是指职业活动中能获得的因素，包括声望、安全性、经济报酬和生活方式，见表2–2。

个体通过对这15种工作价值的重要程度进行排序，实现对工作价值的衡量。

表 2–2　工作价值观因素

序号	维度	工作价值	具体内容
1	内在价值维度	智力刺激	能够在工作中充分运用自己的智力
2		利他主义	能够带给他人以成长、发展或福利
3		创造性	能产生新的想法并努力实现
4		独立性	能够自主地安排工作
5		美感	能在工作中产生和谐、美的体验
6		成就	工作能带来成就感
7		管理	能对他人施加影响，领导和激励他人
8	外在价值维度	工作环境	工作的物理环境，如室内还是室外，空间、温度、照明等
9		监督关系	上下级的管理方式，如权威式或者民主式等
10		同事关系	工作中与同事的关系，如竞争性的或合作式同事关系
11		变异性	工作的环境，如地点、同事、领导是否经常变换
12	外在报酬维度	声望	职业在社会上是否得到尊重
13		经济报酬	工资、奖金、福利待遇等
14		安全性	职业是否具有较高的稳定性
15		生活方式	工作对个人生活的影响

（二）探索职业价值观

学生可以依据《职业价值观澄清量表》（见附录1）来对自己的职业价值观进行澄清。量表共有60个题目，是依据舒伯的15种工作价值因素设计的。每个因素有4个题目，可依据自身的实际情况或想法进行选择。通过测验，个体可以大致了解自己的职业价值观念倾向。

（三）职业价值观真实性的判断标准

通过职业价值观测评得出的职业价值观因素是否真实并可作为择业时的判断标准，关键看是否符合以下3个方面：

（1）真实：它是不是个体自由选择的？没有来自任何人或任何方面的压力吗？它是从众多的价值观中挑选出来的吗？它是个体思考了后果之后的选择吗？

（2）珍视：个体是否珍爱你的价值观？或者为你的选择感到自豪？个体愿意公开向其他人承认你的价值观吗？

（3）行动：你的行动是否与选择的价值观一致？是否始终如一地根据你的价值观来行动？

如果符合以上3个方面，那么个体的职业价值观的真实性比较高，可以作为择业时的重要参考。反之，则需要重新对职业价值观进行澄清。

任务二 我喜欢什么——职业兴趣探索

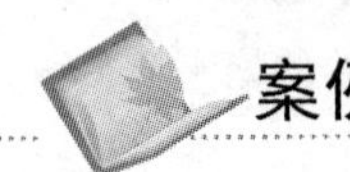

案例导入

我的办公室，在路上

作为一名“旅行骨灰级发烧友”，1996年出生的大男孩王梓，足迹已经遍布了祖国的大好河山。如今，因为这一爱好，面临大四毕业求职季，他一点儿也不慌，成功应聘成为一名私人旅行策划师，工作地点在北京。

王梓说：“我的办公室在路上”。制定线路并进行体验，详细规划旅途中的交通、食宿、观光、购物等，通过公司旅游平台向顾客出售私人订制攻略，并实时解决旅途中的各种问题，这就是他的全部工作。“最重要的是私人订制，踩线体验时就要考虑多种因素，好在这么多年的旅游经验给了我很大帮助。”

王梓举例说，比如同一个目的地，亲子游、老年游和蜜月游，所定制的路线、交通和食宿完全不同，根据不同路线，顾客提出的问题也会不同，但他都要一一详细解答。

像王梓这样的私人旅行策划师并不少见，随着私人订制服务渐成风气，王梓和同事们的薪水也是水涨船高。“一点也不担心，工资还比同龄人多，最重要的是工作起来特别开心，因为这是我的爱好嘛。”

问题聚焦：

1. 你的职业兴趣是什么？
2. 你通过哪些途径了解自己的职业兴趣？

一、职业兴趣内涵

兴趣是指一个人积极探究某种事物及爱好某种活动的心理倾向。它是个体认识需要的情绪表现，反映了个体对客观事物的选择性态度。

美国约翰·霍普金斯大学心理学教授、著名的职业指导专家约翰·霍兰德（John Holland）（见图2-1）认为，职业兴趣指的是个体对不同类型的工作、活动的心理偏好程度，说明的是心理能量的具体指向。一个人如果能根据自己的爱好去选择职业生涯，他的主动性将会得到充分发挥。即使十分疲倦和辛劳，也总是兴致勃勃，心情愉快；即使困难重重也绝不灰心丧气。职业兴趣大多不是与生俱来的，但是它可以在自发的兴趣上加以培养而成。一般来说，职业兴趣的形成与人们所处的生活和家庭环境、曾经参与的实践活动、自身的认识水平以及所处的社会环境等都有着密切的联系。

二、职业兴趣与职业发展

霍兰德认为个体的人格类型、兴趣与职业密切相关，凡是具有职业兴趣的职业，都可以提高人们的积极性，促使人们积极地、愉快地从事该职业，且职业兴趣与人格之间存在很高的相关性。我们的满足感、幸福感往往来自从事某种活动，而不是无所事事或单纯的享乐游玩，这也正是工作原本的意义所在。因此，职业兴趣与工作满意度、职业稳定性和职业成就感之间都存在着明显的关联。

虽然我们做了几十年的研究，但预测个人职业选择最有效的方法却是询问这个人自己想做什么。

——约翰·霍兰德

图2-1　约翰·霍兰德

获得诺贝尔物理学奖的华裔物理学家丁肇中说过：“兴趣比天才重要。”美国曾对2 000多位著名的科学家进行调查，发现很少有人是出于谋生的目的而工作，他们大多是出于个人对某一领域问题的强烈兴趣而孜孜追求，不计名利报酬，忘我地工作，且能想尽办法，百折不挠地去克服它，甚至废寝忘食，如醉如痴。爱迪生就是一个很好的例子。他几乎每天都在实验室里辛苦工作十几小时，在那里吃饭、睡觉，但丝毫不以为苦，“我一生中从未间断过一天工作”。他宣称：“我每天其乐无穷。”他们职业生涯的成功是与兴趣相联系的。因为对一个人来说，对工作感兴趣，就有钻劲，有钻劲就会有成就。这就是兴趣的作用所在。兴趣是成功的一个重要的推动力，它能将个体的潜能最大限度地调动起来，使你长期专注于某一方向，作出艰苦的努力，取得令人瞩目的成绩。因此，进行职业生涯规划，不得不考虑个人的兴趣。

（一）了解职业兴趣的途径

1. 职业兴趣类型

霍兰德于1959年提出了具有广泛社会影响的职业兴趣理论，认为人格分为六种类型：现实型R（Realistic）、研究型I（Investigation）、艺术型A（Artistic）、社会型S（Social）、企业型E（Enterprising）、事务型C（Conventional）。

我和你没有什么差别。如果你一定要找一个差别，那可能就是我每天有机会做我最爱的工作。如果你要我给你忠告，这是我能给你的最好忠告了。

——华伦·巴菲特

每一种特定人格类型的人，会对相应职业类型中的工作或学习感兴趣。六大类型并非各自独立，每一种类型与其他类型之间存在一定程度的关联，相邻人格类型的人之间可能有较大的共同点，也可能兴趣差异悬殊。

（1）现实型。

共同特点：愿意使用工具从事操作性工作，动手能力强，做事手脚灵活，动作协调。偏好于具体任务，不善言辞，做事保守，较为谦虚。缺乏社交能力，通常喜欢独立做事。

性格特点：感觉迟钝，谦逊，踏实稳重，诚实可靠。

职业建议：喜欢使用工具或机器、需要基本操作技能的工作。要求具备机械方面的才能、体力，或从事与物件、机器、工具、运动器材、植物、动物相关的职业，并具备相应的能力。

职业类型：技术性职业（计算机硬件人员、摄影师、制图员、机械装配工），技能性职业（木匠、厨师、技工、修理工、农民、一般劳动者）。

（2）研究型。

共同特点：思想家，而非实干家，抽象思维能力强，求知欲强，肯动脑，善思考，不愿动手。喜欢独立并富有创造性的工作。知识渊博，有学识才能，不善于领导他人。考虑问题理性，做事喜欢精确，喜欢逻辑分析和推理，不断探讨未知的领域。

性格特点：坚持，有韧性，喜欢钻研，为人好奇，独立性强。

职业建议：喜欢智力的、抽象的、分析的、独立的定向任务，要求具备智力或分析才能，并将其用于观察、估测、衡量、形成理论、最终解决问题的工作，并具备相应的能力。

职业类型：科学研究人员、教师、工程师、电脑编程人员、医生、系统分析员。

（3）艺术型。

共同特点：有创造力，乐于创造新颖、与众不同的成果，渴望表现自己的个性，实现自身的价值。做事理想化，追求完美，不重实际。具有一定的艺术才能和个性。善于表达，怀旧，心态较为复杂。

性格特点：有创造性，非传统，敏感，容易情绪化，较冲动，不服从指挥。艺术兴趣高的人倾向于理想化，做事追求完美。在日常生活中，艺术不仅是指做艺术工作，而是工作中的艺术，倾向于将事情做得漂亮、有美感、有情调，锦上添花，追求完美。

职业建议：喜欢的工作要求具备艺术修养、创造力、表达能力和直觉，并将其用于语言、行为、声音、颜色和形式的审美、思索和感受，具备相应的能力。不适合事务性工作。

职业类型：①艺术方面：演员、导演、艺术设计师、雕刻家、建筑师、摄影家、广告制作人；②音乐方面：歌唱家、作曲家、乐队指挥；③文学方面：小说家、诗人、剧作家。

（4）社会型。

共同特点：喜欢与人交往、不断结交新的朋友，善言谈，愿意教导别人。关心社会问题，渴望发挥自己的社会作用。寻求广泛的人际关系，比较看重社会义务和社会道德。

性格特点：为人友好，热情，善解人意，乐于助人。

职业建议：喜欢要求与人打交道的工作，能够不断结交新的朋友，从事提供信息、启迪、帮助、培训、开发或治疗等事务，并具备相应能力。

职业类型：教育工作者（教师、教育行政人员）、社会工作者（咨询人员、公关人员）。

（5）企业型。

共同特点：追求权力、权威和物质财富，具有领导才能。喜欢竞争，敢冒风险，有野心、抱负。为人务实，习惯以利益得失、权利、地位、金钱等来衡量做事的价值，做事有较强的目的性。

性格特点：善辩，精力旺盛，独断，乐观，自信，好交际，机敏，有支配愿望。

职业建议：喜欢要求具备经营、管理、劝服、监督和领导才能，以实现机构、社会及经济目标的工作，并具备相应的能力。

职业类型：项目经理、销售人员、营销管理人员、政府官员、企业领导、法官、律师。

（6）传统型。

共同特点：尊重权威和规章制度，喜欢按计划办事，细心、有条理，习惯接受他人的指挥和领导，自己不谋求领导职务。喜欢关注实际和细节情况，通常较为谨慎和保守，缺乏创造性，不喜欢冒险和竞争，富有自我牺牲精神。

性格特点：有责任心，依赖性强，高效率，稳重踏实，细致，有耐心。

职业建议：喜欢要求注意细节、精确度，有系统，有条理，具有记录、归档等特定要求或程序组织数据和文字信息的职业，并具备相应能力。

职业类型：秘书、办公室人员、记事员、会计、行政助理、图书馆管理员、出纳员、打字员、投资分析员。

在现实生活当中，人们往往迫于各种社会条件的限制，并非都能按照各自的人格特征和职业兴趣来进行职业选择。然而，只要现实条件允许，大多数人总是倾向于选择与自己的人格特征、兴趣爱好相符的职业。然而，上述提到的六种人格类型及其对应的典型职业选择是一种理想化的划分，由于人的社会性和多样性，个体的人格类型并不是单一和绝对的，大多数人并非只有一种性向（如一个人的性向中很可能是同时包含着社会性向、现实性向和研究性向）。霍兰德认为，这些性向越相似，相容性越强，则一个人在选择职业时所面临的内在冲突和犹豫就会越少。为了帮助描述这种情况，霍兰德建议将这六种性向分别放在一个正六角形的每一角，如图 2-2 所示。

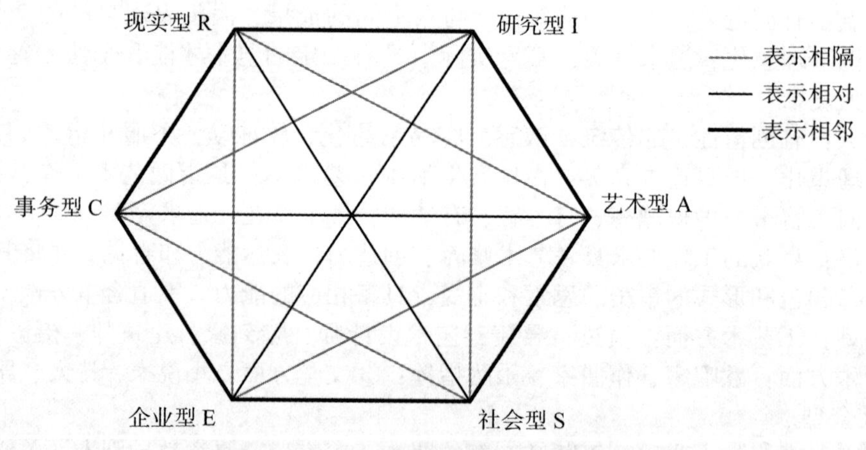

图 2-2　霍兰德职业兴趣六边形理论

图 2-2 中，六种类型占据了六边形的 6 个角，每一个角代表一个职业性向。六大类型并非并列的、有着明晰的边界的，霍兰德以六边形标示出六大类型的关系。

- 相邻关系，如 RI、IR、IA、AI、AS、SA、SE、ES、EC、CE、RC 及 CR。属于这种关系的两种类型的个体之间共同点较多，现实型 R、研究型 I 的人都不太偏好人际交往，这两种职业环境中也都较少机会与人接触。
- 相隔关系，如 RA、RE、IC、IS、AR、AE、SI、SC、EA、ER、CI 及 CS，属于这种关系的两种类型个体之间共同点较相邻关系少。
- 相对关系，在六边形上处于对角位置的类型之间即为相对关系，如 RS、IE、AC、SR、EI、CA，相对关系的人格类型共同点少，因此，一个人同时对处于相对关系的两种职业环境都兴趣很浓的情况较为少见。

个人职业兴趣编码可以有以下三种类型：

单编码：R，I，A，S，E，C。

双编码：RI，RA，EA，ES……

三编码：ISA，EAS，CRI……

2. 职业兴趣评估

想了解职业兴趣类型，可以通过《霍兰德职业兴趣量表》（见附录2）进行职业兴趣自评，从而了解自己的职业兴趣更适合从事哪方面的工作。量表共有60个题目。通过测试，可以得到1个或两个3位组合答案，这就是你的霍兰德职业代码，在查阅《霍兰德人格类型与职业环境匹配表》（见附录3）、《霍兰德代码与职业匹配对照表》（见附录4）综合分析适合从事的职业，并生成职业兴趣档案。

知识链接

我的职业兴趣档案

一、霍兰德职业兴趣量表测试

根据附录2《霍兰德职业兴趣量表》进行测试，看看自己的霍兰德职业兴趣类型是什么？

二、你如何描述你自己

你的霍兰德职业兴趣类型：________、________、________

根据“霍兰德职业兴趣类型”表和职业兴趣测试报告中对六种类型的描述，在下面列出最能描述自己的语句。

艺术型（A）：喜欢自我表达，喜欢文学、音乐、艺术和表演等具有创造性、变化性的工作，重视有创意的想法，追求自由和美。

社会型（S）：喜欢与人合作，热情关心他人的幸福，愿意帮助别人成长或解决困难，为他人提供服务，寻求公正、理解、平等和理想。

企业型（E）：喜欢领导和支配别人，通过领导、劝说他人或推销自己的观念、产品而达到个人或组织的目的。

三、你的霍兰德职业兴趣类型建议自己考虑的职业

根据你的兴趣测试结果，列出至少10种与你的霍兰德职业兴趣类型相对应或者相似的职业，并标出每种职业类型的霍兰德代码。

职业	霍兰德代码（3个字母）
（1）专栏作家	ASE
（2）记者	ASE
（3）英语翻译	ASE
（4）广告撰稿人	ASE
（5）广告节目主持人	AES
（6）娱乐活动管理员	SEA
（7）博物馆馆长	ESA
（8）导游	ESA
（9）飞机上的乘务员	ESA
（10）律师	EAS

练　习

我的白日梦

(1) 请列举出三种你非常感兴趣的职业（摒除所有现实的考虑）。这些工作中的哪些特征吸引着你？

(2) 回忆3个从事某件事情时令你感到快乐（满足）的经历。请详细描述这3个画面，是什么令你感到如此快乐？

(3) 平时你最爱看哪类报纸、杂志或电视？看得最多的是哪个版块？里面有什么内容比较吸引你？

(4) 你最爱听的讲座是什么？里面有什么东西吸引你？

(5) 你最喜欢的课程是什么？为什么喜欢？

(6) 你最爱浏览什么网站与网页？最爱浏览的内容是什么？

(7) 你做什么事情经常会让你忘记时间？

(8) 通常寒暑假你都在做什么？为什么？

(9) 你平时喜欢参加哪些运动？为什么？

(10) 你报名参加了哪些社团？为什么参加？

(11) 在你的答案里面有什么共同点吗？可以归纳为哪些主题或关键词？这些主题或关键词可能和霍兰德的哪些职业兴趣类型相对应？

任务三　我适合什么——职业性格探索

案例导入

一座戏院正要上演一出好戏，刚巧在开场的一刻，来了4位先生。第一位先生急匆匆地奔到门口，就要进去。看门的人拦住他说："已经开演了，根据剧院规定，开场后不得入内，以免妨碍其他观众。"这位先生一听，立刻火冒三丈，与看门人争吵起来……正当他们吵得不可开交的时候，走来了第二位先生，他看见看门人吵得门也顾不上看了，灵机一动，立刻侧身溜了进去。第三位先生走到门口，见状，不慌不忙，转回门外的报摊上，买了张晚报，坐在台阶上读起报来，他心中自有算盘："看戏是休闲，看报也是休闲，看不了戏，看看报纸也不错。"倒也自得其乐。等到第四位先生走到门口时，见看戏无望，深深叹了口气，掉转头去，自言自语道："嗨！我这人真倒霉，连场戏都看不成……"他越想越难受，干脆坐在门口叹息起来。

问题聚焦：

如果你遇到故事中的情况，你会是哪种反应呢？

一、职业性格内涵

（一）气质

气质是一个人表现在心理活动和动作方面的动力特征，即心理过程和动作发生的强度、速度、灵活性、持久性和心理指向性等方面特点的总和。气质与人们通常所说的"脾气"

“秉性”的意思相近。在人的各项活动中可以看到，有的人活泼好动，反应灵敏；有的人安静稳重，反应迟缓；有的人总是显得十分急躁，情绪明显外露；有的人则总是不动声色，情绪体验细腻深刻。人与人之间在这些心理特征方面的差异或相似，就表现为气质的异同。

现代气质学说把人的气质分为胆汁质、多血质、黏液质、抑郁质4类。

（1）胆汁质：直率热情，精力旺盛，脾气急躁，情绪兴奋性高，容易冲动，反应迅速，心境变化剧烈，具有外倾性。

（2）多血质：活泼好动，反应灵敏，乐于交往，注意力易转移，兴趣和情绪多变，缺乏持久力，具有外倾性。

（3）黏液质：安静，稳重，沉着，反应缓慢，沉默寡言，三思而后行，不容易外露，注意力稳定而较难转移，善于忍耐，偏内倾型。

（4）抑郁质：情绪体验深刻，行动迟缓，具有较高的感受性，善于观察他人不易注意的细节，富于幻想，胆小孤僻，具有内倾性。

（二）性格

1. 性格的结构及形成

性格是人对现实的态度和行为方式中较稳定的个性心理特征。它是个性的核心部分，最能表现个别差异。性格具有复杂的结构，大体包括以下4方面：

（1）对现实和自己的态度的特征，如诚实或虚伪、谦逊或骄傲等。

（2）意志特征，如勇敢或怯懦、果断或优柔寡断等。

（3）情绪特征，如热情或冷漠、开朗或抑郁等。

（4）情绪的理智特征，如思维敏捷、深刻、逻辑性强，或思维迟缓、浅薄、没有逻辑性等。

古语云：“积行成习，积习成性，积性成命。”西方也有名言：“播下一个行为，收获一种习惯；播下一种习惯，收获一种性格；播下一种性格，收获一种命运。”可见人们对性格形成的看法都是一样的。性格形成的因素很复杂和细碎，如果概括出其形成的主要表现，主要体现在三个方面，分别是基因遗传因素、成长期发育因素及社会环境的影响因素。可以说，它既有来自本身的因素，同时也具备着相应的环境影响。从这个角度分析，性格是可以改变的，但需要大量量变之后的质变作用。

2. 气质与性格的区别

气质与性格的区别表现在以下3方面：

（1）表现形式不同。气质表现在心理活动的动力方面（强度、速度、稳定性和指向性）；性格表现在对现实的态度和习惯化的行为方式上。

（2）形成过程不同。气质具有很大的先天性，形成早，不易改变；性格具有很大的社会性，形成晚，可塑性大。

（3）在个性中的地位不同。气质是从属地位；性格是核心地位，反映人的本质。

二、职业性格与职业发展

在职业心理中，性格影响着一个人对职业的适应性，一定的性格适于从事一定的职业；同时，不同的职业对人有不同的性格要求。我们每个人都有自己独特的个性。也就是说每个人的心理特征不同，看问题、处理事情的风格与方式也不同。有的人热情爽朗，有的人沉稳持重，有的人风风火火，有的人谨慎多疑……但“金无足赤，人无完人”，一个人在某方面有所不足，其他方面必有过人之处，说不定性格本身就是他制胜的法宝。因此，性格对职业生涯规划有着重要的影响。

（1）性格是个体人格中具有核心意义的部分，几乎涉及一个人的心理过程及个性特征的各个方面，与职业息息相关。性格使一个人更加偏爱某一种而不是另一种环境，由于性格的不同，每个人在对不同环境的认知过程中，也表现出不同的个性化风格。从事与自己的性格不匹配的工作，个人的才能就会受到阻碍，会让你觉得整个工作状态都很“不对劲儿”。使一个人在某种职业中获得成功的性格，可能会让你在另一职业中大受挫折。因此在职业选择中，我们应尽可能充分考虑自己的个性特征与职业要求是否相适应，这样在工作中就能够满足你的独特欲望，能够发挥你特有的能力，还能利用你的个人资本，体验到更多的快乐和愉悦。

（2）在职业发展上，性格比能力重要。用人单位在选人上逐渐认识到这一点。这种认识在国外已经相当普及。其原因是，如果一个人能力不足，可通过培训提高，一年不行，两年；两年不行，三年，总可以开发出来。但一个人的性格与职业或岗位不吻合，要改变起来，就很困难。所以，公司在招聘新人时，将性格的测验放在首位，当性格与职业或岗位相吻合，才对其能力进行测验考察。如果性格与职业或岗位不吻合，那么再高的学历，再高的能力，也不予录用。

（3）性格无所谓好坏，关键看是否放对了地方，每一类性格都有与之相适应的职业范围。职业心理学的研究表明，不同的职业需要具有不同性格的从业者，某一类职业工作能够体现出某一类共同的职业性格。

三、了解职业性格的途径

（一）气质类型与了解途径

1. 气质类型测试

可以通过附录中《气质类型量表》对自己的气质类型进行测试，并对自己进行相应的描述。在气质类型测试中，要注意：

（1）如果某气质类型得分明显高于其他3种，则可定为该气质类型。

（2）两种气质类型得分接近，而且又明显高于其他两种，则可定为两种气质类型的混合型。

（3）3种气质类型得分接近而且均高于第四种，则为3种气质类型的混合型。

2. 气质类型与职业的匹配性

由于不同气质类型的人对同一事情的反应和处置方式不同，因而气质类型对其从事的工作性质和效率产生一定的影响，从而产生不同结果。气质会影响人活动的特点、方式和效率。一定职业活动的顺利进行，要求从事者必须具有某些气质特征，发挥其优点，避免其缺点。因此，气质和职业之间存在着一定的匹配关系。

（1）胆汁质：胆汁质的人精力旺盛，激动暴躁，神经活动具有很高的兴奋性。他们能以极大的热情去工作，主动克服工作中的困难；但如果对工作失去信心，情绪就会马上低沉下来。如运动员、改革者、探险者等，甚至到偏远及开放地区从业。

（2）多血质：多血质的人感受性低而耐受性高，不随意的反应性强，具有较大的可塑性和外倾性。他们反应迅速而灵活，工作能力较强，情绪丰富，易兴奋。他们极易适应环境，但注意力不稳定，兴趣易转移。他们不适宜从事单调机械、细致谨慎的工作，而管理、导游、外交、公安、军官等职业更适合他们。

（3）黏液质：黏液质的人具有较强的自我克制能力，能埋头苦干、态度持重、不易分心。由于灵活性相对较差，他们可能有因循守旧的倾向。黏液质的人适宜的工作有会计、法官、调解人员、管理人员、外科医生等。

（4）抑郁质：抑郁质的人感受性高而耐受性低，不随意反应性低，严重内倾，情绪兴奋性高，而且体验深刻，反应速度慢，相对刻板而不灵活。他们情感细腻，做事谨慎小心，观察力敏锐，善于觉察别人不易察觉的细小事物，但工作的耐受性差，容易感到疲劳，并且容易产生惊慌失措的情绪。他们所适宜承担的工作与胆汁质的人正好相反，诸如打字员、校对员、检查员、化验员、数据登记人员、文字排版人员、机要秘书等工作非常适合他们。

（二）性格类型与了解途径

1. 性格类型

MBTI 人格理论的基础是著名心理学家卡尔·荣格先生关于心理类型的划分，后由美国的心理学家凯瑟琳·布里格斯与其女儿伊莎贝尔·迈尔斯研究并发展起来。经过几十年的研究和发展，MBTI 已经成为当今全球最为著名和权威的性格测试方法。

MBTI 能够让人们了解自己的处事风格、特点、职业适应性、潜质等，从而提供合理的工作及人际决策建议。美国每年有 300 余万人参加 MBTI 和动力工具使用的培训，在世界 500 强企业中有 80%以上的高层管理者、高级人事主管在使用 MBTI 这一工具，如迪士尼、百事可乐、通用电气、宝利来、3M 等。MBTI 还广泛应用于团队建设、职业发展与咨询、婚姻教育、医疗、法律等诸多领域。

MBTl 通过 4 个维度来分析人与人之间的差异，分别是：

- 从哪里获得能量：外倾（E）—内倾（I）

外倾型，从人际交往中获得能量。这种类型的人充满活力，总是想向外寻找，更容易被理解、接近，于是拥有很多朋友和广泛的社交圈。在人多的社交场合中，外倾型的人更容易成为人群的中心。内倾型则天性独立，从时间或者内心中获得能量。孤独和沉思使他们感到兴奋和喜悦，相较于外倾型的人，他们的朋友就没有那么多，但交往更加深入。

工作风格上，外倾型人喜欢召集大家一起讨论，问题的解决方案往往是在与人的讨论中形成的。内倾型人更喜欢安静的工作环境，不喜欢过多的外界干扰，遇事也喜欢独立思考。外倾型和内倾型的人在一起讨论，先发言的往往是外倾型的人，而内倾型的人虽不会率先发言，但发言时对问题的理解往往会显得更加深刻而全面。二者差异性详见表 2-3。

表 2-3 外倾型（E）与内倾型（I）特征比较

外倾型（E）	内倾型（I）
与人相处时精力充沛	独自度过时光时精力充沛
喜欢成为注意的中心	避免成为注意的焦点
先行动，再思考	先思考，再行动
喜欢边想边说出声	在心中思考
随意分享个人情况	更愿意在经挑选的小群体中分享个人的情况
说的比听的多	听的比说的多
热情地交流	不把热情表现出来
反应快，喜欢快节奏	仔细考虑后，才有所反应
重于广度而不是深度	喜欢深度而不是广度

练 习

请在横线上写出你的偏好值（从“0”到“10”表示在该偏好上的强度，“0”表示无该偏好的强度，“10”表示该偏好强度非常强，以此类推）：

外倾（E）10 0 10 内倾（I）

当然，没有必要每一条都符合才可以确定。大部分符合基本就可以确定了。如果倾向性不明显也很正常。我们的行为在社会规则约束中会进行相应的调整，有些人在这个维度上并没有很明显的偏好。关键是在你内心深处，你真正感觉哪种情况让你更放松。

- 如何获取信息：感觉（S）—直觉（N）

感觉型的人关心“是什么”，容易接受感官带来的信息，关注细节和事实本身。直觉型的人则更关心“可能是什么”，相信灵感、第六感，更擅长抽象的观念、含义和结论。

工作中，感觉型的人擅长记忆大量事实和材料，能清晰讲出大量的数据等具体信息。直觉型的人则更擅长解释事实，捕捉零星信息，分析事情的发展趋势。二者差异见表 2-4。

表 2-4 感觉型（S）和直觉型（N）特征比较

感觉型（S）	直觉型（N）
相信确定和有形的东西	相信灵感和推理
不喜欢新想法，除非它们有实际意义	喜欢新思想和概念
喜欢运用和琢磨已有的技能	喜欢学习新技能，掌握后就容易厌倦
留心特殊的、具体的细节	留心普遍的和有象征性的：使用隐喻和类比
重视现实性和常情	重视想象力和创造力
循序渐进讲述有关情况	跳跃性展示现实
着眼于现实	不愿意维持事物现状，着眼于未来

练 习

请在横线上写出你的偏好值（从“0”到“10”表示在该偏好上的强度，“0”表示无该偏好的强度，“10”表示该偏好强度非常强，以此类推）：

感觉（S）10 0 10 直觉（N）

典型的倾向一方的人比较少见，大多数人两者兼有之。两种倾向没有高低之分，都是优势所在。所以，这个维度的偏好取决于哪种倾向更为明显。

- 如何做出决定：思考（T）—情感（F）

思考型通过逻辑推理做出判断。做出的决定对事不对人。情感型通过价值取向做出判断。做出的决定通常考虑了周围人的感受。4 个维度中，只有这个维度上有性别差异。据研究，2/3 的女性偏好情感型，2/3 的男性偏好思考型。这并不是说女性都是感性多情的，男性都是理性客观的，只是在做决定的时候的概率事件。

事实上，在面对不同事件的时候，会用到不同的决定方式。例如，处理人际关系的时候更多的用“情感”，而需要理清思路的时候用“思考”，二者并非对立的，而应当是需要达到一种平衡状态的。

表 2-5 思考型（T）和情感型（F）特征比较

思考型（T）	情感型（F）
对问题进行非个人因素的逻辑分析	衡量决定对他人产生的后果和影响
重视符合逻辑、公正、公平的价值	一视同仁、重视同情与和睦；接受准则的例外性
可能被视为无情、麻木、漠不关心	可能被视为感情化、无逻辑、脆弱
认为只有符合逻辑的感情才是正确的	认为所有感情都是正确的，无论有意义与否
被渴望成就而激励	被未来获得欣赏而激励
运用因果推理	受个人价值观的引导

练　习

请在横线上写出你的偏好值（从“0”到“10”表示在该偏好上的强度，“0”表示无该偏好的强度，“10”表示该偏好强度非常强，以此类推）：

思考（T）10　　　　　0　　　　　10 情感（F）

● 如何采取行动：判断（J）—知觉（P）

判断型和知觉型是生活态度的差别。判断型倾向于在有限的信息下，当机立断，果断采取行动，迅速有效地完成目标。知觉型则是尽量多地收集信息，原原本本了解事情细枝末节，讨厌因为信息不多而草率作出结论。

判断型的人注重结果，时间观念强，能严格按照计划行事。知觉型的人重视过程，善于随机应变，善于接受意外情况。

表 2-6 判断型（J）和知觉型（P）特征比较

判断型（J）	知觉型（P）
做完决定后感到快乐	各种选择都存在时感到高兴
具有“工作原则”：先工作再玩（有时间的话）	具有“玩的原则”：先玩再工作（有时间的话）
建立目标并准时完成	随着信息的改变不断改变目标
关心结果	关心过程
通过完成任务获得满足	通过着手新计划的开始而获得满足
把时间看作是有限的资源，认真对待最后期限	认为时间是看更新的资源，最后期限也是可以收缩的

练　习

请在横线上写出你的偏好值（从“0”到“10”表示在该偏好上的强度，“0”表示无该偏好的强度，“10”表示该偏好强度非常强，以此类推）：

判断（J）10　　　　　0　　　　　10 知觉（P）

4 个维度在每个人身上会有不同的比重，不同的比重会导致不同的表现，关键在于各个维度上的人均指数和相对指数的大小。4 个维度 8 个因素两两组合，可以组合成 16 种性格类型，人格类型特征见表 2-7。也可以根据附录 6《MBTI 职业性格测试》来获得性格类型。

表 2-7　MBTI 性格类型及特征

性格类型	性格特征	性格类型	性格特征
ISTJ	·严肃、安静、借由集中心志与全力投入及可被信赖并获得成功。 ·行事务实、有序、实际、逻辑、真实及可信赖。 ·十分留意且乐于任何事（工作、居家、生活）均有良好组织及秩序。 ·负责任。 ·按照设定成效来决策且不畏阻挠与闲言，会坚定为之。 ·重视传统与忠诚。 ·传统的思考者。	ESTP	·擅长现场实时解决问题——解决问题者。 ·喜欢办事并乐于其中。 ·倾向于喜好技术事务及运动，交结同好友人。 ·具适应性、容忍度、务实性；投注心力于会很快具有成效的工作。 ·不喜欢冗长概念的解释及理论。 ·专精于可操作、处理、分解或组合的真实事务。
ISFJ	·安静、和善、负责任且有良心。 ·行事尽责投入。 ·安定性高，常居项目工作或团体之安定力量。 ·愿意投入、吃苦及力求精确。 ·兴趣通常不在于科技方面，对细节事务有耐心。 ·忠诚、考虑周到、知性且会关切他人感受。 ·致力于创构有序及和谐的工作与家庭环境。	ESFP	·外向、和善、接受性、乐于分享喜乐予他人。 ·喜欢与他人一起行动且促成事件发生，在学习时亦然。 ·知晓事件未来的发展并会热烈参与。 ·擅长于人际相处能力及具备完备常识，很有弹性，能立即适应他人与环境。 ·对生命、人、物质享受的热爱者。
INFJ	·因为坚忍、创意及必须达成的意图而能成功。 ·会在工作中投注最大的努力。 ·默默地、诚挚地及用心地关切他人。 ·因坚守原则而受敬重。 ·提出造福大众利益的明确远景而为人所尊敬与追随。 ·追求创见、关系及物质财物的意义及关联。 ·想了解什么能激励别人及对他人具洞察力。 ·光明正大且坚信其价值观。 ·有组织且果断地履行其愿景。	ENFP	·充满热忱、活力充沛、聪明、富有想象力，视生命充满机会但期待能得到他人的肯定与支持。 ·几乎能达成所有感兴趣的事。 ·对难题很快就有对策并能对有困难的人施以援手。 ·依赖能改善的能力而无须预做规划准备。 ·为达目的常能找出强制自己为之的理由。 ·即兴执行者。

续表

性格类型	性格特征	性格类型	性格特征
INTJ	·具有强大动力与本意来达成目的与创意——固执顽固者。 ·有宏大的愿景且能快速在众多外界事件中找出有意义的模范。 ·对所承担的职务，具有良好能力于策划工作并完成。 ·具有怀疑心、挑剔性、独立性、果决，对专业水准及绩效要求高。	ENTP	·反应快、聪明、长于多样事务。 ·具有激励伙伴、敏捷及直言不讳等专长。 ·会为了有趣对问题的两面加以争辩。 ·对解决新的及挑战性的问题富有策略，但会轻忽或厌烦经常的任务与细节。 ·兴趣多元，易倾向于转移至新生的兴趣。 ·对所想要的会有技巧地找出逻辑的理由。 ·长于看清楚他人，有智能去解决新的或有挑战的问题。
ISTP	·冷静旁观者——安静、预留余地、弹性及会以无偏见的好奇心与未预期原始的幽默观察与分析。 ·有兴趣于探索原因及效果，技术事件是为何及如何运作且使用逻辑的原理组构事实、重视效能。 ·擅长掌握问题核心及找出解决方式。 ·分析成事的缘由且能实时从大量资料中找出实际问题的核心。	ESTJ	·务实、真实、事实倾向，具有企业管理或技术天分。 ·不喜欢抽象理论；最喜欢学习可立即运用的事理。 ·喜好组织与管理活动且专注于以最有效率的方式行事以达到成效。 ·具有决断力、关注细节且很快做出决策——优秀的行政者。 ·会忽略他人的感受。 ·喜欢作领导者或企业主管。
ISFP	·羞怯的、安宁和善的、敏感的、亲切的且行事谦虚。 ·喜于避开争论，不对他人强加己见或价值观。 ·无意于领导却常是忠诚的追随者。 ·办事不急躁，安于现状，无意于以过度的急切或努力破坏现况，且非成果导向。 ·有兴趣于创意事务及特定工作，对聚会与闲聊无大兴趣。 ·追求可发挥个人强烈兴趣的生涯。 ·追求发展对有兴趣事务的逻辑解释。	ESFJ	·诚挚、爱说话、合作性高、受欢迎、光明正大的、天生的合作者及活跃的组织成员。 ·重和谐且长于创造和谐。 ·常做对他人有益的事务。 ·给予鼓励及赞许会有更佳的工作成效。 ·有兴趣于会直接及有形地影响人们生活的事务。 ·喜欢与他人一起精确且准时地完成工作。
ESTP	·擅长现场实时解决问题——解决问题者。 ·喜欢办事并乐于其中。 ·倾向于喜好技术事务及运动，交结同好友人。 ·具有适应性、容忍度、务实性；投注心力于会很快具有成效的工作。 ·不喜欢冗长概念的解释及理论。 ·专精于可操作、处理、分解或组合的真实事务。	ENFJ	·热忱、易感应及负责任的——具有能鼓励他人的领导风格。 ·对别人所想或需求会表达真正关切且切实用心去处理。 ·能怡然且有技巧性地带领团体讨论或演示文稿提案。 ·爱交际、受欢迎及富同情心。 ·对赞许及批评很在意。 ·喜欢带领别人且能使别人或团体发挥潜能。

续表

性格类型	性格特征	性格类型	性格特征
ESFP	·安静、自持，具有弹性及适应力。 ·特别喜爱追求理论与科学事理。 ·习惯于以逻辑及分析来解决问题——问题解决者。 ·有兴趣于创意事务及特定工作，对聚会与闲聊无大兴趣。 ·追求可发挥个人强烈兴趣的生涯。 ·追求发展对有兴趣事务的逻辑解释。	ENTJ	·坦诚、具有决策力的活动领导者。 ·长于发展与实施广泛的系统以解决组织的问题。 ·专精于具有内涵与智能的谈话，如对公众演讲。 ·乐于经常吸收新知识且能广开信息渠道。 ·易生过度自信，强于表达自己的意见。 ·喜于长期策划及目标设定。

任务四　我能做什么——职业能力探索

练　习

我能做什么？

在这项活动中，让自己想想看“我会做哪些事情？”请用10个陈述句来描述自己的能力。只要是你会做的，就把它写出来，不一定要与工作有关。例如，“我能和别人相处得很好”或“我能操作计算机”等。

我能做的事情有：

A. 我能________

B. 我能________

C. 我能________

D. 我能________

E. 我能________

F. 我能________

G. 我能________

H. 我能________

I. 我能________

J. 我能________

在上面所陈述的诸多事情中，哪一件事情你做得最好？第二好的又是哪一件事？请试着将以上10件事情依照实际情况列出顺序。表现最好放在第一位，其次放在第二位，以此类推。

一、职业能力内涵

（一）能力

所谓“能力”，是指推动价值目标完成的具体行为能力。它是在遗传素质的基础上，经过培训教育，并在实践活动中吸收集体智慧和经验而形成发展起来的。

能力分为一般能力和特殊能力两种。一般能力是指在进行各种活动中必须具备的基本能力。它保证人们有效地认识世界，也称智力。智力包括个体在认识活动中所必须具备的各种能力，如感知能力（观察力）、记忆力、想象力、思维能力和注意力等，其中，抽象思维能力是核心，因为抽象思维能力支配着智力的诸多因素，并制约着能力发展的水平。特殊能力又称专门能力，是顺利完成某种专门活动所必备的能力，例如，音乐能力、绘画能力、数学能力和运动能力等。各种特殊能力都有自己的独特结构。如音乐能力就是由四种基本要素构成：音乐的感知能力、音乐的记忆和想象能力、音乐的情感能力、音乐的动作能力。这些要素的不同结合，就构成不同音乐家的独特的音乐能力。

一般能力和特殊能力相互关联。一方面，一般能力在某种特殊活动领域得到特别发展时，就可能成为特殊能力的重要组成部分。例如，人的一般听觉能力既存在于音乐能力之中，也存在于言语能力中。没有听觉的一般能力的发展，就不可能发展言语和音乐的听觉能力。另一方面，在特殊能力发展的同时，也发展了一般能力。观察力属一般能力，但在画家的身上，由于绘画能力的特殊发展，对事物一般的观察力也相应增强起来。人在完成某种活动时，常需要一般能力和特殊能力的共同参与。总之，一般能力的发展为特殊能力的发展提供了更好的内部条件，特殊能力的发展也会积极地促进一般能力的发展。

（二）职业能力

职业能力是人们在职业活动中表现出来的实践能力，即从业者在职业活动中表现出来的能动地改造自然和改造社会的能力。

职业能力是人们从事某种职业的多种能力的综合。职业能力是人们从事某种职业活动必须具备的，影响职业活动效率的个人心理特征。人的职业能力是由多种能力叠加并复合而成的，它是人们从事某项职业必须具备的多种能力的总和，是择业的基本参照和就业的基本条件，也是胜任职业岗位工作的基本要求。例如，一位教师只具有语言表达能力是不够的，还必须具有对教学的组织和管理能力，对教材的理解和使用能力，对教学问题和教学效果的分析、判断能力等。

（三）职业能力的构成

由于职业能力是多种能力的综合，因此，可以将职业能力分为一般职业能力、专业能力和综合能力。

1. 一般职业能力

一般职业能力主要是指一般的学习能力、文字和语言运用能力、数学运用能力、空间判断能力、形体知觉能力、颜色分辨能力、手的灵巧度和手眼协调能力等。此外，任何职业岗位的工作都需要与人打交道，因此，人际交往能力、团队协作能力、对环境的适应能力，以及遇到挫折时良好的心理承受能力都是我们在职业活动中不可缺少的能力。

2. 专业能力

专业能力主要是指从事某一职业的专业能力。在求职过程中，招聘方最关注的就是求职者是否具备胜任岗位工作的专业能力。例如，你去应聘教学工作岗位，对方最看重你是否具备最基本的教学能力。

3. 综合能力

这里的综合能力主要介绍国际上普遍注重培养的“关键能力”，主要包括以下 4 个方面：

（1）跨职业的专业能力。从以下3个方面可以体现出一个人跨职业的专业能力：一是运用数学和测量方法的能力；二是计算机应用能力；三是运用外语解决技术问题和进行交流的能力。

（2）方法能力。一是信息收集和筛选能力；二是掌握制订工作计划、独立决策和实施的能力；三是具备准确的自我评价能力和接受他人评价的承受力，并能从成败经历中有效地吸取经验教训。

（3）社会能力。主要是指一个人的团队协作能力、人际交往和善于沟通的能力。在工作中能够协同他人共同完成工作，对他人公正、宽容，具有准确裁定事物的判断力和自律能力等，这是岗位胜任和在工作中开拓进取的重要条件。

（4）个人能力。社会责任心和诚信将越来越被重视，一个人的职业道德会越来越受到全社会的尊重和赞赏，爱岗敬业、工作负责、注重细节的职业人格会得到全社会的肯定和推崇。

二、职业能力与职业发展

如果说职业兴趣或许能决定一个人的择业方向，以及在该方面所乐于付出努力的程度，那么职业能力既能说明一个人在既定的职业方面是否能够胜任，也能说明一个人在该职业中取得成功的可能性。职业能力是一个人能否进入职业的先决条件，是能否胜任职业工作的主观条件。无论从事什么职业，总要有一定的能力作保证。没有任何能力，根本谈不上进入职业工作，对个人来讲也就无所谓职业生涯可言。能力是指完成一定活动的本领。人在其一生之中，要从事各种各样的社会生活和社会生产活动，必须具备多种能力与之相适应。

明尼苏达工作适应论认为，当工作环境满足个人需要，且个人能够满足工作要求而达到内在、外在“两个满意”时，个人与环境之间的关系就比较协调，个人的工作满意度会比较高，在该工作领域也能持久发展。在这一过程中，个人的职业能力与“外在满意”的实现直接相关，个体只有具备了相关的职业工作能力，才能胜任相应的职业工作。

（一）职业能力影响职业的胜任

不同的职业对能力有不同的要求，每个人都有自己的优势和劣势，如有的人擅长形象思维，有的人擅长逻辑思维，还有的人擅长具体行动思维。如果根据思维能力类型来选择职业，那么擅长形象思维的人比较适合从事文学艺术方面的工作，擅长逻辑思维的人比较适合从事哲学、数学等理论性强的工作，擅长具体行动思维的人比较适合从事机械修理方面的工作。如果不考虑人的能力类型，而让其从事与能力不匹配的职业工作，那么效果就不会好。因此，应弄清胜任职业所需要的职业能力。

（二）职业能力影响职业的选择

社会上任何一种职业对工作者的能力都有一定的要求。如会计、出纳、统计等职业，要求工作者必须有较强的计算能力；对于工程、建筑及服装设计等职业，工作者要具备空间判断能力；对于飞行员、外科医生、运动员、舞蹈演员等职业，工作者则要具备眼与手的协调能力。因此，在职业选择时，要特别注意能力与职业的匹配。

（三）职业能力影响职业的发展

职业能力是个人职业发展的基础，个体职业能力越强，各种能力越综合发展，就越能促进人在职业活动中的创造和发展，越能给个人带来职业成就感，使其在该工作领域持久地发展。

三、了解职业能力的途径

普通能力倾向成套测验（General Aptitude Test Battery，GATB），是美国劳工部队从1934年开始利用了10多年时间而研究制定的。它是对许多职业群同时检查各自的不适合者的一种成套测验。由于这套测验在许多国家被广泛使用，因而倍受推崇。后来，日本劳动省将GATB进行了日本版的标准化，制定成《一般职业适应性检查》（1969年修订版）。这套测验主要是实现对许多职业领域中工作所必需的几种能力倾向的测定。它由15种测验项目构成，其中，11种测验项目是纸笔测验，其余4种测验项目是操作测验，两种测验可以测定9种能力倾向。

这9种能力倾向对完成各种职业的工作都是必要的。即：

G——智能。指一般的学习能力。对测验说明、指导语和诸原理的理解能力、推理判断的能力、迅速适应新环境的能力。

V——言语能力。指理解言语的意义及与它关联的概念，并有效地掌握它的能力；对言语相互关系及文章和句子意义的理解能力；也包括表达信息和自己想法的能力。

N——数理能力。指在正确、快速地进行计算的同时，能进行推理，解决应用问题的能力。

Q——书写知觉。指对词、印刷物、各种票类的细微部分正确知觉的能力。能直观地比较辨别词和数字，发现有错误或校正的能力。

S——空间判断能力。指对立体图形以及平面图形与立体图形之间关系的理解、判断能力。

P——形状知觉。指对实物或图解的细微部分正确知觉的能力。根据视觉能够对图形的形状和阴影部分的细微差异进行比较辨别的能力。

K——运动协调。指正确而迅速地使眼和手相协调，并迅速完成操作的能力。要求手能跟随眼能看到的东西正确而迅速地作出反应动作，并进行准确控制的能力。

F——手指灵巧度。指快速而正确地活动手指，用手指很准确地操作细小东西的能力。

M——手腕灵巧度。指随心所欲地、灵巧地活动手及手腕的能力。例如，拿着、放置、调换、翻转物体时手的精巧运动和腕的自由运动能力。

想了解普通能力倾向，可以进行相应的测验，并对照《职业能力倾向对照表》来了解自身的职业能力。

四、职业核心通用能力的培养

大学生就业所需要的核心通用职业能力包括社会适应能力等九种，可以根据以下方式进行培养，调整自己、充实自己、完善自己。

（一）适应社会能力

适应社会的能力是一个人综合素质的反映。一般来说，一个综合素质较高、身心健康的大学毕业生进入社会后，能够很快适应环境。大学毕业生在走出校门之前，都有宏大抱负。步入社会后，可能会发现真正的社会远比想象的复杂。有些人可能会因此产生不安或不满情绪，并消极或向困难屈服。

要想快速适应社会，首先需要调整自己的观念，接纳真实的世界，然后用积极主动的心态去接纳现实，融入现实，并有勇气和决心去面对生活中的消极现象，即使在比较困难的环境中，也要变不利因素为有利因素，通过自己的不懈努力，在职场上获得发展，进而去改造世界。

（二）人际交往能力

有人做过这样的统计，人除了 8 小时的睡眠以外，在其余的 16 小时中，约有 70%的时间都在进行交往和交换信息。在职场中，具备良好的人际沟通能力可以事半功倍。因此，我们应当有意识地培养人际沟通能力。培养人际交往能力应注意以下几点：

（1）主动参与。人际交往能力是在实践当中逐步培养起来的。因此，抓住机遇、主动参与各种比赛、担任学生干部、参加社团、参与各种实践活动是最常见、最有效的养成途径。

（2）平等自信。与人交往时，要树立双方在人格上是平等的意识。即使对方的身份地位可能比较高，也不要有“人微言轻”的感觉。只有树立平等的意识，才会有自信自如的表现。

（3）互惠互利。人际交往是相互的、有来有往。因此，要遵循互惠互利原则，这样双方交往才能得以维持。

（三）组织管理能力

近些年，用人单位招聘新人时，我们能看到大学毕业生中的学生干部、党员大概率会被录用。这个现象折射出用人单位对毕业生组织管理能力的关注和看重。虽然不可能每个大学生都走向领导岗位，但是每个人在职场上会不同程度地用到组织管理能力。

因此，大学生要注重培养组织管理能力，要主动出击，抓住机遇。不管是组长、寝室长，还是班长、学生会主席，大学生都应当尝试去胜任相应的职务，承办活动，组织比赛、策划晚会等，在各项活动中提升和锻炼组织管理能力。

（四）表达能力

表达能力是指运用语言文字阐明自己的观点、意见或抒发思想、感情的能力，包括口头表达能力、文字表达能力、数字表达能力、图示表达能力等几种形式。在职场上应用最广泛的是口头表达能力和文字表达能力。

1. 口头表达能力

口头表达能力即“口才”。在职场发展中，首当其冲的能力就是口头表达能力，是一项复合能力。求职过程中的面试环节，主要考察的就是口头表达能力。有才华但是口头表达能力较弱，会让用人单位的评价大打折扣。若要提升口头表达能力，要把握以下两点：

（1）要敢于在公众场合说话。很多人口头表达能力较弱，是因为不敢说话，怕说多错多。所以要提升口头表达能力，首要的就是要克服心理障碍，敢于说话。

（2）要言之有物。表达要有观点、有态度。这需要多读书、多关心时政，多关注社会共同话题，并融入自己的思考。

2. 文字表达能力

文字表达能力即“文笔”。在职场发展中，文字表达能力也是体现在方方面面。小到一张假条、简历，大到策划案、工作总结，都可以体现一个人基本的文字功底。文字表达能力也是一项综合性素质，如果有较好的文字表达能力加持，相信可以让职业发展更为顺利。

（五）动手能力

动手能力是知识转化为物质力量的重要保证，是高级专门人才所必备的一种实践技能。大学生在校期间动手能力的培养可以从以下几个方面做起：第一，认真完成认识实习、生产实习等各类教学实践环节，理工科学生应注意上好物理、化学等实验课；第二，利用课余时间或寒暑假参加勤工助学，提高自己的动手能力；第三，积极参加各类社会实践活动，如志愿者服务等；第四，通过担任学生干部、参加社团组织等，锻炼和提高自己的动手能力。

（六）创新能力

创新能力是指人们在社会实践中，通过对客观事物的观察、分析、综合、推理、想象，运用创造性思维，激发出新的灵感，作出新的发明或发现，提出新理论和新方法的能力。

要提升创新能力，可以从以下几方面入手：

（1）不畏常规，敢于超越，增强创新意识。创新是真正意义上的超越，是一种敢为人先的胆识。现在的大学生是从应试教育中走过来的，应该从增强创新意识开始。

（2）培养自己的发散性思维能力和想象力。发散思维又称创造性思维、求异思维，是沿着不同方向、不同角度、全方位、多层次地寻找解决问题答案的一种思维方式。想象力并不只是文学家、艺术家的专利，它是从事任何职业的人都需要的。

（3）积累知识，增长才干，做到知识与能力并重。创新需要胆识，也需要知识和才干。没有知识的积累，缺乏必要的才干，开拓创新就无从谈起，一个人的知识和经验积累越多，那他开拓创新的能力就愈加旺盛。因为一个人只有具备丰富的知识与经验，他才能拥有超群的才干，过人的胆识，才能接受新思想，吸纳新知识，抓住新机遇，创造新成果。

（4）积极参与社会实践，理论联系实际，学以致用。创新的灵感大部分来源于现实生活，而现实生活也是创新最好的材料。参与社会实践特别是参与一些科技创新活动，对大学生创新能力的培养具有不可低估的作用。

练　习

团队合作能力拓展

活动规则：

1. 每4~10名学生为一个团队。
2. 选出团队负责人。
3. 合理进行团队分工、细化任务。
4. 根据任务设计团队展示。
5. ××公司将在年底召开一年一度的年终总结表彰大会，现在学生们需要以团队为单位，根据该公司提供的相关信息，在60分钟内给出一个年终总结表彰大会的可行性方案（手写版、电子版皆可）。方案内容应当包括绘制表彰大会会场座位表、大会议程、现场秩序维护等多个方面。切记，反复校验是减少工作失误的有效法宝。方案制订期间，如需打印，每组可派一位学生离开教室去打印相关文件。

结束后，每个团队派出一名学生用不超过3分钟的时间对本次任务的完成情况进行陈述总结，包括通过本次任务阐述你对团队的理解，以及完成过程中你觉得比较困难的几个方面。

该公司提供的相关信息如下：

1. 参与年度总结表彰大会的部门名称与人数。
2. 与会的嘉宾名单。
3. 表彰部门及人员名单。
4. 总结发言人员名单。

沟通表达能力拓展

活动规则：

1. 每4~10名学生为一个团队。

2. 选出团队负责人。

3. 合理进行团队分工、细化任务。

4. 根据任务准备宣讲会。

5. 任务：本校将举行招生宣讲任务大比拼，各团队有60分钟的时间准备宣讲会的内容，每队自行寻找15名观众，准备3~5分钟的演讲内容，最后由观众进行投票，获得票数多的团队胜出。准备的内容应当包括主题、宣讲人、宣讲内容、时间以及地点。

项目三　认识职业环境

学习目标

1. 正确认识职业环境。
2. 掌握认识职业环境的方法和途径。
3. 梳理相关职业并建立职业库。
4. 基本确定意向性职业。

任务一　认识职业

案例导入

2020 届全国普通高校毕业生就业创业工作网络视频会议的招开

首次由教育部、人力资源和社会保障部共同组织的2020届全国普通高校毕业生就业创业工作网络视频会议在京召开。

会议要求，要抓观念，着力加强思想引领。大力弘扬大学生在新中国成立70周年庆祝活动中迸发出来的爱国精神，激励更多毕业生到基层去、到西部去、到祖国最需要的地方去建功立业。要抓精准，着力优化指导服务。精准推送个性化指导服务，努力实现岗位信息与求职信息“无缝对接”，提高就业统计科学性、即时性和准确性。要抓重点，着力帮扶特殊群体。关心“建档立卡”贫困家庭学生、农村生源学生、残疾学生和少数民族学生等特殊群体就业，确保每个人都实现稳定就业。要抓源头，着力提高培养质量。优化学科专业结构，强化人才培养的实践导向，做好高校毕业生就业用人单位大规模跟踪调查，完善高校人才培养质量评价体系。

会议要求，各地要早谋划、早安排、早行动，健全部门衔接、资源共享、通力合作的工作机制，将更多优质公共就业创业服务资源向校内延伸。要开展创业服务，将创业培训向校园延伸，支持建设一批大学生创业孵化基地。要落实就业政策，将本地政策清单、服务清单、服务机构联络清单打捆打包向毕业生推送，精简证明材料，抓好求职创业补贴发放。要强化权益保护，解读劳动就业法律法规政策，开展案例警示教育，发布求职陷阱提示，严厉打击招聘过程中的欺诈行为。

同时，会议还表示，要加强就业指导，组织人社厅局长进校园活动，组织职业指导师与毕业班建立联系，组织毕业生参观人力资源市场，帮助增强从校园到职场转换的能力。要推送就业信息，结合当地高校学科专业特点，收集筛选一批岗位信息集中推送，实施好城市联合招聘、金秋招聘月、就业服务周等活动，将资源向非中心城区和三、四线城市高校倾斜。

问题聚焦：

你了解就业地对你所读专业的人才需求情况吗？

很多学生想到工作和职场，会感到有些茫然甚至恐惧，不知道在几年后自己将要面对的是一个怎样的世界，自己如何进入，在其中会如何发展。所以，大学生有必要简单了解工作世界及其发展演变和现实社会存在的一些工作类型，慢慢建立对工作世界的整体结构框架的基本认识，将自己的探索放进一个更加整体化的思考体系中。

一、职业（Profession/Occupation）

职业是指人们为了谋生和发展而从事的相对稳定的、有收入的、专门业务的社会劳动。

对职业的概念有一个正确的认识是正确制订职业生涯规划的基础条件。职业是参与社会分工，利用专门的知识和技能，为社会创造物质财富和精神财富，获取合理报酬作为物质生活来源，并满足精神需求的工作。

职业反映着个人与社会两个方面的内容，是个人与社会互动的范畴。职业的概念可以从以下 4 个方面加以理解。

一是相对稳定的劳动和工作，即在一定的时期内在某个单位的劳动和工作。

二是生活的主要经济来源，即从事该项劳动和工作是获得个人或家庭生活消费的主要经济来源，强调创造物质财富和精神财富，获得合理报酬。

三是与人类的需求和职业结构相关，强调社会分工，包括横向和纵向的分工不同而出现不同的工作类别。

四是劳动者参与社会经济活动的直接或间接体现，与个人生活相关。

因此，职业是对人们的生活方式、经济状况、文化水平、行为模式、思想情操的综合反映，是一个人的权利、义务、职责的体现，是一个人社会地位的一般性表征。由此，也可以说，职业是人的社会角色的一个极为重要的方面。

职业是人类社会发展到一定阶段，出现了社会分工后的产物。在社会需求的推动下，新的职业不断产生；而社会不再需求时，过时的职业就会消亡。可以说，职业随科学技术和经济的发展而变化。随着现代科学技术的运用，职业分化越来越细，越来越多。在知识经济条件下，有关知识、信息、科学技术含量高的现代职业也将迅速发展，同时，现代职业对从业者的任职要求也越来越高。鉴于此，职业产生和消亡的客观规律要求我们在选择职业类型时不仅要考虑个人职业发展意愿，更要考虑时代前进的步伐所引起的社会需求趋势的变化。

我国于 1999 年正式颁布了《中华人民共和国职业分类大典》。它将我国职业的总体结构分为大类、中类、小类和细类（职业）4 个层次，依次体现由粗到细的职业类别。细类作为我国职业分类结构中最基本的类别，即职业。根据我国国民经济发展现状，借鉴国际标准职业分类体系，我国职业划分为大类 8 个、中类 66 个、小类 413 个、细类 1 838 个。

由于经济社会的不断发展，我国社会职业构成发生了很大变化。为适应发展需要，2015 年新版《中华人民共和国职业分类大典》职业分类结构为 8 个大类、75 个中类、434 个小类、1 481 个职业。与 1999 版相比，维持 8 个大类、增加 9 个中类和 21 个小类，减少 547 个职业。

2004 年起，国家建立了新职业定期发布制度，对职业分类进行动态调整。新职业发布制度，是在系统总结长期以来我国经济社会发展、劳动者就业创业和职业教育培训等实践工作基础上建立起来的，是建立科学规范的职业分类体系的重要途径，是建立动态调整的职业分类机制的有效措施。进入 21 世纪，随着我国经济社会发展、科技进步、产业结构调整升级，新产业、新业态、新模式不断涌现，新职业也随之不断涌现并发展起来，亟待在国家层面上予以认可、规范，新职业发布制度应运而生。2004—2020 年，共发布了 14 批共 151 个新职业信息。

第一批 9 个新职业 2004 年 8 月 19 日发布，包括形象设计师、锁具修理工、呼叫服务员、水生哺乳动物驯养师、汽车模型工、水产养殖质量管理员、汽车加气站操作工、牛肉分级员、首饰设计制作员等。

第二批 10 个新职业 2004 年 12 月 2 日发布，包括商务策划师、会展策划师、数字视频（DV）策划制作师、景观设计师、模具设计师、建筑模型设计制作员、家具设计师、客户服务管理师、宠物健康护理员、动画绘制员等。

第三批 10 个新职业 2005 年 3 月 31 日发布，包括企业文化师、信用管理师、网络编辑员、房地产策划师、职业信息分析师、玩具设计师、黄金投资分析师、企业文化师、家用纺织品设计师、微水电利用工、智能楼宇管理师等。

第四批 11 个新职业 2005 年 10 月 25 日发布，包括健康管理师、公共营养师、芳香保健师（SPA）、宠物医师、医疗救护员、计算机软件产品检验员、水产品质量检验员、农业技术指导员、激光头制造工、小风电利用工、紧急救助员等。

第五批 10 个新职业 2005 年 12 月 12 日发布，包括礼仪主持人、水域环境养护保洁员、室内环境治理员、霓虹灯制作员、印前制作员、集成电路测试员、花艺环境设计师、计算机乐谱制作师、网络课件设计师、数字视频合成师等。

第六批 14 个新职业 2006 年 4 月 29 日发布，包括数控机床装调维修工、体育经纪人、木材防腐师、照明设计师、安全防范设计评估师、咖啡师、调香师、陶瓷工艺师、陶瓷产品设计师、皮具设计师、糖果工艺师、地毯设计师、调查分析师、肥料配方师等。

第七批 12 个新职业 2006 年 9 月 21 日发布，包括房地产经纪人、品牌管理师、报关员、可编程序控制系统设计师、轮胎翻修工、医学设备管理师、农作物种子加工员、机场运行指挥员、社会文化指导员、宠物驯导师、酿酒师、鞋类设计师等。

第八批 10 个新职业 2007 年 1 月 11 日发布，包括会展设计师、珠宝首饰评估师、创业咨询师、手语翻译员、灾害信息员、孤残儿童护理员、城轨接触网检修工、数控程序员、合成材料测试员、室内装饰装修质量检验员等。

第九批 10 个新职业 2007 年 4 月 25 日发布，包括衡器装配调试工、汽车玻璃维修工、工程机械修理工、安全防范系统安装维护员、助听器验配师、豆制品工艺师、化妆品配方师、纺织面料设计师、生殖健康咨询师和婚姻家庭咨询师等。

第十批 10 个新职业 2007 年 11 月 22 日发布，包括劳动关系协调员、安全评价师、玻璃分析检验员、乳品评鉴师、品酒师、坚果炒货工艺师、厨政管理师、色彩搭配师、电子音乐制作师、游泳救生员等。

第十一批 8 个新职业 2008 年 5 月 28 日发布，包括动车组司机、动车组机械师、燃气轮机运行值班员、加氢精制工、干法熄焦工、带温带压堵漏工、设备点检员、燃气具安装维修工等。

第十二批 8 个新职业 2009 年 11 月 12 日发布，包括皮革护理员、调味品品评师、混凝土泵工、机动车驾驶教练员、液化天然气操作工、煤气变压吸附制氢工、废热余压利用系统操作工、工程机械装配与调试工等。

第十三批 13 个新职业 2019 年 4 月 1 日发布，包括人工智能工程技术人员、物联网工程技术人员、大数据工程技术人员、云计算工程技术人员、数字化管理师、建筑信息模型技术员、电子竞技运营师、电子竞技员、无人机驾驶员、物联网安装调试员、工业机器人系统操作员等。这是自 2015 年版国家职业分类大典颁布以来发布的首批新职业。这批新职业主要集中在高新技术领域。

第十四批 16 个新职业 2020 年 2 月 25 日发布，包括智能制造工程技术人员、工业互联网工程技术人员、虚拟现实工程技术人员、连锁经营管理师、供应链管理师、网约配送员、人工智能训练师、电气电子产品环保检测员、全媒体运营师、健康照护师、呼吸治疗师、出生缺陷防控咨询师、康复辅助技术咨询师、无人机装调检修工、铁路综合维修工和装配式建筑施工员等。主要集中在新兴产业和现代服务业两个领域。

第十五批 9 个新职业 2020 年 7 月 6 日发布，包括区块链工程技术人员、城市管理网格员、互联网营销师、信息安全测试员、区块链应用操作员、在线学习服务师、社群健康助理员、老年人能力评估师、增材制造设备操作员。

二、行业与产业

行业是从事相同性质的经济活动的所有单位的集合。不同的行业在我国有着不同的发展前景，有些是朝阳行业，有些是支柱行业，了解行业的发展前景是大学生对工作世界探索的重要内容。

1. 行业（Trade）

行业是指为社会提供同类产品或者服务、从事相同性质活动的所有单位集合，如各级各类学校构成了教育行业，各种软件公司、网络公司构成了 IT 行业，各个建筑公司构成了建筑行业等。

我国 1984 年颁布了《国民经济行业分类和代码》，把我国国民经济分为 13 个门类，并于 1994 年、2002 年、2011 年和 2017 年对其进行修订。2017 年新修订的《国民经济行业分类》采用经济活动的同质性原则划分国民经济行业。即每一个行业类别按照同一种经济活动的性质划分，而不是依据编制、会计制度或部门管理等划分。它将国民经济行业划分为 20 个门类、97 个大类、473 个中类、1 382 个小类。2017 年修订的《国民经济行业分类和代码》与 2011 年版的分类结构对照见表 3-1。

表 3-1 《国民经济行业分类》2017 年版与 2011 年版分类结构对照

《国民经济行业分类》(GB/T 4754—2017)				《国民经济行业分类》(GB/T 4754—2011)			
门类	大类	中类	小类	门类	大类	中类	小类
A 农、林、牧、渔业	5	24	72	A 农、林、牧、渔业	5	23	60
B 采矿业	7	19	39	B 采矿业	7	19	37
C 制造业	31	179	609	C 制造业	31	175	532
D 电力、热力、燃气及水生产和供应业	3	9	18	D 电力、热力、燃气及水生产和供应业	3	7	12
E 建筑业	4	18	44	E 建筑业	4	14	21
F 批发和零售业	2	18	128	F 批发和零售业	2	18	113
G 交通运输、仓储和邮政业	8	27	67	G 交通运输、仓储和邮政业	8	20	40
H 住宿和餐饮业	2	10	16	H 住宿和餐饮业	2	7	12
I 信息传输、软件和信息技术服务业	3	17	34	I 信息传输、软件和信息技术服务业	3	12	17
J 金融业	4	26	48	J 金融业	4	21	29
K 房地产业	1	5	5	K 房地产业	1	5	5
L 租赁和商务服务业	2	12	58	L 租赁和商务服务业	2	11	39
M 科学研究和技术服务业	3	19	48	M 科学研究和技术服务业	3	17	31
N 水利、环境和公共设施管理业	4	18	33	N 水利、环境和公共设施管理业	3	12	21
O 居民服务、修理和其他服务业	3	16	32	O 居民服务、修理和其他服务业	3	15	23
P 教育	1	6	17	P 教育	1	6	17
Q 卫生和社会工作	2	6	30	Q 卫生和社会工作	2	10	23
R 文化、体育和娱乐业	5	27	48	R 文化、体育和娱乐业	5	25	36
S 公共管理、社会保障和社会组织	6	16	35	S 公共管理、社会保障和社会组织	6	14	25
T 国际组织	1	1	1	T 国际组织	1	1	1
(合计) 20	97	473	1 382	(合计) 20	96	432	1 094

资料来源：国家统计局。

2. 产业（Industry）

产业是行业的集合，是对经济活动最基本的描述。根据社会生产活动发生的顺序，产业一般分为三个大类：第一产业、第二产业和第三产业。产品直接取自自然界的部门称为第一产业；初级产品进行再加工的部门称为第二产业；为生产和消费提供各种服务的部门称为第三产业。虽然三类产业的划分是国际通用方法，但三类产业的范围并不尽相同，随着经济的发展，本国的划分也在不断变化。根据《国民经济行业分类》，国家统计局印发了《国家统计局关于印发〈三次产业划分规定〉的通知》（国统字〔2003〕14 号）。该规定在国民经济核算、各项统计调查及国家宏观管理中得到广泛应用。三类产业划分的具体范围如下。

第一产业包括农业、林业、牧业、渔业。

第二产业是指采矿业，制造业，电力、燃气及水的生产和供应业，建筑业。

第三产业是指除第一、二产业以外的其他行业。第三产业包括：交通运输、仓储和邮政业，信息传输、计算机服务和软件业，批发和零售业，住宿和餐饮业，金融业，房地产业，租赁和商务服务业，科学研究、技术服务和地质勘查业，水利、环境和公共设施管理业，居民服务和其他服务业，教育，卫生、社会保障和社会福利业，文化、体育和娱乐业，公共管理和社会组织，国际组织。

2012 年，根据《国民经济行业分类》，对 2003 年《三次产业划分规定》进行了修订。

2018 年，根据《国民经济行业分类》，对《三次产业划分规定（2012）》中行业类别进行了对应调整。

在我国，第三产业在整个经济结构中的比重远低于发达国家，我国作为“世界工厂”，制造业仍旧是支柱产业，但长期来看，第三产业的发展将是我国经济发展的重心所在，将是未来劳动力需求最大的产业。

三、工作单位

绝大部分职业都是存在于某个工作单位中的，了解社会上工作单位的类型有利于了解整个职业世界。通常工作单位都可以根据单位的基本职能分为政府、企业、事业组织三大类。

1. 政府

政府是以某种合法程序产生的权力机构，其职能是管理社会和提供公共服务。管理社会是指通过立法为全社会建立运行规则，同时为全社会成员提供更为普遍和基础的公共产品和公共服务，如基础建设、安全保障、教育环境、就业环境等。广义的政府是指国家的立法机关、行政机关和司法机关等公共机关的总和，代表着社会公共权力，在我国包括各级党委、人大、政协、人民政府、法院和检察院。狭义的政府是指国家权力机关的执行机关，即人民政府。在我国，政府更重要的职能是制订社会、经济发展目标和规划，采取措施保障国民经济健康、有效地运行，保障社会和谐、科学地发展。

2. 企业

企业是从事生产、流通与服务等经济活动的营利性组织，企业通过各种生产经营活动创造物质财富，提供满足社会公众物质和文化生活需要的产品服务。企业的职能是创造社会财富。它是企业家运用各种生产要素（土地、劳动力、资本、技术等），从事生产经营和社会服务等经济活动，向市场提供某些商品或某些服务，是国民经济的基本单位。在我国，根据所有制性质，可以将企业分为以下几类：全民所有制企业、集体所有制企业、私营（个体）企业、混合所有制企业（中外合资经营企业、中外合作经营企业）和外商独资企业。

企业在本质上是“一种资源配置的机制”，其通过对社会经济资源的优化配置，降低整个社会的“交易成本”。各种规模、各种类型的企业渗透到社会的方方面面，满足各种需求，实现社会生活的有效运转。

3. 事业组织（Institutional Organization）

事业组织是指既不以赢利为主要目的，也不履行行政管理职能，而是承担某种社会责任，为社会提供某种服务的单位。

在我国，事业组织分为两大类，一类是正在进行体制改革的由政府主办的各类事业单位，它是国家为了社会公益目的，由国家机关举办或者其他组织利用国有资产举办的，从事教育、科技、文化、卫生等活动的社会服务组织，包括各类公立学校、公立医院、科研院所、行业协会等。另一类称为民间组织，基本等同于国外的非营利组织（NPO）或非政府组织（NGO）。世界银行把任何民间组织，只要其目的是保护环境、维护穷人利益、援贫济困、提供基本社会服务或促进社区发展，都称之为非政府组织。

NGO是“非政府组织”（Non-Governmental Organizations）的缩写，NPO是“非营利组织”（Non-Profit Organization）的缩写。NGO和NPO这两个概念是从不同的角度对民间社会组织的称谓，非政府是从“国家—社会”的角度着眼的，在现代国家，最主要的组织是政府组织，它既握有至高无上的权力，也对社会发展负有重大责任。在政府的权力和责任未及之处，某种社会组织就会占据政府无力顾及的空间，这就是社会空间。从政治权力的角度来说，与政府组织相对应的是社会性组织或非政府组织；非营利组织则是从“经济—社会”的角度着眼的。从这一角度来看，与经济组织（企业）相对应的是社会性组织，经济组织是营利组织，社会性组织就是非营利组织。因而，它们被统一称作民间组织，即在社会中介于政府与企业之间，兼具非政府性与非营利性的社会性组织，它们既不是政府机构，也不是经济组织。清华大学秦晖教授指出：可以用公益还是私益、强制还是志愿这两个维度来划分三个部门。第一部门就是政府部门，是用强制的办法来分配资源，提供公共物品的；第二部门可以称为企业部门，或者营利部门，按照市场原则运作，追求利益的最大化，是采用交易手段来创造、提供私人物品的；第三部门则是通过志愿的机制提供公共利益的组织，如果强调它跟强制手段的区别，那么它就是非政府组织（NGO），如果强调它的公益性和非营利性，那么它就是非营利组织（NPO）。

在很多国家，民间组织对社会发展的推动和影响已经比肩政府和企业，它正在成为社会政治、经济、环境等领域的第三支柱。有学者就把各种形式的社会组织大体划分为以下五个类别。

一是公益服务类社会组织。这类社会组织的活动范围包括公益慈善、扶贫济困、救灾救济、环境保护、文化教育、社区建设以及城乡社会发展等。

二是政策倡导类社会组织。关注边缘群体、易受伤害脆弱人群和弱势群体，积极倡导构建相应的政策法规。追求社会公正，致力于社会发展中形成的各种差别歧视及社会矛盾的解决，以及法律、政策的完整。

三是工商经济类社会组织。这类社会组织积极参与市场运营、谋求市场利益，在降低交易成本、提供产品服务等方面发挥着重要的作用。

四是政治参与类社会组织。数量不多，影响很大，其主要特点是广泛的政治参与，它们以表达政治诉求、扩大政治权力、谋求开展政治活动的公共空间乃至实现政治目标为宗旨，其中包括大量危害法治和社会治安的隐形破坏性社会组织。

五是一般社会领域的社会组织，主要包括学术性团体、宗教性团体、职业性团体等，这类社会组织一般不直接介入政策倡导、公共服务提供、政治参与、市场运营等社会过程中，它们通常有其特定的活动领域以及相关人群，这类社会组织的数量很多，种类繁杂，但具有较强的稳定性。

四、职位与岗位

岗位原指军警守卫的处所，现泛指职位。

岗位跟职位还是有明显不同的。首先，按照“职位”的定义，职位是组织重要的构成部分，泛指一个阶层（类），面更宽泛，而岗位则具体得多。职位是按规定担任的工作或为实现某一目的而从事的明确的工作行为，由一组主要职责相似的岗位所组成。职位是随组织结构定的，而岗位是随事定的，也就是我们常说的因事设岗。岗位是组织要求个体完成的一项或多项责任以及为此赋予个体的权力的总和。一个职位一般是将某些任务、职责和责任组为一体；而一个岗位则是指由一个人所从事的工作。

岗位与人对应，通常只能由一个人担任。一个或若干个岗位的共性体现就是职位，即职位可以由一个或多个岗位组成。例如：制造型企业的生产部门的操作员是一个职位，这个职位由很多岗位的员工担任。如果具体到某个工序的，就是岗位了，比如，操作员的职位可能由钻孔操作员、层压操作员、丝印操作员等岗位组成。

根据《事业单位岗位设置管理试行办法》（国人部发〔2006〕70 号）文件，事业单位岗位分为管理岗位、专业技术岗位和工勤技能岗位三种类别（见表 3-3）。其中，管理岗位指担负领导职责或管理任务的工作岗位。管理岗位的设置要适应增强单位运转效能、提高工作效率、提升管理水平的需要。专业技术岗位指从事专业技术工作，具有相应专业技术水平和能力要求的工作岗位。专业技术岗位的设置要符合专业技术工作的规律和特点，适应发展社会公益事业与提高专业水平的需要。工勤技能岗位指承担技能操作和维护、后勤保障、服务等职责的工作岗位。工勤技能岗位的设置要适应提高操作维护技能，提升服务水平的要求，满足单位业务工作的实际需要。

表 3-3　事业单位岗位等级表

管理岗位
一级
二级
三级
四级
五级
六级
七级
八级
九级
十级
专业技术岗位

续表

<table>
<tr><td>一级</td><td rowspan="7">高级</td></tr>
<tr><td>二级</td></tr>
<tr><td>三级</td></tr>
<tr><td>四级</td></tr>
<tr><td>五级</td></tr>
<tr><td>六级</td></tr>
<tr><td>七级</td></tr>
<tr><td>八级</td><td rowspan="3">中级</td></tr>
<tr><td>九级</td></tr>
<tr><td>十级</td></tr>
<tr><td>十一级</td><td rowspan="3">初级</td></tr>
<tr><td>十二级</td></tr>
<tr><td>十三级</td></tr>
<tr><td colspan="2">工勤技能岗位</td></tr>
<tr><td rowspan="5">技术工</td><td>一级</td></tr>
<tr><td>二级</td></tr>
<tr><td>三级</td></tr>
<tr><td>四级</td></tr>
<tr><td>五级</td></tr>
<tr><td colspan="2">普通工</td></tr>
</table>

在各种类型企业当中，根据岗位的工作性质，可以分为管理岗位、专业岗位、生产操作岗位和后勤岗位。

管理岗位是指具有行政管理职责的各级岗位，包括党支部书记、经理、副经理、各部门部长或经理、车间主任及其副职、助理等。

专业岗位指从事专业工作的技术辅助人员岗位。包括办公室、人力资源、财务审计、品控研发、保卫等。

生产操作岗位是指在职能部门从事生产操作的岗位和在生产车间从事生产加工的岗位，包括仓库管理员、设备维修工、一线生产工人等。

后勤岗位指提供后勤服务的岗位，包括保安、清洁、办公用车司机、门卫等岗位。

由此可见，产业是由行业组成的，行业是由单位组成的，单位和职业也存在千丝万缕的联系。任何一个单位都包含了若干个不同的职业，而同一种职业也可以同时存在于不同的单位中，比如基本上每个单位都会有会计这个职业，一个法律工作者既可以在法院工作，也可以在企业当法律顾问。我们在择业的时候，最需要考虑的是职业和行业两个要素，其中职业决定了我们的工作内容，行业决定了我们跟什么样的人合作，共同为社会提供什么产品或者服务。

练　习

我学的专业是______________________________

咨询本专业负责就业的老师，或采访本专业的至少8位校友，然后填写以下信息：

校友中从事与本专业直接相关的职业名称有：______________________________

____

校友中从事与本专业间接相关的职业名称有：______________________________

____

以上就是所学专业对应的职业群。

与本专业对应的职业有关的职业资格有：______________________________

____

校友中从事与本专业无关的职业名称有：______________________________

____

任务二　认识职业的途径

职业探索，狭义上指的是对具体的一个职业进行探索；广义的含义是指对专业、职业、行业、企业、职位等职业世界进行的探索。这里所讲的职业探索，就是对你喜欢或要从事的职业进行理论分析和实际调研的过程。职业探索的目的是对目标职业有充分的了解，并在明确和职业的差距中制订求职策略，从而有效地规划大学生活。

一、职业探索内容

（一）进行职业分析

了解一个职业，具体应当了解哪些方面呢？我们可以通过《职业分析清单》来帮助我们厘清职业的信息（见表3-4）。

表3-4　职业分析清单

项目	具体内容
工作性质	这一职业所满足的需要、该工作的目的 工作中主要的职责 该职业所生产的产品或提供的服务 该职业中的专业细分 该职业所使用的设备、工具及其他辅助物品
所需教育、培训经验	准备进入该职业所要求的课程 进入该行业所需要的工作经验 教育、培训或工作的地点、时长、岗位 由雇主所提供的在职培训

续表

项目	具体内容
个人资历、能力等	一个人要进入该行业所需要的能力、技能或能力倾向 职业所要求的体力 其他的身体要求和个人兴趣 特殊品质、需要达到的标准 执照、证书或者其他法律上的要求 必需或有益的特殊要求
收入、薪酬范围和福利	起薪、平均收入和最高薪酬
工作条件	物质条件和安全 工作时间安排 发挥主动性、创造型、自我管理和得到学识的机会 需要工作者自备的设备、物品和工具 作为参加工作的条件之一，要求具备的工会和职业协会的会员资格 该职业的监督或管理类型 雇主对着装的要求和偏好 出差方面的要求 在该职业中工作者可能会遭受的歧视 工作组织的类型（公司、社会公共机构、代理机构、企业、雇佣此类工作者的行业、自我雇佣的机会） 职业存在的地理位置（全国性的或只存在于某个特定地区或城市）
该职业中典型人群及特征	支配该职业环境的人或该行业中大多数人的人格特征 年龄范围、男性和女性比例、学历层次 外籍人士的比例及岗位、少数民族工作者的数量
就业和发展前景	进入该行业的通常方法 在地方和全国范围内的就业趋势 提升的机会，职业阶梯（从哪里开始？什么时候能到什么位置？） 该行业中工作的稳定性
个人满意度	该职业所体现的价值。是否符合你的价值观？ 他人和社会对于该职业地位的看法：关于这种职业他们喜欢什么？不喜欢什么？

资料来源：陈德明，祁金利．大学生生涯规划与管理［M］．北京：高等教育出版社，2008.

（二）进行行业分析

行业是职业发展的背景，职业的发展与行业发展前景息息相关，因此，在认识职业环境时，要对行业背景进行一定了解。有些职业专业性很强，属于某个特定行业，如医生、飞行员、建筑师等，有些职业大多数行业都有，如人力资源、财务管理、文秘等。在不同的行业，发展路径、薪酬待遇大不相同。因此，我们从以下六方面来进行行业分析（见表 3-5）。

表 3-5　行业分析的主要项目

项目	具体包括
行业现状与发展	行业发展属于初期、成长期、成熟期还是衰退期
国家政策影响	目前是否有政策扶持 未来政策导向对行业的影响
行业人才需求	现在的人才供给情况、需要的人才类型、需求量、用人要求
典型企业动向	行业中标杆企业及其动向，标杆企业的产品或服务动向
行业专家观点	关注行业研究和实战专家的观点，加深行业认知
行业薪酬	了解行业中不同地域、不同性质、不同规模等行业人士薪酬状况

（三）分析用人单位

根据《中华人民共和国劳动合同法》，企业、个体经济组织、民办非企业单位、国家机关、事业单位、社会团体都属于用人单位范畴。了解用人单位的用人标准、发展趋势、单位文化对大学生认识职业环境非常重要。

1. 了解用人标准

不同类型的用人单位用人需求的侧重点是有差异的。公有制的用人单位会提供更稳定的工作岗位，更看重个人的内外协调能力，非公有的用人单位制则更关注个人创造经济价值的能力；规模大的用人单位可以提供更大的发展空间、更多培训机会，但是个人发挥的作用也较小；小规模的用人单位则更可能重用你，获得更多锻炼的机会。总而言之，不同的用人单位类型往往会对劳动者提出不同的要求，为劳动者提供不同的工作条件，劳动者会对不同的用人单位有不同倾向和期望。

用人单位通常会考查专业因素和非专业因素两类。专业因素主要考查专业知识、专业能力、专业资格以及专业经历等。非专业因素则主要包括品格、思维方式、非专业能力和非专业知识。其中非专业能力是大学生就业最基本、最直接的因素。参考美国 SCANS 标准，35 项基本工作能力可划归为五大类型，分别是理解与交流能力、科学思维能力、管理能力、应用分析能力和动手能力。其中理解与交流能力、管理能力都是非常重要的非专业能力。大家可以对照表 3-6，对自己的基本工作能力进行自我评估。

表 3-6　美国 SCANS 标准基本工作能力定义

基本工作能力		能力描述
理解和交流能力	理解性阅读	理解工作文件的句子和段落
	积极聆听	理解对方讲话的要点，并适当提出问题
	有效口头沟通	交谈中有效地传递信息
	理解他人	关注并理解他人的反应
	服务他人	积极地寻找方法来帮助他人
	积极学习	理解信息中的启示，用于解决问题，帮助做出决定
	学习方法	在训练和指导工作时选择方法与程序

续表

基本工作能力		能力描述
科学思维能力	科学分析	用科学的原理和方法来解决问题
	批判性思维	运用逻辑推理来判定解决问题的建议、结论和方法的优缺点
	数学解法	用数学方法来解决问题
	针对性写作	根据读者需求有效地传递信息
管理能力	绩效监督	监督和评估自己、他人或组织的绩效以采取改进行动
	协调安排	根据他人的需要调整工作安排
	说服他人	说服他人改变想法或者行为
	谈判能力	与他人沟通并且达成一致
	指导他人	指导他人怎样去做一件事
	解决复杂问题的能力	识别复杂问题并查阅信息以发现和评估解决方案
	时间管理	管理自己和他人的时间
	财务管理	决定怎样花费以完成工作，并为这些开支记账核算
	物资管理	如何按照工作的特定需要获得设备、厂房和材料，以及监督及合理使用
	人力资源管理	在工作中激发、发展和指导人们的工作，寻找适合各项工作的人
应用分析能力	新产品构思	分析需求和生产的可能性以开发出新产品
	技术设计	按要求设计和修改设备与技术
	设备选择	决定使用哪一种工具和设备来做一项工作
	系统分析	判定变化对一个系统运行结果的影响
	系统评估	识别系统绩效的评估方法或指标，根据系统目标制订行动以改进系统表现
	质量控制分析	对产品、服务或工作程序进行测试和检查以评价其质量和绩效
	操作监控	监视仪表、控制器和其他指示器以保证机器正常运行
	操作和控制	控制设备和系统的运行
	设备维护	对设备进行日常维护并决定什么时候进行何种维护
	疑难排解	判断错误的产生原因并决定纠错对策
	判断和决策	考虑各方案的成本和收益，决定最合适的方案
动手能力	安装能力	按照特定要求来安装设备、机器、管线或程序
	电脑编程	为各种目的编写电脑程序
	维修机器系统	使用必要的工具来修理机器和系统

练　习

请将家族中亲属及他的职业填写在图 4-4 中。

图 4-4　家族职业树

填好家族职业树后，请回答下列问题：

1. 家族成员中从事最多的职业是什么？
2. 我想要从事这种职业吗？为什么？
3. 父母如何形容他们的职业？
4. 父母希望你从事的职业是哪些？原因是什么？
5. 我觉得父母对我的职业选择的影响表现在哪几个方面？
6. 哪些职业我会优先考虑？
7. 哪些职业我绝对不会考虑？

知识链接

不同类型用人单位的用人标准

1. 企业

必备的能力：扎实的专业知识+强健的体魄+团队精神+较强的实际操作能力

理想的能力：创新精神+应变能力+管理能力

最看重的素质：创新能力

2. 科研单位

必备的能力：扎实的专业知识+较强的外语能力+信息沟通能力

理想的能力：创新能力+应用开发能力+独立工作能力

最看重的素质：应用开发能力

3. 设计部门

必备的能力：扎实的专业知识+一定的艺术素养+团队精神

理想的能力：注重细节+相关专业知识+学习能力+归纳总结能力

最看重的素质：团队精神

4. 国家公务员

必备的能力：较高的政治素养+较高的教育程度+较广的专业知识+较深的文字功底

理想的能力：沟通能力+管理能力+精通国家法规政策+外语能力

最看重的素质：管理能力

5. 高校教师

必备的能力：广博扎实的专业知识+较高的教育程度+沟通能力+优良品质

理想的能力：科研能力+个人魅力+精通一门或数门外语

最看重的素质：个人魅力

6. 报社、出版社

必备的能力：较高的政治素养和理论素养+强健的体魄+实事求是+扎实的专业能力

理想的能力：广博的知识+外语能力+社交能力+沟通能力+对信息的敏感性

最看重的素质：实事求是+社交能力

7. 会计师事务所

必备的能力：扎实的专业知识+熟悉国家有关法规政策+诚信

理想的能力：管理咨询能力+分析+深厚的经济学功底

最看重的素质：管理咨询能力+诚信

8. 咨询公关公司

必备的能力：良好的品质+社交能力+较强的沟通能力

理想的能力：创新精神+应变能力+管理能力+个人魅力

最看重的素质：创新能力

（资料来源：李宁．企业对职场新人才的标准［J］．国际人才交流．2004（5）：42-45.）

2. 了解用人单位文化

了解用人单位文化可以通过组织、制度、人际关系、管理及物质化等外在形式来进行，见表 3-7。

表 3-7 了解用人单位的相关情况

内容	备注
结构	结构决定决策风格。层级结构越多，意味着员工决策权越小，部门之间接触则会相对较少，对员工技术能力要求相对较为单一。
制度	从制度中可以看出用人单位鼓励什么，不鼓励什么。
人际关系	包括同事之间、上下级之间、员工与客户之间、员工与供应商之间的关系。
物质化	工作场所的地点、布局、设计、设备等反应组织文化
管理	用人单位文化与管理风格；领导者个人性格喜好有关
其他	口号、标语、默认规则等

3. 了解用人单位发展趋势

任何用人单位都会经历创业、成长、成熟、衰退这样的周期。处于不同阶段的用人单位会对你带来不同影响。创业期的用人单位通常规模较小，百废待兴，新员工加入会得到重用，会一人独立承担一个或多个工作任务，帮助新员工迅速成长。成长期的用人单位，扩张迅速，会提供较多职位选择，通常也会有较为丰厚的物质回报。成熟期的用人单位各项工作已趋于规范化，新员工会得到较好的培训，迅速熟悉工作，职位相对稳定，同时也缺乏挑战。衰退期的用人单位，有可能会有人不断离开，作为新员工如果坚守会有更多锻炼机会，即使原单位不在了，你也将获得让自己受用的经验。

练 习

你感兴趣的职业是：________________

它所要的专业资格有：________________

它所需的专业能力与知识有：________________

它所需的非专业能力与素质有：________________

二、认识职业环境途径

大学生进行职业探索的方法有很多，例如，可以采取非正式评估、正式评估、印刷和影视媒体、网络资讯、人物访谈、父母角色示范、生涯影子、暑期打工、专业实习、实际接触等方式，依据一定的规律可以提高效率。例如，可以由近到远地探索，所谓近和远，是指信息与探索者的距离。通常近的信息比较丰富，远的信息更为深入；近的信息较易获得，远的信息则需要更多的投入、与环境的互动才能了解。因此，从近至远的探索是一个范围逐渐缩小、了解逐渐加深的过程。其中对宏观环境的探索主要采用查阅和讨论的方法；对行业环境、组织环境、岗位环境的探索，除了通过查询资料和讨论外，还可通过实地参观、实习以及对相关从业人士进行访谈等方法。

（一）文献法

文献法主要是通过浏览和查看网站、报刊、书籍等途径探索目前的职业环境。

在信息化时代，每时每刻都有大量信息更新上传，作为大学生，需要在纷繁复杂的信息中筛选有效的信息。

1. 官方网站

国家统计局、国家和各级地方人力资源和社会保障网、各级省市人事考试网、新职业、中国劳动力市场网、前程无忧、智联招聘、中华英才、搜狐招聘频道、新浪求职频道、中青在线人才频道、各高校职业指导网站等，都是认识职业的正规渠道。

2. 传记和杂志

传记是职业信息的重要来源。许多职业中优秀人物都有自传。可以通过传记了解如何从一个大学毕业生成长为优秀的企业家、记者、演员、医生等。阅读相关科普杂志或者学术期刊也是很好的了解职业信息的途径。可以了解行业和职业发展前沿及现状，而且各个行业都有非常优秀的期刊杂志。

3. 试听资料

一些纪录片、求职类的节目可以更直观地展示职业信息，非常便于获取和认识职业。

（二）讨论法

讨论意味着与别人共享对职业的探索结果。当大学生对职业的特点不能很好地把握时，可以和周围人群一起讨论，比如和同学、朋友，甚至老师、父母进行讨论。个人的探索势必会有局限性，与别人一起讨论感兴趣的职业问题，共享职业探索成果，会互相打消一些不现实想法或前景黯淡的东西，而共同发现一些更好的东西。讨论法的要点是：不要对个人已经拿定主意、不会改变的事情进行讨论，也不要把自鸣得意的结果拿出来炫耀，把正在探索或是已有结果但仍需进一步证实或充实提高的东西拿出来讨论。

（三）参观和实习法

参观和实习法是探索行业环境、组织环境及岗位环境常用的方法。参观是到相关职业现场短时间地观察、了解。通过观察，可以了解职业相应工作的性质、内容，职业环境及氛围，获得实实在在的职业感受。参观法的优点是能得到切身的感受，缺点是无法对职业的实质深入了解，易被营造的氛围迷惑。实习是到职业场所进行一定时间的打工、兼职或教学实习、实践。

实习是一种比较全面地了解职业的方法。实习可以更深入、更真实地对职业的工作任务、工作要求、工作环境及个人的适应情况进行了解、判断，可以了解工作的程序、报酬、奖罚、管理及升迁发展的信息，还可通过与工作人员的实际接触，感受职业对人的影响。参加社会实践的意义在于它能使学生在认识自我和改造自我两个方面获益。

（四）生涯人物访谈

生涯人物访谈是通过与一定数量的职场人士（通常是自己感兴趣的职业从业者）会谈而获取关于一个行业、职业和单位“内部”信息的一种职业探索活动。生涯人物访谈，作为一种获取职业信息的有效渠道，能帮助求职者（尤其是在校大学生）检验和印证以前通过其他渠道获得的信息，并了解与未来工作有关的特殊问题或需要，如潜在的入职标准、核心素质要求、晋升路径和工作者的内心感受，这些信息也是通过大众传媒和一般出版物得不到的。通过生涯人物访谈，在校大学生还能正确认识自己的优势和不足，从而制订更加合理的大学学习、生活和实习计划。

1. 生涯人物访谈前准备

（1）了解自己。借助一定的工具（如霍兰德职业倾向测试、职业能力测量表、职业价值观自测量表分析自己的兴趣、技能和工作价值观。

（2）寻找生涯人物。结合自己的兴趣、技能、工作价值观、教育背景和已掌握的职业知识列出未来可能从事的3~5个职业，然后在每个职业领域寻找3位以上的在职人士作为生涯人物。生涯人物可以是自己的亲人、老师和朋友，也可以是他们推荐的其他人，而更多的可能是借助行业协会、大型同学录或某个具体组织的网页来寻找到的职场人士。

注意：第一，生涯人物的职业应是自己向往的，但不应将生涯人物访谈当成获得与雇主面试的机会；每个职业领域的生涯人物应结构合理，既有初入职场的人士，也有工作了一定年限的中高层人士；第二，正式访谈前，对生涯人物的信息掌握得越全面越好，姓名、职务和联系方式是必需的，对于可以在生涯人物的讲话、文章或者大众传媒和单位网页上获得的信息要尽可能地收集和熟悉。

（3）结合目标职业信息设计访谈问题。

问题1：您是如何找到这份工作的？

问题2：目前，行业内要求从事这份工作的人应该具备什么样的教育和培训背景？

问题3：您认为做好这份工作应该具备哪些知识、技能和经验？

问题4：您认为什么样的个人品质、性格和能力对做好这份工作来讲是重要的？

问题5：这项工作需要的个人品质、性格和能力同其他工作要求的有什么不同吗？

问题6：行业内，单位对刚进入该领域工作的员工一般会提供哪些培训？

问题7：在行业内，先从什么样的工作岗位做起，能学到最多的知识，最有益于发展？

问题8：据您所知，从事这种工作的人在单位或者行业内发展的前景怎样？

问题9：最近这个行业和工作因为科技进步、经济的全球化发生变化了吗？

问题10：通常您的一天是如何度过的？

问题11：在这个工作岗位上，您的主要职责是什么？

问题12：您在做这份工作时，什么是最成功的，什么最有挑战性？

问题13：就您的工作而言，您最喜欢什么？最不喜欢什么？

问题14：从事这份工作实现了您的人生价值吗？家庭对您现在的工作满意吗？

问题15：在您的工作领域里，初级职位和略高级别职位的薪水一般是什么水平？

问题16：据您所知，有什么职业杂志、行业网站或其他渠道能帮助我深入了解这个领域？

问题17：请您再对所有大学生提一点建议。

问题18：您的熟人中有谁能够成为我下次采访的对象吗？可以说是您介绍的吗？

（4）预约生涯人物。预约方式有电话、QQ、微信、电子邮件和普通信件等，其中电话最好。预约时首先介绍自己，然后说明找到他的途径、自己的采访目的、感兴趣的工作类型以及进行采访所需要的时间（通常20~30分钟）。如果生涯人物能和自己见面，就感谢他能够接受采访并确认采访的日期、时间和地点；如果生涯人物不能和自己见面，就问他能否给出5分钟的时间进行电话采访；如果还是不行，就表示遗憾，并请求推荐一位与他所从事工作相似的人，如果得到了被推荐人的名字，就表示感激。

注意：联系前的准备要充分，电话联系时还应备好纸和笔，以备临时电话采访。联系时一定要有礼貌，时间要短。

2. 生涯人物访谈过程

采访方式可以是面谈、电话访谈、微信访谈、QQ访谈，最好是面谈。访谈时应当注意：

（1）采访前为自己准备个“30秒的广告”，因为在访谈过程中生涯人物可能会问采访者的职业兴趣和求职意向。

（2）面谈前，应征求生涯人物的意见，视情况对谈话进行录音（或书面记录、不记录）。

（3）面谈一定要守时、简洁，不浪费他人时间。

（4）遇到生涯人物谈兴正浓时，采访者要乐于倾听，给生涯人物留出提供其他信息的机会。

（5）访谈结束后，对于不允许访谈现场记录的内容应迅速补记。

（6）可以请生涯人物再给自己推荐其他相关的生涯人物。这样就可以以滚雪球的方式拓展自己的职业认知领域。

访谈法的优点：结果比较客观，对职业了解得较多，可以从不同的角度认识职业。缺点：由于访谈对象的不同，结果可能差异很大。有的人对工作比较积极，赞誉较多；有的人对工作比较消极，可能评价较低。大学生在对职业环境进行分析时，不要仅仅采用一种方法，应该采用多种方法，多角度、全面地了解自己。

练　习

1. 通过多种方法完成职业调研表的填写。

表 3-8　职业调研表

序号	项目	调研结果	信息来源渠道
1	行业前景		
2	劳动力状况		
3	工作内容和性质		
4	从业人员特征		
5	薪酬待遇		
6	公司组织架构		
7	工作环境及条件		
8	福利情况		
9	企业文化		
10	企业制度		
11	公司主要领导人能力		
12	培训机会		
13	社会地位		
14	其他		

2. 回答以下问题

(1) 根据调研表收集到的信息得出什么样的结论？

(2) 我还需要学什么？

(3) 我的目标职业是：

3. 通过探索职业环境，我了解到与这个职业相关的课程有：

课程名称	相关度（高、中、低）	在哪里可以学到？

项目四　做好职业决策

1. 了解职业决策内涵及类型。
2. 掌握职业决策方法并会做职业决策。
3. 确定合理的职业目标。

任务一　职业生涯决策

案例导入

小李的职业生涯决策

小李，男，某高职院校临床医学专业三年级学生，性格外向，开朗活泼，喜欢与人交往，口头表达能力很强，是学院学生会干部，组织能力强。还有一年就要毕业了，他考虑自己的职业有三个发展方向：医院医生、市场销售总监、专升本。以下是他的具体想法：

1. 医生

小李认为这个职业是他的本专业，有最大的专业优势，工作也比较稳定，且目前社会需求量较大，但是专科生学历出来并不占优势。

2. 市场销售总监

小李希望用10年的时间实现这个目标，他认为这个职业符合自己的性格和兴趣，同时他也有利用暑期和课余时间兼职做销售的经历，他认为可以利用自己的专业来帮助自己更好地做好销售工作。

3. 专升本

小李的父母都是医院的医护工作者，他们希望小李能够继续深造，以后到医院，相对来说职业发展空间比较大，或者读研究生，以后当老师。

问题聚焦：

如果你是小李，你会如何做职业决策？

一、职业决策

决策是指个人将数据加以组织，而后在许多可能的选择项目中，加以评估、选择、确定，并承诺付诸实行的一个过程。职业生涯决策是综合了个人对自我的认识，以及对教育与职业等外在因素的判断，面临抉择情境时所做的各种反应，其构成要素包括：决策者个人目标、可供选择的方案与结果，以及对各个结果的评估。职业决策具备以下特征：

1. 没有完美的职业决策

职业决策是经过权衡利弊之后相对利益最大化的那一个，所以职业决策不能满足所有需求，是一个利弊并存的存在。

2. 职业决策是面向未来的冒险

职业决策是基于当前的信息、经验、环境所做的选择，在实施过程中难免会有偏差，结果也不一定事事如意。

3. 职业决策不仅有选择，还有行动

职业决策不是一种静态的状态，更是一种动态的行动。不行动的决策会充满焦虑，决策后行动则有可能获得新的收获。

二、职业生涯决策理论基础——CASVE 循环决策模式

目前在职业生涯发展与规划实践中应用得最广的职业决策理论是认知信息加工理论（Cognitive Information Processing theory，CIP）。该理论由盖瑞·彼得森（Gary Peterson）等人于 1991 年提出，CIP 认为生涯发展过程的实质是一个人如何做出生涯决策以及在生涯决策和生涯问题解决过程中如何使用信息的过程。CIP 理论按照信息加工的基本流程构建了一个信息加工金字塔，如图 4-1 所示。

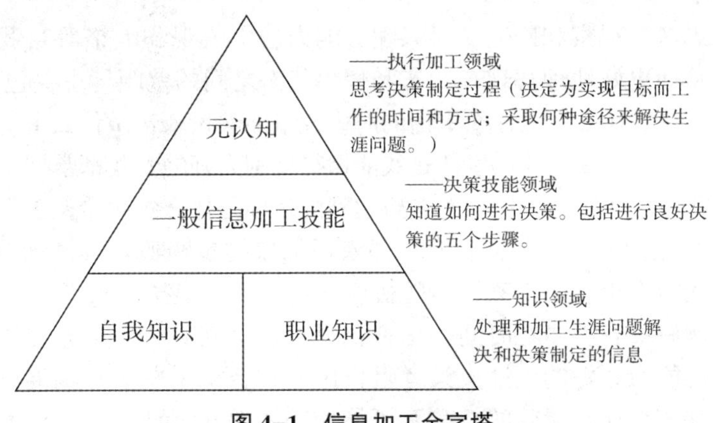

图 4-1 信息加工金字塔

塔底是知识领域，包括自我知识和职业知识。塔顶是执行领域，包括自我言语、自我觉察、控制与监督。中间是决策领域，也是整个认知信息加工理论的核心部分。

具体到决策技巧领域，CIP 理论提出了 CASVE 循环决策模式，包括沟通（C）—分析（A）—综合（S）—评估（V）—执行（E）5 个阶段，如图 4-2 所示。

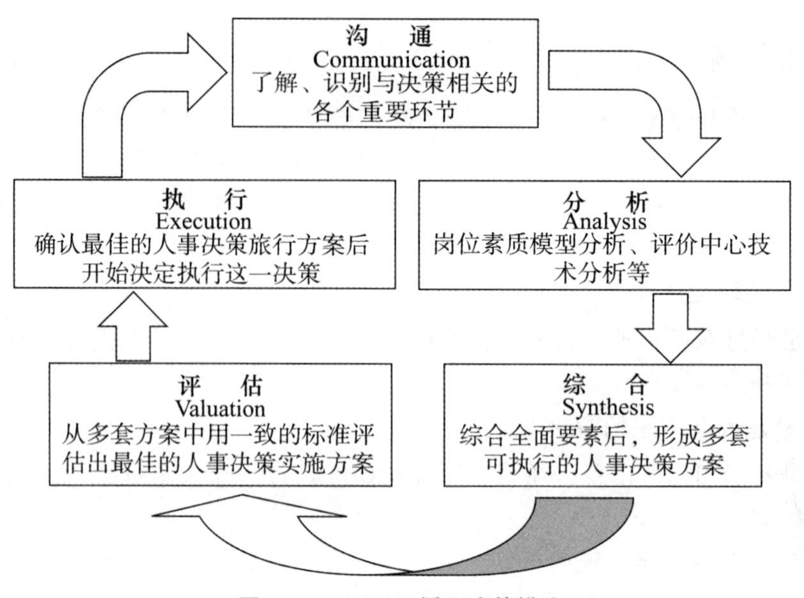

图 4-2　CASVE 循环决策模式

1. 沟通（Communication）

在这个阶段，我们收到了关于职业理想与现实之间存在差距的信息。这些信息可能通过内部或外部交流途径传达给我们。内容沟通包括情绪信号，例如不满、厌烦、焦虑和失望，还有身体信号，如昏昏欲睡、头痛、胃部疾病等。外部沟通包括父母对你的职业规划的询问，同事、朋友对你的职业评价等。

这是意识到自己需要做出选择的阶段。在这个阶段，我们通过各种感官和思考充分接触问题，发觉存在差距已不容忽视。

2. 分析（Analysis）

分析，是通过思考、观察和研究，对兴趣、能力、价值观和人格等自我知识以及各种环境知识进行分析，从而更好地理解现存状态和理想状态之间的差距。主要包含以下几方面。

（1）兴趣：我喜欢做什么？做什么事情的时候我最能够投入？做什么事情能让我得到享受？

（2）能力：我擅长做什么？什么事情是我能做得比别人好的？我都掌握了哪些专业知识？

（3）价值观：我看重什么？我这辈子希望达到的目标是什么？我希望工作可以带给我什么？

（4）性格：我性格内向还是外向？我关注宏观抽象的事物还是具体细节？我倾向理性思考还是感性体验？我习惯于有条不紊还是随机应变？

在这阶段，问题解决者需要花时间去思考、观察、研究，从而更充分了解差距，了解自己有效地做出反应的能力。好的生涯决策者阻止用冲动行事来减小在沟通阶段所体验的压力或痛苦，因为他们知道，这是无效的，甚至可能使问题恶化。他们会弄清楚，要解决这个问题需要了解自己的哪些方面，了解环境的哪些方面，需要做些什么才能解决问题，为什么自己有这样的感受，家庭会怎样看待自己的选择等问题。

这是了解自己和自己的各种选择的阶段。在这一阶段，生涯问题解决者通常会改善自我知识，不断了解职业世界和家庭需要。简单说，在分析阶段，生涯决策者应尽可能了解造成在第一阶段发现的差距的原因。

分析阶段还需要把各种因素和相关知识联系起来，例如，把自我知识和职业选择联系起来；把家庭和个人生活的需要融入职业选择中。

3. 综合（Synthesis）

主要是综合和加工上一阶段提供的信息，从而制订消除差距的行动方案。其核心任务是，确定我可以做什么来解决问题。

这是一个扩大并缩小选择清单的过程。首先，尽可能多地找到消除差距的方法，发散地思考每一种办法，甚至采用“头脑风暴”进行创造思维。然后，缩小有效方法的数量，通常缩减到 3 至 5 个选项，因为这是我们头脑中最有效的记忆和工作容量。

4. 评估（Valuation）

评估阶段将选择一个职业、工作或大学专业。

它的第一步是评估每一种选择对生涯决策者和他人的影响。例如，如果选择了服兵役，这一选择将会给自己、父母等重要他人带来什么影响？每一种选择都要从对自己和对他人的代价和益处两方面进行评价，并综合物质上和精神上的因素。

第二步就是对综合阶段得出的选项进行排序。能够最好地消除差距的选项排在第一位。次好的排在第二位，依此类推。此时，职业规划决策者会选出一个最佳选项，并且做出承诺去实施这一选择。

例如，可以问：

（1）对我个人而言什么是最好的？

（2）对我生活中的重要他人而言什么是最好的？

（3）大体上，对我所处的环境而言什么是最好的？

5. 执行（Execution）

这是实施选择的阶段，把思考转换为行动。很多人都觉得在执行阶段制订行动计划是令人兴奋的和有价值的，因为他们终于可以开始采取积极行动去解决问题了。

CASVE 循环是一个不断重复的过程。在执行阶段之后，生涯决策者又回到沟通阶段，以确定已经选取的选择是不是最好的。是否能最有效地消除理想与现实间的差距。

二、职业生涯决策类型

根据著名职业生涯学者哈瑞恩（Harren）的观察，按照对职业和自己的了解水平，大部分人的职业生涯决策被分成 4 类：理性型、依赖性、直觉型、犹豫型，见表 4-3。

练 习

桃园摘桃

路边有一片桃园，假如你可以进入桃园摘桃子，但只许前进不许后退，只能摘一次，要摘一个最大的，你会怎么办？

A. 对视野内的桃子进行比较，形成一个大概标准，再根据这个标准选择最大的桃子。

B. 我感觉这个大，就摘这个了。

C. 去问问桃园的人，让他告诉我什么样的最大。

D. 桃子太多了，真是没办法决定哪个最大，再走走吧。

表 4-3　职业生涯决策的分类

序号	类型	特点
A	理性型	经过理性分析，对自己认识明确，对环境了解清楚，并且综合考虑个人与环境因素，分析利弊得失，做出并执行相应的计划。理性型的决策形态是做出合理、客观决策的充分保障。大部分职场成功人士在规划自己的职业生涯时，都是非常理性的
B	直觉型	直觉型的人在做出决定时往往跟着感觉走，决策的依据就是自己的感受和情绪反应，较冲动，很少能系统地收集相关信息。他们往往较少在一个领域深入，所以较难在同一工作上晋升到较高的职位，因而直觉型的人可能常常会对结果不满意。当然，也有一部分直觉型的人，在“直觉”的引导下，恰好达到了理想的目标。但是，直觉的引导毕竟不能取代科学、理性的决策
C	依赖性	依赖型决策风格的人较为被动、顺从，非常看重他人对自己的看法和评价，个人行为的目标是满足他人和社会的需求。由于文化传统的影响，亚洲的大学生比较倾向于这种决策类型
D	犹豫型	犹豫型是指个体不愿做出任何选择的决策风格，他们会挣扎、会痛苦。这种类型较易延误良机，是对个体负面影响最大的决策风格

每个人的生活态度不一样，所选择的生活方式也不一样，从结果上来看，理性型和直觉型的决策风格更容易给个体带来高满意度的职业生涯规划。

六、职业决策的其他方法

1. 职业生涯决策平衡单

做职业生涯决策时比较常用的方法是金树人引用詹尼斯和曼恩设计的平衡单法。平衡单法将不同的选择方案放在自我—他人、精神—物质四个维度进行评估，集中在以下 4 个主题上：自我物质方面的得失；他人物质方面的得失；自我精神方面的得失（自我赞许与否）；他人精神方面的得失（社会赞许与否）。

平衡单法兼顾了内部需求和外部环境因素，是一种职业生涯决策的好方法，该方法用于决策职业生涯方向很有效。平衡单法可以帮助我们具体地分析每一个可能的选择，考虑各种方案实施后的利弊得失，最后排出优先顺序，确定选择方案（见表 4-4）。

表 4-4　职业决策平衡单法

职业选择加权计分考虑因素		权重（1~5 倍）	职业选择一（　　）		职业选择二（　　）		职业选择三（　　）	
			得（+）	失（−）	得（+）	失（−）	得（+）	失（−）
个人物质方面的得失	1. 收入							
	2. 升迁的机会							
	3. 休闲时间							
	4. 生活的变化							
	5. 就业机会							

续表

职业选择加权计分考虑因素		权重（1~5 倍）	职业选择一（　　）		职业选择二（　　）		职业选择三（　　）	
			得（+）	失（−）	得（+）	失（−）	得（+）	失（−）
个人物质方面的得失	6. 对健康的影响							
	7. 工作的难易程度							
	8. 工作环境的安全							
	9. 未来的发展							
	10. 社交范围							
	11. 其他							
他人物质方面的得失	1. 家庭经济							
	2. 家庭地位							
	3. 与家人相处的时间							
	4. 其他							
个人精神方面的得失	1. 生活方式的转变							
	2. 成就感							
	3. 自我实现的程度							
	4. 兴趣的满足							
	5. 挑战性							
	6. 社会声望的提高							
	7. 所学应用							
	8. 其他							
他人精神方面的得失	1. 父母的支持							
	2. 师长的支持							
	3. 配偶的支持							
	4. 子女的支持							
	5. 其他							
总分								
得失差数								

（1）在平衡单中列出个人所选择的 3 个潜在职业。从表中提及的 4 个考察因素中列出你选择职业生涯考虑的因素，根据对你而言职业选择的重要性和迫切性，对每个考虑因素按照自己的情况设置权重（1~5 倍），1 倍表示最不看重，5 倍表示最看重。

（2）每个所选职业的得分或失分，可以根据选择该职业具有的优势（得分）、缺点（失分）来回答，根据擅长到不擅长，从高到低递减，计分范围为−10~10 分，0~10 分为得分，全得为 10 分；−10~−1 分为失分，全失为−10 分。每一因素的得（失）分乘上权重为该因素的分值。

（3）计算出每个所选职业的优点总分和缺点总分，优点总分减去缺点总分，算出客观的“得失差数”，并以此分数来做出最后的决定，即比较 3 种职业的得失差数，分数越多，该职业越适合你。

（4）根据自己的真实想法作答，正确评估每种职业对自己的重要性。

（5）比较每种职业的综合得分，据此做出职业生涯决定，这个决定就是用职业生涯抉择平衡单法所做出的综合效用最大化的决定。

2. SWOT 分析法

SWOT 分析最早是由美国旧金山大学的管理学教授海因茨·韦里克提出来的。SWOT 分析是市场营销管理中经常使用的一种功能强大的分析工具，是检查个人技能、能力、职业、喜好和职业机会的有用工具。通过它，我们很容易知道自己的个人优点和缺点在哪里，并且会仔细地评估出自己所感兴趣的不同职业的机会和威胁所在。SWOT 分析将与研究对象密切相关的各种主要内部优势因素、弱点因素、机会因素和威胁因素，通过调查罗列出来，并依照一般的次序按矩阵形式排列起来，然后运用系统分析的思想，把各种因素相互匹配加以分析，从中得出一系列相应的结论。

SWOT 中，S 代表 Strength（优势）、W 代表 Weakness（弱势）、O 代表 Opportunity（机遇）、T 代表 Threat（挑战），是个体“能够做的”（即个体的强项和弱项）和“可能做的”（即环境的机遇和挑战）之间的有机组合。其中，S、W 是内部因素，O、T 是外部因素。一般来说，优势和劣势从属于个人自身，而机会和威胁则来自外部环境（包括组织环境和社会环境）。

SWOT 分析可通过下列 3 个步骤完成。

（1）分析环境。包括内部环境和外部环境。内部环境指能力、优势等因素；外部环境指社会、家庭、行业状况、就业形势等。

（2）构建 SWOT 矩阵。将以上 4 个方面的因素按对职业生涯决策的影响程度排列出来，其各个问题的重要程度可以用对比矩阵技术分析得出。

（3）组合决策类型。遵循内部因素与外部因素结合的原则，组合出四种类型。构建这样的组合是为了制订出相应的策略，以发挥优势因素，利用机会因素，克服劣势因素，化解威胁因素。SWOT 方法要求必须对组合类型进行系统的、综合的分析，才能得出一系列适合自己的可选择的对策。由于各种因素都在随时间发生变化，个体的选择应该随时调整，大学生可以每隔一段时间做一次，在校期间至少要做两次，如表 4-6 所示。

表 4-6　SWOT 分析矩阵

外部环境分析 内部环境分析	机会 O 1. 2.	威胁 T 1. 2.
优势 S 1. 2.	SO 策略 1. 2.	ST 策略 1. 2.

续表

劣势 W 1. 2.	WO 策略 1. 2.	WT 策略 1. 2.

SWOT 分析的目的是强化优势，抓住机会。如何化解威胁，对待劣势，应具体情况具体分析。如果威胁一直存在，不能回避，就要用优势战胜它。如果劣势不构成职业生涯发展的障碍，就不要太在意，反之，要尽可能地去弥补。一般而言，花时间去弥补劣势，不如花同样的时间强化自己的优势。

（1）自我优势分析（知己）。找出自己出色的地方，与竞争对手相比处于优势的方面，回答下面三个问题。

● 你曾经做过什么？

即你已有的人生经历和体验，如在学校期间担任的职务、曾经参与或组织的实践活动、获得的奖励等。这些可以从侧面反映出一个人的素质状况。在自我分析时，要善于利用过去的经验选择，推断未来的工作方向与机会。

● 你学习了什么？

在学校期间，你从学习的专业课程中获得了什么？专业也许在未来的工作中并不起多大的作用，但在一定程度上决定你的职业方向，因而尽自己最大努力学好专业课程是生涯规划的前提条件之一。同时，你要善于从中总结，真正化为自己的智慧。

● 最成功的是什么？

你可能做过很多事情，但最成功的是什么？为什么成功？是偶然还是必然？通过分析，可以发现自我性格优越的一面，譬如坚强，挖掘出自己的动力之源和魅力闪光点，这也是职业规划的有力支撑。

（2）自我劣势分析（知己）。找出自己不是很喜欢做的事情和弱势，如性格弱点、经验或经历中所欠缺的方面。

● 性格弱点

一个独立性强的人会很难与他人默契合作，而一个优柔寡断的人绝难担当企业管理者的重任。

● 经验或经历中所欠缺的方面

也许你曾多次失败，就是找不到成功的捷径；需要你做某项工作，而之前从未接触过，这都说明经历的欠缺。欠缺并不可怕，怕的是自己还没有认识到，而一味地不懂装懂。

（3）职业机会分析（知彼）。找出有利于职业选择和职业发展的一些机会。

● 对社会大环境的认识与分析。当前社会政治、经济发展趋势；社会热点职业门类分布与需求状况；自己所选择的职业在当前与未来社会中的地位；社会发展趋势对自己职业的影响。

● 对自己所选企业的组织环境分析。所从事行业的发展状况及前景；在本行业中的地位与发展趋势；所面对的市场状况。行业环境分析和企业环境分析。

● 人际关系分析。包括个人职业过程中将同哪些人交往，其中哪些人将对自身发展起重要作用，是何种作用，这种作用会持续多久，如何与他们保持联系，可采取什么方法予以实现；工作中会遇到什么样的同事或竞争者，如何相处、对待等。

（4）职业威胁分析（知彼）。找出存在的潜在危险的方面。包括知识过时、同行竞争、薪酬过低等。特别是知识过时，其实我们之前在学校里所学的知识，等我们毕业时差不多就已经过时了40%。工作几年后，如果我们停止了学习，以前掌握的知识就会完全老化，无法适应社会和企业的需要了。

外因是变化的条件，内因是变化的依据。既知己，又知彼，职业设计就有了成功的基础。通过分析，一幅清晰的职业生涯机会前景图就呈现在你的面前。要注意的是，运用SWOT法进行职业生涯机会评估时，要尽可能考虑全面，权衡各种发展机会，然后从中选出最优的发展机会。

（5）制订行动规划。制订行动规划的基本思路是：发挥优势因素，克服劣势因素，利用机会因素，化解威胁因素；考虑过去，立足当前，着眼未来。

运用系统分析的综合分析方法，将排列与考虑的各种环境因素相互匹配起来加以组合，得出一系列职业生涯发展规划的可选择对策。这些对策见表4-7。

表4-7　组合对策类型

对策名称	功能
最小与最小对策（WT对策）	着重考虑劣势因素和威胁因素，努力使这些因素都趋于最小
最小与最大对策（WO对策）	着重考虑劣势因素和机会因素，努力使劣势趋于最小，使机会趋于最大
最大与最小对策（ST对策）	着重考虑优势因素和威胁因素，努力使优势因素趋于最大，使威胁因素趋于最小
最大与最大对策（SO对策）	着重考虑优势因素和机会因素，努力使这两种因素都趋于最大

仔细地对自己做一个SWOT分析评估，列出你5年内最想实现的4~5个职业目标。这些目标可以包括：你想从事哪一种职业，你将管理多少人，或者你希望自己拿到的薪水属哪一级别。

最后，再提纲式地列出一份今后3~5年的职业行动计划，这一步主要涉及一些具体的内容，特别是要达到自己的职业目标所需要提高的内容。列出一份实现最完美匹配的职业目标的行动计划，并且详细地说明为了实现每一目标你要做的每一件事，何时完成这些事。如果你觉得你需要一些外界帮助，请说明你需要何种帮助及如何获取这种帮助。例如，SWOT分析可能表明，为了实现理想中的职业目标，需要进修更多的管理课程，那么，你的职业行动计划应说明要参加哪些课程、什么水平的课程以及何时进修这些课程等等。详尽的行动计划将帮助你做决策，就像外出旅游前事先制订的计划将成为你的行动指南一样。

能分析出自己职业发展及行为习惯中的缺点并不难，但要去以合适的方法改变它们却很难。那么，这时候就一定要寻求各种途径的帮助。有时候需要你的朋友、上级主管、职业咨询专家帮助你改善自身的弱势，而协助、监督以及及时地反馈信息，对于弱势的改善以及计划的顺利实施都有很大的帮助。

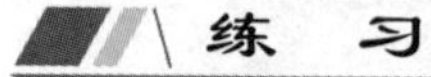

练　习

请用生涯决策平衡单或者SWOT方法，进行生涯决策。

任务二 职业目标的确定

小故事

大导演斯皮尔伯格的故事

史蒂文·斯皮尔伯格是著名的电影导演、编剧和电影制作人，第66届美国电影电视金球奖终身成就奖。2013年《时代》杂志将他列入世纪百位最重要的人物之一。《拯救大兵瑞恩》《辛德勒的名单》《侏罗纪公园》都是兼顾口碑与艺术的代表作品。电影史十大卖座的影片中，他个人就有四部。

在他17岁的时候，有一次去一个电影制片厂参观，尔后，他就偷偷立下了目标，要拍最好的电影。第二天，他穿了一套西装，提着爸爸的公文包，里面装了一块三明治，再次来到制片厂。他故意装出一个大人模样，骗过了警卫，来到了厂里面。然后找到一辆废弃的手推车，用一块塑胶字母，在车门上拼出来“史蒂文·斯皮尔伯格”“导演”等字样。然后他利用整个夏天去认识各位导演、编剧，天天忙着以一个导演的生活来要求自己。从与别人的交谈中学习、观察、思考，并最终在20岁那年，他成为正式的电影导演，开始了他大导演的职业生涯。这里面，我们可以看到他是如何确立自己的目标并为之奋斗的。

目标与理想并不是大人的事情，从小立志，并努力实现它，你就能拥有超人的力量。

问题聚焦：

你的职业目标是什么？是如何确定的？

每个大学生都抱着美好的愿景进入职场。十年、二十年之后，并不是每个人都能梦想成真，其中很重要的原因就是职业目标出现了偏差，因此，确定恰当的职业目标是非常重要的环节。职业生涯规划过程中，职业目标确定要基于“知己知彼”基础之上，通过职业定向继而确定职业目标。

一、职业定向

从职业生涯规划的主体角度出发，职业定向有广义和狭义之分。广义的职业定向是一个过程，指个体确立职业方向，选择职业目标，并为此制订计划、采取行动的过程。狭义的职业定向是一种状态，指个体处于决定在某职业领域、从事一定的职业类型，并明确了职业发展路径的一种确定状态。每个大学生都需要通过职业定向，完成从学生到职场人的转变，所以职业定向不仅是职业发展走向成熟的过程，也是大学生身心不断成熟的过程。

玛西亚（Marcia）根据埃里克森心理社会发展理论的观点，以面对抉择危机和专注定向两个维度，将青年的职业定向归纳为4种不同类型，分别是：

（1）自主定向者（Identity achievement）：经历过抉择危机后，逐步确立起生涯方向或职业目标。

（2）提早定向者（Fore-closure）：本身未曾面对抉择危机，但在生涯方向或职业目标上，因为接受父母或他人安排而已经定型。

（3）延迟未定者（Moratorium）：面对个人抉择，没有做出承诺的人。

（4）茫然失措者（Identity diffusion）：面对抉择危机，因生涯方向或职业目标模糊不定而导致焦虑失措，甚至逃避抉择。

舒伯认为，人的职业选择发展过程是一个动力过程。人在职业选择上的发展是与人的自我意识、即人对自我的认识发展相适应的。青年人在选择与自我相吻合的职业过程中，表现出以下 4 种不同的模式。

（1）稳定模式。即小时候就选定职业，随着人的成长一直坚持这种选择，矢志不移地努力，长大进入社会后真的从事了自己长期努力追求的职业。

（2）习俗模式。社会上属于这种模式的青年是多数。他们因为各种原因选择了几种职业，但最后因各种主客观原因，只能选择一种作为长久的职业。

（3）不稳定模式。即青年人随客观环境变化和自身发展不断改变着自己的职业，始终没有一个长期持久的职业。

（4）多样化模式。属于这种模式的青年人一般只在相同的职业水平上调动，不拘于某个具体的职业领域。

对很多大学生来说，职业定向是比较迷茫的状态，且不同性别、不同学历水平、不同专业的大学生职业定向水平也存在差异。无论从职业生涯长远发展来看，还是基于大学生所处的迷茫状态，职业定向都是在大学时代应该进行的重要步骤，以保障毕业后顺利踏上职业发展之路。然而，职业定向是非常复杂的过程，需要循序渐进，不断完善，并非一蹴而就。大学生需要在认识自我和认识职业环境的基础上，获得更多职业体验和职业资源，从而做出合理的职业选择。根据学者骆永萍的研究，青年要确定职业定向有四种模式，分别为渐进积累型模式、稳定发展型模式、他人决定到自主决定型模式和不确定模式。

（1）渐进积累型模式。即尝试多个工作，逐渐找到适合自己的职业类型并确定下来，长期从事并巩固发展。该定向历程的特点是经验式、自发的、渐进积累。即职业方向确定的基础是多种工作经验，须经历较长时间的积累和摸索，逐渐找到并明确适合自己的职业方向。该模式中，个体在长时间的摸索中能够积累丰富的职业经验，因为体验深刻，所以一旦确定方向，就不会轻易放弃，并能果断采取行动，集中自己潜能和外部资源，向自己的职业方向快步迈进。同时，由于其探索的自发性，定向的过程会比较漫长。因此，个体定向成功存在较大的偶然性，并潜藏着生涯发展的挫折和不确定性。

（2）稳定发展型模式。即小时候选择了什么职业，随着人的成长一直坚持这种选择，矢志不移地进行努力。进入社会后，继续从事自己长期努力、追求的职业。该定向模式的特点是系统性、自觉性、快速成长。这种模式职业方向确定的基础是个人自觉、系统的反思和探究，有明确的目标和积极主动的行动，个人能较快地找到自己的职业方向。该定向模式是以清晰的自我认知为基础，个体不仅有明确、连续的生涯目标以及坚定持久的发展动力，而且会采取积极有效的行动策略，促进目标的实现。即使遭遇变化和挫折，也会以顽强的毅力去克服。所以，职业发展方向稳定连续，成长速度快，易于获得职业生涯的成功。

（3）他人决定到自主决定型模式。即在生涯早期，主要由父母或他人帮助确定职业方向或职业目标，自己接受并沿着这一方向发展。生涯中期或后期，经过体验和抉择危机，由自己修正以前的目标，重新确立自己的职业发展方向。该定向模式的特点是经验性、依赖性、中断性、自发性和缓慢性。这种模式确定职业方向的基础，前期是他人的经验和意见，后期是自己的经验和反思。目标不连续，有较大变化。但在个体觉醒和主动行动后，最终沿着适合自己的职业方向发展。具有这种定向模式的人，职业发展之初总有外部来帮助选择道路。所以，始终是有方向的。同时，他对外部的指导有一定的依赖性，可塑性强，但主观能动性会受到抑制。如果外部指导得当，就会在适合的方向上快速成长；如果缺乏有利的指导，则可能在职业发展关键时期偏离适合自己的生涯方向，从而阻碍或者延缓生涯成功的获得。

（4）不确定模式。即从事了一种或多个职业，但是一直没有找到适合自己的职业。该历程中有经验的积累，但是因为缺少自我反思或虽有一定的职业目标，却缺乏行动，导致职业体验不深，未能建构成熟的职业自我概念。因而，始终不能对自己有一个合适的职业类型匹配。具有这种定向模式的人，有职业经历，却终生碌碌无为，也难以获得职业高峰体验和幸福感。

总而言之，对大学生来说，职业定向存在很多不确定性，不是人云亦云，一蹴而就的事情，而是一个随着个体身心不断成熟动态调整的过程。大学生可以在大学阶段进行相关思考和探索活动，避免工作后盲目寻找职业方向的情况。

二、确定职业目标

完成职业定向后，面临如何沿着方向坚定前进的问题。在大学生活中，将职业方向转化为具体的职业目标，是大学生应当完成的挑战。确定合理的目标对大学生职业发展来说有导向功能、激活能量功能、维持功能和唤醒功能。职业目标根据不同分类方法，可以进行不同分类。

职业生涯目标分为外职业生涯目标和内职业生涯目标，按一定的标准可将长远目标分解为许多具体可操作的子目标。目标分解的基本方式如下。

（1）按时间进行分解。以时间为标准，可将目标可分解为：人生目标、长期目标、中期目标与短期目标。通常，职业生涯目标是以自己的最佳才能、最优性格、最大兴趣、最有利的环境等信息为依据来确定人生目标和长期目标，然后再把人生目标、长期目标进行分化，根据个人的经历和所处的组织环境制订相应的中期目标和短期目标，见表 4-8。

表 4-8　目标类型及对应时间

目标类型	计划时间
人生目标	人一生的终极追求
长期目标	10 年左右实现
中期目标	3~5 年实现
短期目标	1~2 年实现

（2）按目标性质进行分解。以性质为标准，职业生涯目标可分解为：外职业生涯目标与内职业生涯目标。外职业生涯目标是根据社会环境、企业环境、行业发展等各方面情况所确立的职业目标，如经济收入目标、职称职务目标、工作环境目标、工作地点目标等，侧重于一些较客观的因素。而内职业生涯目标是基于自身的性格、兴趣、优势特长等因素进行职业规划时确定的目标，如思想观念目标、工作成果目标、工作能力目标、心理素质目标等，侧

重一种个体的自我效能感，因而较为主观。只有内、外职业生涯目标结合，职业生涯才能得到有效实施和执行。

制订目标需要注意以下事项：

（1）制订长期目标的注意事项。长期职业生涯目标期限一般以 10 年左右为宜。长远的职业生涯目标，一是靠自己思考、反思而得来，是以自己的价值观、信念、能力、特性与理想或志向为基础进行分析，把可能性与志向做一个新的组合；二是靠自己的创见而得来。异乎寻常的创意，使之超脱现实思想限制，拓展更广阔的眼界，利于长期职业生涯目标的确定。制订职业生涯远景规划图应符合 7 个标准。

- 自由选择的。
- 从几个选择中挑出来的。
- 每种选择的结果，都一一做过评估。
- 所做的选择都应受珍视，而且感觉上“不错”。
- 对之感到骄傲，而且愿意告诉别人。
- 打算以行动完成的生涯远景规划图。
- 它适合自己的整个生活模式。

（2）制订短期目标的注意事项。用足够的理智和准确度，把长期目标具体化、现实化、可操作化，它是结果和行动之间的桥梁。

- 目标清晰、明白、确定。
- 目标不是幻想，要切实可行。
- 目标对于本人应有意义，同时与自我价值和长期目标一致。
- 顾及企业内外环境，目标要实际。
- 辨别和衡量各短期目标的重要性，依其重要程度和可能实现的时间，排列目标实施顺序。
- 辨认输出目标中隐含的需求能力目标，找出差距，明确增强能力的努力方向。
- 规定目标完成时限，包括起始时间和终结时间。
- 预测目标成功与否、成功的程度。

目标设定原则如下：

在设定职业目标的时候还应当遵循 PE 制定职业目标的原则，它比传统的 SMART 原则更有效。无论是制订职业生涯中哪一阶段的目标，都要符合 PE-SMART 原则。制订的过程就是能力提升的过程。

P（Positive）：用正面词语描绘的。

目标多用正面的词汇或肯定的语气来描绘期望的结果，说出你希望的而非不希望的。这是与传统的 SMART 原则最重要的区别。用正向的描述为自己树立目标，能更好地引导我们朝着目标前进。

E（Ecological）：符合整体平衡（共赢）的。

目标需要考虑与自己关系密切者的关注点。你的目标应该考虑是否损害你周围的人，是否对社会有利，有没有违背法律。如果只从自身考虑，目标不是半途而废就是得不偿失。当我们的目标对自己、他人和社会有利时，将得到更多人的支持，有利于目标的实现。

S（Specific）：具体的。

目标要用具体的语言清楚地说明要达成的行为标准。明确的目标几乎是所有成功者的一致特点。

M（Measurable）：可衡量的。

目标需要用可衡量或可量化的指标来作为目标达成的依据。如果制订的目标没有办法衡量，就无法判断这个目标是否实现。并不是所有的目标可以衡量，有时也会有例外，比如说大方向性质的目标就难以衡量。

A（Achievable）：可实现的。

目标要在现实条件（自身条件与环境条件）下可以通过努力而达成。有两方面的含义：首先必须是合理的，在个人的控制范围之内；其次是目标具有一定的挑战性，但有实现的可能，执行者通过一定的努力提高目前的能力有希望完成，不要由于制订的目标不切实际而导致失败。

R（Rewarding）：达成后有满足感的。

你需要想象目标达成时你的状态是什么：你会在什么地方？与什么人在一起？做着哪些事情？充分调动自己的视觉、听觉、触觉、嗅觉等感官去感受未来目标达成时的样子，想象达到目标时的感觉上是否足够强烈、兴奋，越强烈越兴奋，越有推动力。

T（Timebound）：有时间期限的。

目标要规定起始时间和完成时间，以克服人的惰性。没有时间限制的目标是无法考核的，也会让执行者失去紧迫感，从而降低积极性，使目标的实现一拖再拖，但过分的紧迫感只会使人焦虑、疲惫，甚至放弃。把目标进行分解再界定时间，则让行动计划更有节奏和韵律。

例如：

原有目标	符合 PE-SMART 原则的目标
本学期提高英语水平	通过一个学期，掌握 4 000 个单词，每周阅读理解 10 篇，通过英语四级考试，英语成绩在全班名列前茅。

任务三　职业目标的实施和调整

小故事

东汉末年，刘备驻军新野时，得到徐庶的建议，三顾茅庐请诸葛亮出山。刘备与诸葛亮安天下之大计时，叹道：“我欲奉天子之命，扶乾坤于既倒，救黎民于水火，可叹我德薄智短，起兵至今，屡屡被强敌所败，几番丧家失所，数次颠沛流离，甚至想拔剑自刎，一死了之。惭愧，愧不能言啊。所以，我三顾茅庐，诚请先生教我良策。”

诸葛亮目光灼灼道：“自董卓之后，诸雄并起，曹操势力本不及袁绍，却能灭了袁绍，独成霸业，这是为何？一在天时，二在人谋。现如今，曹操拥兵百万，挟天子以令诸侯，执天下牛耳，兵威正盛，将军不可与之争锋。再者，孙氏兄弟据江东，已历三世，国险而民附，兵精而将勇，将军只可联之为盟，不可图伐江东。再其次，荆襄九郡，四通八达，民生富足，但其主刘表却十分庸弱，断不能久守，荆州早晚必将易主，这便是上天赐给将军的根据之地。难道将军不愿得荆襄吗？盼直言相告。”

刘备为难道：“备想，却不忍心。刘景升是我皇兄，何忍夺他基业？”

诸葛亮继而道："我夜观天象，刘表已经病危，荆州不久便是一座无主之城，将军不取，难道等曹操来取吗？将军得荆州后，下一步则要避开中原，挥军西向，攻取益州，也即是西川。川地艰险，易守难攻，古称川地为天府之国，那里物产丰盛，足可养兵百万。当年，高祖刘邦就是从川地起兵而得天下、成帝业。将军得西川、荆襄两地之后，天下已居其半。继之就该南抚夷越，西和诸戎，外结孙氏，内修军政民生；待天下有变，便可率雄狮出秦川，取许昌，灭曹贼。如果将军按此方略行事，我料十年之内，大业必成，再十年，天下可定。将军就能中兴汉室而名垂千古。"

刘备惊叹："备二十年即可安天下？"

诸葛亮含笑："将军可知，我去何处远游了么？"

刘备摇头："备不知。"

诸葛亮展开地图："将军请看，这便是西川五十四郡的详图，从现在开始，将军便要眼观荆州，意在西川，心存天下，徐图进取。"

刘备醍醐灌顶，怆然而跪，泪如雨下："孔明先生，刘备斗胆请你出山相助，我必终生奉你为师。先生不出，苍生无救！"诸葛亮动容俯身于地："主公，诸葛亮愿效犬马之劳。"

随后，经过东征西战，最终成立了蜀国，与魏国和吴国三分天下。

问题聚焦：

诸葛亮三分天下的谋划，对你有什么启示？

一、职业目标实施

目标制订其实相对比较容易，但是想让目标变为现实是比较难的。根据目标制订行动方案，需要善用周围的支持资源，自觉管理自己的行动过程并且积极应对环境变化才有可能实现目标。

1. 制订行动计划

行动计划的制订要依据职业目标的制订来进行，划分为日计划、周计划、月计划、周计划、年度计划等。要做到短期计划与长期目标相互配合，相互衔接，又留有一定的弹性。

编制日计划可以通过以下步骤进行：

（1）制订任务。每天晚上结束一天任务后梳理第二天要做的事情，划分为一项项任务。

（2）估算所需时间。根据自身完成情况，估算每项任务时间。注意任务完成的时间要具有现实性，并留有一定空间。

（3）学会取舍。根据轻重缓急安排事项，将重要的事情着重标出并花时间完成，为自己赢得成就感和安全感。

（4）检验实施效果。目标要通过实施效果来检验，实现了目标才有意义。因此每天任务结束后要简单回顾当天所做的事，检查自己完成了哪些，没完成的放入下一日计划中。

由日计划可以衍生出周计划、月计划、季度计划等。除了单纯的完成计划，还应当学会反思未完成计划，找出未完成原因，从而进行计划调整。

2. 善用支持资源

（1）识别支持资源。

- 什么是支持资源？
- 对自己利用身边的支持资源进行评分。

- 支持资源对生涯发展会有多大作用？按 1~10 分评分。

在生涯发展中，支持资源价值非常大，研究表明，善于利用支持资源的人在生涯发展遇到困难时更容易坚持，也更有自信。

常见的生涯支持资源如图 4-3 所示。

人脉	机构	资源平台
亲人：父母、长辈亲戚、同辈亲戚…… 学校老师：辅导员、任课教师、其他行政机构的教师； 同学：校友、学长学姐、同院系同学、同社团同学、同班同学、舍友； 校外人脉关系：其他学校的同学、在校外兼职实习认识的职场人士、在各类社会活动中认识的职场人士……	学校内部：本学院各级办公室、学校就业指导中心、学校图书馆、各类社团组织、志愿者、学生会…… 学校外部：曾实习过的单位、各类大学生联合组织、青年志愿者联合组织、青年志愿者团、实习就业推荐机构、市县区的人力资源保障部门、社会上支持大学生就业创业的各类组织……	学校内部各类课程资源：各类专业课、职业生涯课程、心理课、各类讲座咨询…… 学校内部各类信息平台和教育资源平台：就业信息网、生涯规划在线自主系统、网络图书馆、网络课程系统…… 社会各类信息平台：各大实习就业招聘网站、各类职业经验分享BBS、各类QQ群、微信群、人人网、各类知识教育平台(如百度百科、果壳)……

图 4-3 生涯支持资源类型

那么，支持资源都能发挥什么作用？

- 信息支持：提供各类信息，有助于了解自我以及各类职业。人脉资源可以提供他们所熟悉的信息，各类机构组织的活动可以扩展获取信息的渠道，各类课程、网络平台可以直接提供大量信息。
- 物质支持：父母直接提供学习费用、生活费用；可以通过学校资助系统获得物质支持；还可以通过各类机构、网络平台提供的兼职实习机会赚取物质支持。
- 建议支持：在需要职业生涯建议的时候，父母、老师、亲朋好友都可以是建议支持的来源，学校还有专业的生涯咨询师、心理咨询师提供专业帮助；还可以通过各种机构、网络平台观察别人在遇到类似问题时的处理经验。
- 情感支持：当遇到挫折时，父母、亲友、老师、同学都可能提供鼓励、安慰和支持；同样可以通过各种机构、网络平台观察别人处理挫折的成功经验。

（2）觉察自己使用支持资源的优势与不足。

- 哪些资源已经在使用了？使用的效果如何？是主动去争取支持的，还是被动获得的？
- 哪些资源只是知道但却从未使用过？为什么没去使用？
- 哪些资源以前从未想到过？

（3）主动建立支持系统。

经过上面的反思，请找出 3~5 项打算加强的支持资源：

- 如果充分利用这项支持资源，将会获得哪些帮助？
- 计划如何加强对它的使用频率/深度/效用？
- 下一步马上就可以开始做的是什么？

- 最有可能遇到什么困难？该如何克服？
- 如何评估自己在建立支持系统方面的进步？

有的学生误以为支持资源就是“拼爹”“拼背景”，因而产生消极心态，认为自己无法改变支持系统，其实不然。应当树立积极主动的心态，积极捕捉身边的支持资源，从自己和他人身上总结高效使用支持资源的经验，开拓新的支持资源领域，积极采取行动接触身边的人脉、机构以及资源平台，从现在开始，建立属于自己的生涯支持系统。

（4）自我激励与自我管理。

自我激励与自我管理的能力对生涯计划的执行非常重要。具备自我激励能力的人可以规划出美好的愿景来鼓舞自己，可以随时随地对自己的行为给予强化，可以在遇到挫折时为自己加油鼓劲；具备自我管理能力的人可以约束自己的行为，能让自己从分心状态及时回归，能让自己不被无关的事务干扰，并且能管理自己的懒惰逃避心理。促进自我激励和自我管理的方法有以下几种。

第一，为自己勾画愿景。你可以想象如果计划得以实现，会给学业、职业、人际或生活带来哪种积极的影响？这种影响有多大？如果计划实现，你会如何看待自己？你会对自己有怎样的认可？愿景越具体就越能够鼓舞你开始行动并坚持下去，你可以把愿景描绘下来时时激励自己。

第二，为自己选择有效的强化。当你取得阶段性的进步时，需要寻找某种方式来奖励和认可自己，这种强化因人而异，可以是通过某种娱乐活动放松，也可以是某种物质奖励，可以让别人给你某些认可，也可以是别的任何能够奖赏自己的方式。

第三，想好一些应对挫折的方法。计划执行过程中难免遇到挫折，比如计划被意外因素阻碍，因为自己拖延或懒惰使某个阶段性计划没能按时完成，因为高估能力而遭遇暂时的失败……这些挫折并不少见，你需要设计一些帮助自己从挫折中尽快恢复的方法，比如寻求别人的安慰鼓励、自我安慰、适当调低下一阶段的目标、认可自己已经取得的进步、反思自己从挫折中收获到的经验等。

第四，减少无关事务的干扰。一些杂事常常打乱我们的时间规划，你需要学会拒绝和授权，不要为自己包揽过多的责任，而且时刻提醒自己应该把 80%的时间用在 20%最为重要的事情上，分清孰轻孰重，不要苛求自己事事都让所有人满意。

第五，尽快从懒惰松懈中恢复。有时候休息是为了下一阶段更好地行动，但无限制地拖延休息可能就是懒惰了，也许是你在逃避一些有挑战性的任务。想要避免拖延性的懒惰松懈，你可以在放松休息之前为自己划出一定的时间界限；在休息与工作的过渡期间，可以让自己从相对容易完成、容易有成就感的任务开始，而不要一开始就强迫自己去做难度高的任务；不要选择太容易沉溺的娱乐方式；为自己设置提醒，或请他人监督。

二、职业目标调整

由于在现实实施过程中，环境是一直在变化的，职业目标的确立也不是一成不变的，在执行计划的过程中，很有可能因为自己能力的提升、兴趣的扩展、接触到新的信息、环境出现新的机遇等原因需要你调整计划，甚至重新设定目标。这就要求大学生考量实施过程出现的意外、偏差、问题，及时重新调整职业决策，修正职业目标和行动方案，确保最终实现人生理想。除非发生重大意外事件，一般来说，这里说的反馈和调整不是随意更改职业目标，只是对阶段性目标、目标实现方式、目标实现时间等方面的微调，如图 4-5 所示，职业生涯规划不是一劳永逸的事情，是一个循环往复、不断推进的过程。

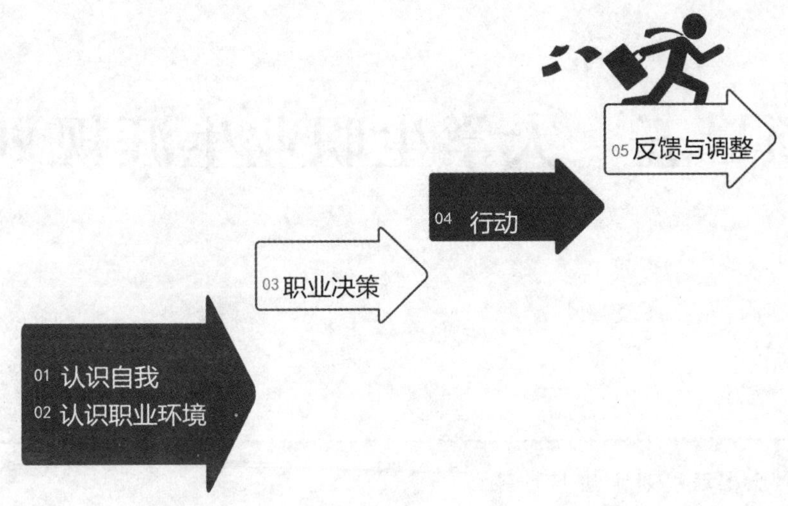

图 4-5 职业目标调整

（一）职业目标评估

如何开展职业目标评估呢？大学生可以采用五“W”法试着对自己进行评估。

五“W”法是指通过五个“W”来思考个人职业生涯发展及职业目标可行性的方法。这五个“W”是指：

（1）Who are you？你是谁？这个需要结合自身情况全面回答。

（2）What do you want？你想要什么？这个问题从自身的职业发展需求出发，看你目前的职业目标是否符合你的需求。

（3）What can I do？你能干什么？这个是对自己能力的综合定位和总结，考查你与职业目标之间的匹配程度。

（4）What can support you？你周围有什么支持系统？从你所处政治经济环境、占有资源等方面来看，你的目标是否匹配？

（5）What you can be in the end？你最终的目的是什么？从你对职业的期待来审视职业目标是否符合。

五“W”法要求个人在相对安静的环境中根据问题逐一写出答案即可，操作相对比较便捷。然而，五“W”法也不是做一次就可以得到最终答案的，随着对自身、对职业环境认知的加深，得到的答案也会越来越接近现实。

（二）职业目标调整

为了职业目标调整时比较恰当，应当注意以下时间节点：

（1）定期检测预定目标达到完成进度。依据制订目标时的时间节点和任务完成进度表进行检测。

（2）阶段目标完成时，根据完成效果，修订未来阶段目标及其策略。

（3）目标实施过程中职业环境发生改变并影响到职业目标实施时，应当进行适当调整。

大学生应当保持开放好奇的心态，善于观察，敏锐地觉察出变化的发生并相应地做出调整。这将是一种极为重要的生涯适应能力。培养可迁移性强的素养和能力也是非常重要的，例如，学习能力、人际合作能力、表达能力、自我管理能力以及责任心等。能力的提升和职业目标的调整往往也是相辅相成的，你会因为个人能力的提升得到新的机遇，进而引发职业目标的更新。

项目五　大学生职业生涯规划

学习目标

1. 掌握职业生涯规划方法和步骤。
2. 制订短期职业生涯规划。

任务一　如何制订职业生涯规划

一、职业生涯规划的原则

职业生涯规划是实施就业、创业教育的一个重要载体，对于大学生而言，能否了解自己、规划自己、进一步发掘自身特长对职业发展至关重要。

一份好的大学生职业生涯规划，既要考虑自身因素，又要考虑外部环境因素；既要目标远大，又不能好高骛远；既要具备职业规划的基本要素，又要充分体现大学阶段的特征。所以，要制订出科学的职业生涯规划方案，就应遵循一定的原则，要遵守主客观规律，体现出职业生涯本身的特点。

1. 明确性

明确性原则主要指规划中的各种措施、目标是否清晰、明确，实现目标的行动步骤是否直截了当等。只有规划清晰、明确，才能转化为一个个可以实施的行为，因此人生各阶段的线路设计与安排一定要具体可行。

2. 具体性

在进行职业生涯规划时，要结合人生发展不同阶段的具体情况，科学地设计每一阶段的具体任务，制订具体可行的措施。对于不同阶段的规划，一定要制订详细的实施计划，包括何时实施、何时完成等。

3. 可实现性

制订职业生涯规划是为了去实现它，所以职业规划必须从客观现实出发，必须是具体可行的。在进行职业生涯规划时，大学生应注意设定的目标是否符合自己的性格、兴趣和特长，规划目标能否在预定的时间内完成，各阶段的路线划分与措施是否具体可行，在执行过程中能否进行评估等。

4. 挑战性

规划在可实现性的基础上要具有一定的挑战性，要经过一定的努力才可以实现。为了让规划具有挑战性，在制订规划时应注意选择对个人具有内在的激励作用，计划完成后自己能获得较大成就感的目标。但目标也不能设定得过高，在制订职业生涯规划时，一定要将个人的自身素质和能力结合起来，加以充分考虑，设定一个适当的生涯目标。

5. 持续性

进行职业生涯规划一定要注意持续性原则，以确保人生每个阶段的发展能持续、连贯、衔接。因此，要注意总目标和分目标之间是否统一，各具体规划与人生总体规划是否一致。此外，还需要注意，目标不可制定得太多，太多了可能会导致没有重点，会影响总体目标的系统性。

6. 适应性

适应性原则主要指在制订和采取职业生涯的具体实施措施时，要充分考虑可能牵涉到的各种因素，以增加计划的适应性。如目标或措施是否能依环境及组织、个体的变化而做出调整，调整的幅度及范围有多大，目标或措施是否有弹性或缓冲性等。

因为我们每个人都处在一定的社会环境中，离开这个社会，便无法生存与成长。所以，在制订个人的职业生涯规划时，要分析社会环境条件的特点、发展情况及其与自己的关系，还要考虑自己在社会环境中的地位、社会对自己的要求，以及社会环境对自己的有利条件与不利条件等。只有充分地考虑到这些因素，才能在复杂的社会环境中趋利避害，使职业规划更具现实意义。

7. 长期性

长期性原则也称全程性原则，即进行职业生涯规划一定要有长远眼光，从长远出发，对职业生涯发展的整个历程进行全程考虑。也就是说，大学生在制订职业生涯规划的时候，不能只顾及眼前利益、只考虑眼前问题，而应从自身职业生涯发展的整个历程出发，通盘考虑。

二、职业生涯规划的步骤

大学生职业生涯规划一般经过树立职业生涯志向，进行自我剖析与定位，评估职业生涯机会，确定职业生涯目标，选择职业生涯路线，制订职业生涯策略并实施，对职业生涯设计进行评估、反馈与修正等几个步骤。

（一）志向的树立

志向是事业成功的基本前提，没有志向，事业的成功也就无从谈起。俗话说：“志不立，天下无可成之事。”综观古今中外，各行各业的佼佼者都有一个共同的特点，就是有远大志向。立志是人生的起跑点，反映着大学生的理想、胸怀、情趣和价值观，影响着一个人的奋斗目标及成就。所以，大学生在制订职业生涯规划时，首先要确立志向，这是制订职业生涯规划的关键，也是职业生涯中最重要的一点。

（二）职业生涯的自我剖析与定位

自我剖析就是要通过科学认知的方法和手段，对自己的职业兴趣、气质、性格、能力等

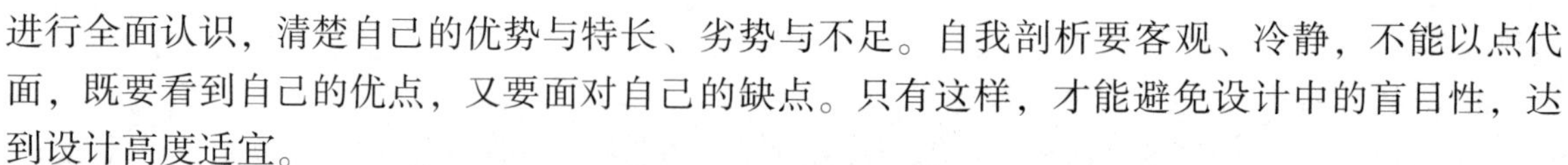

进行全面认识，清楚自己的优势与特长、劣势与不足。自我剖析要客观、冷静，不能以点代面，既要看到自己的优点，又要面对自己的缺点。只有这样，才能避免设计中的盲目性，达到设计高度适宜。

（三）职业生涯机会评估

职业生涯机会评估主要是指分析内外环境因素对自己职业生涯发展的影响。人是社会的人，任何一个人都不可能离群索居，都必须生活在一定的环境之中，特别是要生活在一个特定的组织环境之中。环境为每个大学生提供了活动的空间、发展的条件、成功的机遇。特别是近年来，社会的快速变迁，科技的高速发展，市场的竞争加剧，对大学生的发展产生了很大的影响。大学生如果能很好地利用外部环境，就有助于事业的成功。因此在进行职业生涯规划时，要分析环境的特点、环境对大学生提出的要求以及环境对自己有利与不利的因素等。

（四）职业生涯目标的确定

职业生涯目标的确定，就是明确自己想成为一个什么样的人，在行政上达到某一级别，担任某一职务；在专业技术上达到某一职称，成为某一领域专家。明确、正确的职业生涯目标是大学生职业生涯发展的关键，有了目标才有追求的方向与动力。

（五）职业生涯路线的选择

所谓职业生涯路线，是指当大学生确定职业生涯目标后向哪一条路线发展，即是向行政管理路线发展，还是向专业技术路线发展，或是先走技术路线，再转向行政管理路线。由于发展路线不同，对职业发展的要求也不相同。所以，在职业生涯规划中必须做出选择，以便使自己的学习、工作沿着预定的方向前进。通常职业生涯路线的选择须考虑以下 3 个问题：①我想往哪一条路线发展？这是通过对自己的职业价值、职业理想、职业动机等的分析，确定自己的职业目标取向。②我能往哪一条路线发展？这是通过对自己的性格、特长、经历、学历的分析，确定自己的职业能力取向。③我可以往哪一条路线发展？这是通过对自己身处的社会环境、经济环境、政治环境、组织环境的分析，确定自己的机会取向。对以上 3 个问题进行综合分析，以此确定自己的最佳职业生涯路线。

（六）职业生涯策略的制订和实施

职业生涯策略的制订和实施是指为实施职业生涯目标，制订相应措施方案并以实际行动予以落实。在确定了职业生涯目标后，就要制订相应的行动计划来实现它们，把目标转化成具体的方案和措施，分阶段进行。

（七）职业生涯规划的评估、反馈与修正

职业生涯评估是指在实现职业目标的过程中有意识地收集相关信息和评价，不断地总结经验和教训，自觉地修正对自我的认知，适时地调整职业目标。俗话说：“计划赶不上变化。”影响职业生涯规划的因素很多，有的变化因素是可以预测的，而有的变化因素则难以预测。要使职业生涯规划行之有效，就须不断地对职业生涯规划进行评估，修正职业生涯目标，调整职业生涯策略，这样才能在激烈的择业竞争中，赢得成功，走向辉煌。

总之，大学生职业生涯规划不仅是一个复杂的程序，还需要科学的方法，并持之以恒，只有这样，才不至于白白浪费时间、毫无目标和毫无准备。

任务二 大学生职业生涯规划书

一、职业生涯规划书的结构

一份完整的职业生涯规划书，必须具备以下内容。

1. 职业选择

职业选择分两种情况，一种是初次选择职业，可根据个人因素和环境因素的分析结果进行选择；另一种情况是已经在业，此时可将个人因素和环境因素分析结果与自己所从事的职业进行一次核查，如有必要可重新选择。

2. 个人经历

主要是个人的教育经历、工作经历和培训经历，通过对这些经历的分析，可以了解向什么方向发展更有利。

3. 个人因素分析

个人因素包括自己的能力、气质、性格、兴趣、情绪等方面。分析的重点是自己的性格、兴趣与能力（重点是特长），找出三者的结合点。

4. 环境因素分析

环境因素包括组织环境和社会环境。分析出哪些是有利因素，哪些是不利因素，哪些因素将阻碍你的职业生涯发展，哪些因素将为你的发展提供机遇。

5. 职业生涯目标

职业生涯目标包括短期职业生涯目标、中期职业生涯目标和长期职业生涯目标。目标要具体明确，并写出各目标的完成时间。

在短期规划与措施中，应写出近两年的具体实施措施。例如，在业务方面提高到什么程度，学习哪些知识，什么时间学习，学习多长时间，学习哪几本教材等；在工作技能方面，掌握哪些技能，如何掌握，计划在哪些部门轮岗等；在研究方面，计划发表几篇文章，写几本书，达到什么学术水平等；在设计方面，计划完成哪些产品设计，达到什么水平，产生多大效益等；在管理方面，掌握哪些管理知识，学习哪些管理技能，通过哪种方式学习，怎样安排时间，安排多少时间等。不同的职业、不同的岗位，应根据自己的具体情况提出具体要求。

在中期规划与措施中，主要是列出第三年到第五年的行动与计划。此阶段的计划是短期目标的继续，可概括性地列出，短期目标实现后，再将中期目标细化，变为短期目标加以实施。

在长期规划和人生规划中，要制订五年以上的行动方案。长期规划不要求具体，但必须概括性地列出。完成职业生涯目标是一个系统工程，也是一个整体工程，如果只顾前不顾后，这个规划也就失去了意义。

6. 目标的评估

目标评估要听取老师、亲人、同学、朋友以及其他一些可能了解或帮助自己的人的意见，征询他们对自己职业生涯目标的建设性意见。

7. 目标与现实的差距分析

即自己设定的职业生涯目标是否与组织经营战略、发展目标相一致。如有差异，是否要与组织协商或者修订。

8. 确定目标实现或成功的标准

成功应该有个标准，不能以一种差别来阐述自己目前的所谓成功，更不能以眼前的所谓成功来折射人生的辉煌，而应该以一生的发展来诠释自己的成功，它是从客观、公正的评价和真实的收获中得来的。

二、职业生涯规划书的格式

大学生职业生涯规划书一般有表格式和文本式两种类型。

（一）表格式

表格式职业生涯规划书主要包括3部分内容，即规划者的基本信息、规划内容和备注栏。这种规划书其实不能算是完整的职业规划书，只相当于一份完整的职业生涯规划书的计划实施方案表。一般大学生在撰写自己的职业生涯规划书时不能采用这种类型，但可以制作这样一个表格型的规划书作为日常警示使用。

个人职业生涯规划表包括以下7部分内容。

（1）个人信息。包括姓名、性别、年龄、学历、专业、政治面貌、个人特长和职业选择。

（2）个人经历。包括主要教育经历、主要工作经历、主要培训经历、经济环境、社会环境、职业发展环境。

（3）职业生涯目标。包括人生目标、短期目标、中期目标、长期目标。

（4）计划与实施。

（5）评估与调整方案。

（6）备注。

（7）职业生涯规划人和规划制订时间。

（二）文本式

文本式职业生涯规划书是对个人职业生涯规划的全面、详细的分析和表达，是完整的职业生涯规划书，也是最常用的职业生涯规划书。其主要包括的内容有封面、扉页、目录、前言（或引言）、自我分析、职业环境分析、目标定位、行动计划、评估调整、结束语。

（1）封面、扉页和目录。封面上一般写规划书的名称和规划制订的时间（××××年×月×日），也可以在封面写上名言警句等；扉页要写上规划者的真实姓名、性别、学院、班级、联系电话、电子邮箱等相关信息。

（2）前言（或引言）。前言主要写出制订规划的意义和目的。

（3）自我分析。即自我认知，主要对自己从主观方面和客观方面进行具体分析，然后对自我分析结果进行总结。

（4）职业环境分析。其主要从家庭环境、学校环境、社会环境、行业环境等方面对自己所处的环境和即将面临的环境进行全面、客观、正确地分析。

（5）目标定位。这是指在对个人及环境进行分析的基础上，确定自己的发展目标。

（6）行动计划。即为职业生涯规划目标的实现制订一个详细可行的实施方案。

（7）评估调整。因为职业生涯规划是一个动态的过程，所以在职业生涯规划过程中要根据实际情况进行及时的评估和调整。一般要写出评估的内容、评估的时间和调整的原则。

（8）结束语。结束语一般是对自己执行职业生涯规划的决心的鼓舞。

撰写职业生涯规划书需要注意以下几个基本要求。

（1）资料翔实，步骤齐全。收集资料有多种途径，可以通过访谈、从报刊图书中摘抄、上网下载等方式获取资料，要尽可能注明资料的出处，并多运用图表数据来说明问题，以提高资料来源的可信度和说服力。步骤主要分为4步：第一步是分析需求，分析条件及目标设定；第二步是分析阻碍和可行性研究；第三步是设计方案和提升（改变）计划；第四步是制订详细的实施计划和措施。

（2）论证有据，分析到位。要了解有关的测评理论及知识，认真审视并思考自己的测评报告并对照自我认识与测评结果的异同，分析与测评结果形成差距的原因，从而确定自我评估结果，达到“知己”；要理清自己所处的地理环境（包括居住的地方、喜欢的地方、亲朋的意见等），明确自己最大的兴趣是什么、最喜欢与之共事的人的类型、最重视的价值与目标、最喜欢的工作条件是什么，再通过目前环境评估（社会影响、家庭影响、学校因素、就业形势等）和当前社会环境分析（组织环境分析、技术的发展、经济的兴衰、政策法规的影响等）来确定自己的职业方向，做到说理有据，层层深入。

（3）言简意赅、结构紧凑，重点突出、逻辑严密。语言朴实简洁，用词精练准确，行文流畅，条理清楚，这是最基本的写作要求。撰写时还应密切注意整篇文章的结构和重心所在。职业生涯规划书一般包含对职业规划的认识、对自我的剖析、对所学专业的认识、对职业方向的探索及确定目标并制订计划这5个方面的内容。在对这些内容进行分析阐述时，必须紧紧围绕职业目标这条主线来展开，从而体现文章论述的逻辑性和连贯性。要将重点放在自我评估、环境评估、目标实施上。职业生涯规划是自己将来的规划，这个规划只有建立在对自我和职业的充分认识的基础上才能体现出它的科学性和可行性。

（4）目标明确，合理适中。撰写职业生涯规划书应围绕论述的中心展开，职业生涯目标不能过于理想化，应“择己所爱”“择己所长”“择世所需”“择己所利”。职业生涯规划书撰写是否成功，在很大程度上取决于有无正确适当、切实可行的目标。

（5）分解合理，组合科学，措施具体。目标分解、实现路径选择要有理论依据，而且备用路径之间要有内在联系性。目标组合要注意时间上的并进、连续，功能上的因果、互补作用，全方位的组合要涵盖职业生涯、家庭生活、个人事务等方面。

职业生涯规划书的基本评判标准见表5-1。

表 5-1　职业生涯规划书的评判标准

评判要素	评判要点	具体描述
职业生涯规划书内容	自我认知	1. 自我分析清晰、全面、深入、客观，自身优、劣势认识清晰
		2. 综合运用职业测评工具评估自己的职业兴趣、职业性格、职业能力和职业价值观
		3. 能从个人兴趣、成长经历、社会实践和周围人的评价中分析自我
	职业认知	1. 对目标职业的行业现状、前景及就业需求有清晰了解
		2. 熟悉目标职业的工作内容、工作环境、职业技能与素养，了解目标职业的待遇与前景
		3. 清晰了解目标职业的进入途径、胜任标准以及对生活的影响
		4. 在探索过程中会应用文献检索、访谈、见习、实习等方法
	职业决策	1. 职业目标确定和发展路径设计符合外部环境和个人特质（兴趣、技能、特质、价值观），符合实际、可执行、可实现
		2. 对照自我认知和职业认知的结果，全面分析自己的优、劣势及面临的机会和挑战，职业目标的选择过程阐述详尽，合乎逻辑
		3. 备选目标要充分根据个人与环境的评估进行分析确定，备选目标职业发展路径与首选目标发展路径要有一定相关性
		4. 能够正确运用评估理论和决策模型做出决策
	实现路径	1. 行动计划要发挥本人优势，弥补本人不足，具有可操作性
		2. 近期计划详尽清晰、可操作性强，中期计划清晰、具有灵活性，长期计划具有导向性
		3. 职业发展路径充分考虑进入途径、胜任标准等探索结果，符合逻辑和现实
	评估与调整	1. 科学设定行动计划和职业目标的评估方案，标准和评估要素明确
		2. 正确评估行动计划实施过程和风险，制订切实可行的调整方案
		3. 方案调整依据个人与环境评估分析确定，并考虑首选目标与备选目标间的联系和差异，具有可操作性
职业生源规划书	完整性	内容完整，对自我和外部环境进行全面分析，明确提出职业目标、发展路径和行动计划
	逻辑性	职业规划设计报告思路清晰、逻辑合理，能准确把握职业规划设计的核心与关键
	美观性	结构清晰，版面大方美观，创意新颖

下 篇

就业指导篇

◆就业形势与政策
◆就业前的准备
◆就业技巧
◆就业常见心理问题及调适
◆就业权益保障
◆职场第一课

项目六　就业形势与政策

学习目标

1. 掌握当前的就业形势，了解就业政策。
2. 根据就业形势与政策，做出合理选择。
3. 根据自身实际，结合形势，找到就业途径。

案例导入

贵州省纳雍县奢嘎村返乡创业青年邓贵平：脱贫靠勤劳，不能“等靠要”

一进纳雍县羊场乡奢嘎村，我们就遇到了返乡创业青年邓贵平。这个26岁出头的小伙子，18岁就外出打工，凭着自己的勤劳肯干，在浙江台州的一家制鞋厂里从一名普工成长为技术工人，深受老板赏识和器重，可谓发展前途一片大好。

而他却在2017年下半年，毅然返乡，选择创业，选择一切从头开始。面对记者的疑惑，他解释说：“打工毕竟不是长久之计，回来，一是可以照顾父母；另外，可以用自己这些年所积累下来的经验和资源，带领乡亲们脱贫致富。”

经过多方考察，邓贵平发现，纳雍的糯谷猪皮薄、肉糯，深受消费者喜爱，正是可以发展的好产业。加上自己打工期间也学了一些养殖方面的技术。邓贵平撸起袖子准备大干一场。

为了保险起见，邓贵平先购买了30多头白毛猪来喂，通过这种方式“熟熟手”。理论结合实际，加上聪慧的头脑，几个月后，邓贵平“试手”成功，30多头白毛猪长势良好，均达到出栏标准。他决定重新修建标准化养殖场，扩大养殖规模，科学养殖糯谷猪。

可是，他的父母和邻居却说“平时养几头还行，大规模养风险太大，要是赔了本怎么办?”“养猪是需要技术和经验的，你这么年轻，能行吗?”

面对质疑，邓贵平没有退缩，也没有抱怨，反而更加坚定了做下去的决心。他说，“不能因为可能失败我们就连尝试的机会都放弃了。”

他决心要先做出个样子来，“老百姓最实在，就是你说得好，不如做得好。等他们看到了效果，自然会跟着我一起干。”

在邓贵平新修的养殖场，记者看到，场地先期平场工作刚刚完工。“这个养殖场计划建300平方米，最多可容纳200多头猪，预计3月份完工。”邓贵平介绍说，养殖场建成后还将配套修建一个化粪池来处理废弃物，走健康可持续发展之路。

“乡亲们要脱贫，有了好政策，还要自己肯动脑、动手，不能‘等靠要’。致富的路有千万条，只要敢想肯干不偷懒，相信将来的日子会越来越好。”谈到未来，邓贵平信心满满，“到时候，大家都不用再背井离乡去打工了。”

（来源：新华网）

大学生积极转变就业观念，提高综合能力，了解就业形势，并结合自身实际，运用国家就业政策，有利于大学生就业、创业、成才，正确地实现自己的人生价值和社会价值。

问题聚焦：

1. 如何掌握当前的就业形势，了解就业政策？
2. 怎样根据就业形势与政策，作出合理选择？
3. 根据自身实际，结合形势，找到就业途径。

任务一　当前就业形势分析

2019 年 10 月 30 日，2020 届全国普通高校毕业生就业创业工作网络视频会议在京召开。会议首次由教育部、人力资源和社会保障部共同组织召开。

一、我国就业形势分析

（一）受新型冠状病毒肺炎疫情影响就业形势复杂严峻

2019 年 12 月以来，湖北省武汉市部分医院陆续发现了多例不明原因肺炎病例，已证实为新型冠状病毒感染引起的急性呼吸道传染病。这一疾病在全世界范围内迅速发展，根据评估，世卫组织认为当前新冠肺炎疫情可被称为全球大流行（Pandemic）。

受疫情影响，我们日常生活中早已习惯的生活模式发生巨大改变，而疫情就像是一场脉冲，显著地冲击着经济的律动。与消费的相关行业受到最明显的冲击。风险最高的行业包括酒店、食品服务、制造、零售以及商业和行政活动等方方面面。通过分析这些行业分别是：电影行业；餐饮行业；交通运输行业；零售行业；旅游行业；制造业；原油及大宗商品；出口行业；地产业；银行业。

（二）传统行业转型升级急需高端人才

在互联网的冲击下，传统的行业也面临着巨大挑战。互联网不仅改变了人们的生活，也改变了人们的思维方式，新兴的消费方式打破了奔波门店获取商品信息的方式，消费者通过互联网能够轻松地进行比价与优、劣势的比较。

许多传统企业经营者迫切希望通过转型升级以追上时代变革，如何利用手中现有资源有效结合互联网模式使企业获得发展，是现在很多传统企业家不得不面对的问题，这也就打开了就业的大门，让就业者拥有更多的就业机会。

（三）就业城市选择取向：新的一线城市变热门

长期以来，毕业后能留在北京、上海、广州、深圳这些大城市工作往往是大部分应届毕业生的梦想，然而，随着这些大城市为解决“大城市病”而推出的控制人口规模等政策，毕业后在“北上广深”这些大城市工作变得越来越难。

根据 2019 年 6 月，麦可思研究院对 15.2 万名 2018 届大学生毕业半年后培养质量进行了跟踪评价，发布的《2019年中国大学生就业报告》（就业蓝皮书）中的数据显示，近年来本科毕业生在“北上广深”就业的比例从2014届的25%下降到了2018届的21%，而在“新一线”城市就业的比例从2014届的22%上升到了2018届的26%。在“新一线”城市就业的应届本科毕业生中，外省籍毕业生占比从2014届的27.9%上升到了2018届的37.3%。在主要的“新一线”城市中，在杭州就业的本科毕业生中外省籍占比（60%）最高，其次为天津（58%），均超过一线城市中的广州（45%）。

（四）到基层去，到祖国最需要的地方去

习近平总书记在全国组织工作会议上指出：“优秀年轻干部要有足够本领来接班，加强学习、积累经验、增长才干，自觉向实践学习、拜人民为师。”

中宣部、人力资源和社会保障部评选出10名2019年“最美基层高校毕业生”。在他们身上，能感受到来自泥土间的梦想，朴实却充满力量，平凡但值得尊敬。

在农村这片广阔的土地上，他们有的坚守三尺讲台，耕耘乡村教育沃土；有的驻守边疆海岛，呵护人民群众健康；有的守护绿水青山，践行绿色发展理念……扎根基层，以奋斗的青春报国，他们就是新时代的基层高校毕业生。

（五）就业难缓解渠道：应届生创业成为一种解决就业的迂回道路

大学生创业越来越被视为一种解决就业的迂回道路，各级政府出台了一系列相关政策鼓励大学生创新创业，力图通过高校、政府、社会三方建立有效机制，引导大学生创新，支持大学生创业实践。与此同时，各高校关于创业创新教育的具体举措和休学创业的规定也逐步落实。

据麦可思研究院数据：2018届大学毕业生自主创业比例为2.7%，较2014届（2.9%）略有下降。其中，高职高专毕业生自主创业的比例（3.6%）高于本科毕业生（1.8%）。2015届本科毕业生三年内自主创业主要集中在教育业（19.8%）。2015届高职高专毕业生三年内自主创业主要集中在零售业（14.8%）。同时，关于大学毕业生自主创业人群月收入优势比较报告指出：2015届本科毕业生半年后自主创业人群的月收入为5 131元，三年后为11 882元，涨幅为132%，明显高于2015届本科毕业生平均水平（半年后为4 042元，三年后为7 441元，涨幅为84%）。2015届高职高专毕业生半年后自主创业人群的月收入为4 601元，三年后为9 726元，涨幅为111%，明显高于2015届高职高专毕业生平均水平（半年后为3 409元，三年后为6 005元，涨幅为76%）。

值得注意的是，大学生创业成功率低也是一个不争的事实。一项调查数据显示，当前，全国大学生创业成功率最高的浙江为4%，中国大学生创业成功率平均为2%，这与欧洲和美国的大学生创业成功率20%有整整10倍的差距。

（六）大学生就业难引关注

过去出现的大学生就业难的问题引起了社会的普遍关注，这些受过高等教育的大学生也存在失业的问题，专门研究过中国下岗工人问题的美国专家苏黛瑞教授说：“中国当局扩大了高校招收的学生人数，目的是使20岁左右能够而且上得起大学的年轻人不进入就业市场。现在这些人毕业了，而经济的发展还没有快到能够吸纳所有这些人就业的水平。”中国的学者认为，在青年就业问题的成因中，供求矛盾、结构性矛盾是主因，社会支持系统不完善是重要的制约因素，而青年自身素质的缺陷与不足是基础性因素。

针对大学生就业难的问题，习近平总书记在天津考察时，勉励当代大学生志存高远、脚

踏实地，转变择业观念，勇于到基层一线和艰苦地方去，善于在平凡岗位上创造不平凡的业绩。同时要求加大对高校毕业生自主创业支持力度，对就业困难毕业生进行帮扶，增强学生就业创业和职业转换能力。

二、贵州省就业形势

受新型冠状病毒肺炎疫情影响，2020 年我国毕业生面临着更复杂的就业形势。2020 年 3 月 17 日，贵州省委教育工委、省教育厅印发《促进 2020 年高校毕业生就业创业十条措施》，加强指导和服务，增加就业岗位，鼓励高校毕业生参与农村产业革命和面向基层一线就业创业。

（1）依托产业发展增加就业岗位。

紧紧围绕贵州省十大千亿级工业产业和 12 个农业特色优势产业发展，分别从扩大基层就业机会、开发设置公益性岗位、盘活编制岗位存量等方面加大政策支持，千方百计增加就业岗位，鼓励和引导高校毕业生面向基层一线就业。招聘、招募“教师特设岗位计划”10 000 人，“贵州省万名大学生志愿服务西部计划基层项目”10 000 人，“三支一扶计划”1 000 人，“选调生”1 000 人，“面向脱贫攻坚一线计划”1 000 人，“青年见习计划”10 000 人。鼓励高校毕业生参与农村产业革命，领办、创办农业企业。

（2）通过新兴产业和新业态的发展，推动实现更加充分和更高质量的就业。

第一，认真做好易地扶贫搬迁就业帮扶和留守儿童、困境儿童家庭劳动力就业创业帮扶。建立健全劳动者终身职业培训体系。统筹开展全省农村青壮年劳动力规范化技能培训 40 万人。扩大精准培训输出医院护工、家政等服务业人员试点范围。组织实施“雁归兴贵”行动计划，大力引导农民工返乡创业，做好就业扶贫工作。

第二，大力开展创业型城市创建，实施“双百工程”，新增一批创业孵化示范基地、农民工创业示范园（点）。加大创业担保贷款支持力度，深入落实“3 个 15 万元”政策，扶持 4 000 名以上大学生创业，引导 65 万名农民工返乡创业就业。

第三，抓好高校毕业生等重点群体就业。推进高校毕业生就业创业促进计划，引导和鼓励 10 万名以上高校毕业生到基层工作，确保高校毕业生就业率达 90%以上。开展离校未就业高校毕业生创业培训。加强就业援助，做好城镇困难人员、退役军人等各类群体就业工作，确保零就业家庭动态清零。

三、铜仁市就业形势

2017 年起，铜仁市继续以“雁归工程”为载体，千方百计抓创业促就业，进一步扩大和稳定就业，实施更加积极的就业创业政策，健全就业创业平台，促进大众创业、万众创新。

（1）铜仁市将深入实施“雁归工程”，围绕大扶贫、新型工业化和大数据、大生态、大健康、大文化产业及电子商务、旅游业，征集创业项目，开发就业岗位，吸引在外人员回铜创业就业。及时更新“雁归工程”数据库，加大服务工作力度。

（2）深入实施就业扶贫，按照“因人施策、分类实施、精准帮扶”的工作思路，将就业精准扶贫和易地搬迁扶贫就业工作摆在更加突出的位置，切实加大对易地搬迁扶贫户、建档立卡贫困家庭劳动力帮扶力度，确保一户一人就业。

（3）深入实施重点人群就业，加大对高校毕业生、外出返乡人员和就业困难人员等群体就业创业政策扶持，引导更多的外出务工人员返乡就业创业。

（4）加强公共就业服务体系建设，积极推进就业信息化建设，积极举办各种专场招聘会，为求职人员和用人单位搭建沟通交流平台。

（5）加强职业技能培训制度体系建设，创新职业技能培训模式，更加注重将职业技能培训向就业扶贫工作倾斜，扎实开展农村青壮年劳动力规范化培训，提升贫困劳动力就业技能和创业能力，进一步提高职业培训的针对性和有效性。

为统筹做好全市疫情防控和经济社会发展，推动企业全面复工复产，扎实推进“留雁行动”，在应对新型冠状病毒肺炎疫情工作领导小组办公室印发《铜仁市应对新冠肺炎疫情支持企业复工复产十六条措施》的基础上，提出了很多补充措施，以应对在疫情影响下的严峻就业形势。

知识链接

专访北京教育人才培训中心主任任占忠

记者：就业竞争加剧，您怎么看待今年的就业情况，您认为哪些因素造成了大学生“就业难”？

任占忠：现在的就业形势比较严峻，学生就业压力比较大。面对这种状况，如果作为一个学生个体来说，他是会受到影响的。但换个角度来看，受到影响的实际上是一部分人，有相当一些人影响并不大。就业压力或就业难是一个永恒的话题，也是永远会有的。即使在过去高度供不应求的就业形势下，有一些学生就业也难。我觉得应该确立一种积极进取的心态，无论总体就业多难，但是有实力的毕业生也能找到工作，或者创业。

我觉得影响学生就业难的因素主要有3个关键点。

1. 定位

学生究竟要找什么样的工作？在这点上，定位会直接影响到相当一部分人能不能找到工作。例如，我们的学生很多所读的院校名气不大，学历也不太高，能力也不是很强，求职时却对薪资、单位等要求较高，这就很难实现，必然会导致他待业。我觉得定位是影响学生就业的一个很关键的因素，所以说要做好定位。

当就业形势比较严峻，压力比较大的时候，那么我们的定位就要客观一点儿，适度地调整，这对每个学生来说都非常关键。现在职业规划当中，很多时候会对学生有一种误导，就是给学生们过早地制定了一个职业点，比如根据你的个性、特征等来评定你就适合做什么，过早地给学生定了一个框框，告诉学生就这个职业最适合他，这就对学生造成了束缚。其实我们的学生不明白，人的这种个性的东西是不断变化的，比如讲我的兴趣、我的能力，甚至我的价值取向，它是随着外部的环境的变化和自己的学习、自己的体会不断调整的。个人将来的发展并不是由现在我做的一个测试、一个测评就决定了。有少部分人从小确定自己的方向，一生就这么发展下去取得成功，这不是多数，多数人实际上他是从事了自己不喜欢的工作，也能取得成功。这部分实际上占的比重是比较大的。在职业指导方面，过早地给学生一个具体职业，这既有有利的方面，但是实际上不利的方面往往会大于有利的方面。

所以说在这方面，一定得给学生讲清楚，我们的发展没有必要过早地把自己局限在某一个具体职业上，找一个唯一的适合我的职业，这是一种误导，是一种误区，不能对学生这么引导。什么叫某一个具体职业最适合你，在当今职业环境复杂的情况下，学生应该尽快提升自己适应外部环境的能力，才能发展起来。我们在职业规划课当中，也应该解决这些问题。因此这定位的问题是很关键的，我们学生客观地对待外边的环境，客观地对待自己未来的发展，必须得让事实来表明学生的发展，不像我们课堂上书本上所讲的。在职业价值观，在职业发展教育方面，这是非常重要的一点，就是说成功的起点一般是从做自己不喜欢的事情开始的，因为好多事儿，即使我这个工作，是我自己选的，但是到了具体工作当中，你要做很多单调的、重复的、加班加点儿的工作，工资不高等这些都会造成你对这件事情不喜欢，如果你不能把不喜欢的事情做好的话，那你就堵塞了自己的发展之路。

成功是由做好不喜欢的事情开始的。实际上，人的兴趣、人的能力、人的价值取向在大学生这个阶段还依然处在形成时期。工作当中，有时候人往往是这样，一开始我对这件事情可能觉得兴趣不大，不大愿意做，但是做一段时间以后，你自己用心在做事，认真在琢磨事，当你把工作努力地干好以后，觉得领导对你是比较满意的，同事的关系也处得比较融洽，你的事又有点小成就，这样的话，你就由没兴趣变成有兴趣了。实际上，兴趣它是逐渐培养起来的。现在职业规划经常以当前的这个兴趣点来决定人的一生的发展目标，这就忽略了人的动态的变化，就把人的这种适应万物的能力这个重要因素给忽略了。

2. 就业竞争力

面对严峻的就业形势，学生必须提升自己的就业竞争能力，这才是最主要的。然而竞争能力是什么？实际上就是适应企业需要的能力。能力是决定学生能不能就业的一个关键点。孔夫子讲“不患无位，患所以立”，就是说不要发愁没有职位，愁的是你没有从事这个职位的能力。为什么无论竞争压力多大，就业多难，有的学生依然能够拿到好几个 offer，核心的问题还是要提升自己能力。很多学生把自己的思维都局限在课堂上和书本上，对于社会职业的需求状况不了解，那么等到毕业的时候再去了解这是不太有利的。

现在《国家中长期教育改革和发展纲要（2010—2020 年）》（以下简称《规划纲要》）也明确提出了，就是说要培养学生适应社会的能力，而且把这种培养适应社会的能力作为衡量教育的根本标准。《规划纲要》当中就是这么提出来的，所以说在校期间培养自己适应社会的能力和本领，这是一个当务之急，是一个根本性的问题。这就需要学生努力地从课堂上、从书本里解放出来，多一点机会和时间接触社会、接触职业，所以说能力是很关键的。

3. 心态

心态主要反映在就业面试环节，有时候心理素质弱的人，求职时会有心理障碍，临场发挥不是很好。打个比方，我们学生到一个单位去面试，去那儿聊天时发现面试者有北大的，有清华的，都是知名高校，而他是独立学院的，这样他在心理上就会败下阵来，觉得自己比别人差。实际上有时候这种求职环节心理因素也是直接影响面试成败的。

再者，面试时面试官会问一些问题，经常会遇到自己不会答或是答不好的问题，这都是正常的，然而有的学生心理素质不好，他怕答错了对方就否定他了，整个的思维情绪可能就乱了，这些时候心态心理也直接影响他的求职面试结果。在求职方面，学生应该有一种自信、积极的心态。

任占忠：对于就业也有一些其他影响因素，如简历的书面表达等。定位、能力是一个长期积累的过程，像面试，求职心态及求职方法等是在校期间需要锻炼学习的，要在实战当中多锻炼，在课堂上有些东西是学习不到的。多从实践中取得经验，同时要学会总结。

记者：您怎么看待企业、高校、学生三者之间的关系？各方该作何努力去解决学生的就业难题？

任占忠：从这三方面来说，我们应该从供需的角度来看，企业是上帝，它是用人的，是"买方"，学校、学生属于供方。所以无论企业提出了什么条件，我们学生都要端正好心态。学校要从企业用人的基本点来思考，怎样才能培养出符合社会企业要求的人。我们去年做过一次调查，结果发现大家在问题关注点上存在着错位。我们曾经有两个问题，一个是从关注度的排序上，企业对学生的关注程度排第一位的是学习能力，第二是责任感、责任意识。而我们的学生把责任意识、责任感降到了第八位。这就明显的存在错位，这样学生在面试环节和工作当中就会暴露出不适应的矛盾，企业关心的你却不加关注，那么具体工作中就会出现矛盾，做事浮躁，应付了事等。我们必须得解决这些认识上的错位问题。另一个是现在的很多学生对外语水平重视程度很高，但是很多企业目前并非把英语看得很重，有些职位不需要那么专业的水平，很多学生将大量精力投入在这个方面，到单位以后却发现用不到，这也是错位的表现。

记者：对应届高校毕业生来说，您觉得就业前该考虑哪些问题，怎样才能更好地成功就业呢？

任占忠：我觉得要把自己找工作定位的问题好好考虑考虑。首先考虑一下是跟专业比较接近的，还是远离专业的。远离专业肯定会受到一些影响，因为学生的竞争能力除了专业知识，还有一些实践活动。在和岗位契合度上要考虑发挥自己的能力，要把这种专业的知识作为能力的一个重要组成部分来考虑比较现实一点。其次是在定位上，我觉得定位不能太具体，就是说只要从大的方向上基本吻合就可以了，不要局限在某一个职业点上。很多学生在求职时给自己的定位设置了条条框框，这样就把自己给局限住了。有的学生可能从小、从家庭、从环境、从个人角度想做某一件事，比如想当医生或者律师，那么在这方面，你如果已经思考很久了，或者家庭等各方面环境都是让你这样，那么你当然可以坚持自己的。但是在更多的情况下，如果选择了符合自己基本就业方向的单位及岗位，那不妨可以考虑签约，然后在工作当中来继续探索自己的职业发展方向，并在工作当中继续锻炼和培养自己。我觉得这样的话比较现实，千万不要去寻找唯一适合自己的职业，要把思路拓宽一点，求职面就会很广泛了。有时候你必须硬着头皮，朝着你坚持的东西走下去！加油！同学们！

（资料来源：大学院校库）

任务二　当前就业政策

一、鼓励引导高校毕业生面向城乡基层、中西部地区以及民族地区、贫困地区和艰苦边远地区就业

（一）基层就业的含义

基层就业就是到城乡基层工作。国家近几年出台了一系列优惠政策鼓励高校毕业生积极参加社会主义新农村建设、城市社区建设和应征入伍。一般来讲，“基层”既包括广大农村，也包括城市街道社区；既涵盖县级以下党政机关、企事业单位，也包括社会团体、非公有制组织和中小企业；既包含单位就业，也包括自主创业、自谋职业。

（二）国家鼓励毕业生到基层就业的主要优惠政策

（1）完善工资待遇进一步向基层倾斜的办法，健全高校毕业生到基层工作的服务保障机制，鼓励毕业生到乡镇特别是困难乡镇机关事业单位工作。

（2）对高校毕业生到中西部地区、艰苦边远地区和老工业基地县以下基层单位就业、履行一定服务期限的，按规定给予学费补偿和国家助学贷款代偿（本专科学生每人每年最高不超过 8 000 元、研究生每人每年最高不超过 12 000 元）。

（3）结合政府购买服务工作的推进，在基层特别是街道（乡镇）、社区（村）购买一批公共管理和社会服务岗位，优先用于吸纳高校毕业生就业。

（4）落实完善见习补贴政策，对见习期满留用率达到 50% 以上的见习单位，适当提高见习补贴标准，允许就业见习补贴用于见习单位为见习人员办理人身意外伤害保险以及对见习人员的指导管理费用。

（5）将求职补贴调整为求职创业补贴，对象范围扩展到已获得国家助学贷款的毕业年度高校毕业生，以及贫困残疾人家庭、建档立卡贫困家庭高校毕业生和特困人员中的高校毕业生。

（6）艰苦边远地区基层机关招录高校毕业生可适当放宽学历、专业等条件，降低开考比例，可设置一定数量的职位面向具有本市、县户籍或在本市、县长期生活的高校毕业生。各地区要结合城镇化进程和公共服务均等化要求，充分挖掘教育、劳动就业、社会保障、医疗卫生、住房保障、社会工作、文化体育及残疾人服务、农技推广等基层公共管理和服务领域的就业潜力，吸纳高校毕业生就业。要结合推进农业科技创新、健全农业社会化服务体系等，引导更多高校毕业生投身现代农业。

（三）国家对在基层工作的高校毕业生职业发展的鼓励政策措施

（1）在干部人才选拔任用机制上，进一步强化基层工作经历的政策导向，向在基层工作的优秀高校毕业生倾斜。

（2）自 2012 年起，省级以上机关录用公务员，除特殊职位外，按照有关规定一律从具有 2 年以上基层工作经历的人员中考录。

（3）市地级以上机关应拿出一定数量职位面向具有基层工作经历的公务员进行公开遴选。

（4）省、市级所属事业单位面向社会公开招聘时，应拿出一定数量岗位公开招聘有基层事业单位工作经历的人员。有条件的地区，可明确具体公开遴选或招聘的比例。

（5）鼓励国有大中型企业建立健全人力资源管理激励机制，将在基层生产和管理一线表现优秀的高校毕业生纳入后备人才队伍，加大从基层一线选拔任用中层干部的力度。

（6）对具有基层工作经历的高校毕业生，在研究生招录和事业单位选聘时实行优先。

（7）高校毕业生在中西部地区和艰苦边远地区县以下基层单位从事专业技术工作，申报相应职称时，可不参加职称外语考试或放宽外语成绩要求。充分挖掘社会组织吸纳高校毕业生就业潜力，对到省会及省会以下城市的社会团体、基金会、民办非企业单位就业的高校毕业生，所在地的公共就业人才服务机构要协助办理落户手续，在专业技术职称评定方面享受与国有企事业单位同类人员同等待遇，对于吸纳高校毕业生就业的社会组织，符合条件的可同等享受企业吸纳就业扶持政策。

（8）对到农村基层和城市社区从事社会管理和公共服务工作的高校毕业生，符合公益性岗位就业条件并在公益性岗位就业的，按照国家现行促进就业政策的规定，给予社会保险补贴和公益性岗位补贴。

（四）公益性岗位的含义

由政府开发、以满足社区及居民公共利益为目的的管理和服务岗位。对符合条件在公益性岗位安置就业的就业困难人员，按规定给予社会保险补贴和岗位补贴。符合公益性岗位安置条件的就业困难高校毕业生，可按规定享受公益性岗位就业援助政策。

（五）中央有关部门实施的基层就业项目

近年来，中央各有关部门主要组织实施了 5 个引导高校毕业生到基层就业的专门项目，包括：团中央、教育部、财政部、人力资源和社会保障部四部门从 2003 年起组织实施的“大学生志愿服务西部计划”；中组部、人力资源和社会保障部、教育部等八部门从 2006 年开始组织实施的“三支一扶”（支教、支农、支医和扶贫）计划；教育部、财政部、人力资源和社会保障部、中央编办四部门从 2006 年开始组织实施的“农村义务教育阶段学校教师特设岗位计划”；中组部、教育部、财政部、人力资源和社会保障部等部门从 2008 年起组织实施的“选聘高校毕业生到村任职工作”；农业部、人社部、教育部等部门从 2013 年起组织实施的“农业技术推广服务特设岗位计划”。

（六）特岗教师

1. 农村义务教育阶段学校教师特设岗位计划

2006 年，教育部、财政部、原人事部、中央编办下发《关于实施农村义务教育阶段学校教师特设岗位计划的通知》（教师〔2006〕2 号），联合启动实施“特岗计划”，公开招聘高校毕业生到“两基”攻坚县农村义务教育阶段学校任教。特岗教师聘期 3 年。

2. 农村教师特岗计划实施的地区范围

2006—2008 年“特岗计划”的实施范围以国家西部地区“两基”攻坚县为主（含新疆生产建设兵团的部分团场），包括纳入国家西部开发计划的部分中部省份的少数民族自治州，适当兼顾西部地区一些有特殊困难的边境县、少数民族自治县和少小民族县。2009 年，实施范围扩大到中西部地区国家扶贫开发工作重点县。2015—2016 年中央特岗计划实施范围具体为：《中国农村扶贫开发纲要（2011—2020 年）》确定的 11 个集中连片特殊困难地区和四省藏区县，中西部地区国家扶贫开发工作重点县，省级扶贫开发工作重点县，西部地区原“两基”攻坚县（含新疆生产建设兵团的部分团场），纳入国家西部开发计划的部分中部省份的少数民族自治州以及西部地区一些有特殊困难的边境县，少数民族自治县和少小民族县。特岗计划设岗县（市），必须是教师总体缺编、结构性矛盾突出的县（市）。

3. 农村教师特岗计划招聘对象和条件

（1）以高等师范院校和其他全日制普通高校应届本科毕业生为主，可招少量应届师范类专业专科毕业生。

（2）取得教师资格，具有一定教育教学实践经验，年龄在 30 岁以下的全日制普通高校往届本科毕业生。

（3）参加过“大学生志愿服务西部计划”、有从教经历的志愿者和参加过半年以上实习支教的师范院校毕业生同等条件下优先。

（4）报名者应同时符合教师资格条件要求和招聘岗位要求。

4. 农村教师特岗计划的招聘程序

特岗教师实行公开招聘，合同管理。合同规定用人单位和应聘人员双方的权利和义务。

招聘工作由省级教育、人力资源社会保障、财政、编办等相关部门共同负责，遵循“公开、公平、自愿、择优”和“三定”（定县、定校、定岗）原则，按下列程序进行：①公布需求；②自愿报名；③资格审查；④考试考核；⑤集中培训；⑥资格认定；⑦签订合同；⑧上岗任教。

（七）选聘高校毕业生到村任职

2008 年，中组部、教育部、财政部、人力资源和社会保障部出台了《关于印发〈关于选聘高校毕业生到村任职工作的意见（试行）〉的通知》（组通字〔2008〕18 号），计划用五年时间选聘 10 万名高校毕业生到农村担任村党支部书记助理、村委会主任助理或团支部书记、副书记等职务。从 2010 年开始，扩大选聘规模，逐步实现“一村一名大学生村官”计划的目标。选聘的高校毕业生在村工作期限一般为 2~3 年。选聘到村任职的对象、条件、选聘程序如下：

（1）选聘对象为 30 岁以下应届和往届毕业的全日制普通高校专科以上学历的毕业生，重点是应届毕业和毕业 1~2 年的本科生、研究生，原则上为中共党员（含预备党员），非中共党员的优秀团干部、优秀学生干部也可以选聘。

（2）基本条件是：①思想政治素质好，作风踏实，吃苦耐劳，组织纪律观念强。②学习成绩良好，具备一定的组织协调能力。③自愿到农村基层工作。④身体健康。此外，参加人力资源社会保障部、团中央等部门组织的到农村基层服务的“三支一扶”“志愿服务西部计划”等活动期满的高校毕业生，本人自愿且具备选聘条件的，经组织推荐可作为选聘对象。

（3）选聘工作一般通过个人报名、资格审查、组织考察、体检、公示、决定聘用、培训上岗等程序进行。

（八）“三支一扶”计划

“三支一扶”是支教、支医、支农、扶贫的简称。2006 年，中组部、原人事部等八部门下发《关于组织开展高校毕业生到农村基层从事支教、支农、支医和扶贫工作的通知》（国人部发〔2006〕16 号），以公开招募、自愿报名、组织选拔、统一派遣的方式，从 2006 年开始连续 5 年，每年招募 2 万名高校毕业生，主要安排到乡镇从事支教、支农、支医和扶贫工作。服务期限一般为2~3年。招募对象主要为全国普通高校应届毕业生。2011年4月，人力资源社会保障部下发《关于继续做好高校毕业生“三支一扶”计划实施工作的通知》（人社部发〔2011〕27号），决定继续组织开展高校毕业生“三支一扶”计划，从2011年起，每年选拔2万名，五年内选拔10万名高校毕业生到基层从事“三支一扶”服务。

（九）大学生志愿服务西部计划

大学生志愿服务西部计划由共青团中央牵头，教育部、财政部、人力资源社会保障部共同组织实施。从2003年开始，每年招募1.8万名普通高等学校应届毕业生，到西部贫困县的乡镇从事为期1~3年的教育、卫生、农技、扶贫以及青年中心建设和管理等方面的志愿服务工作。

（十）参加中央部门组织实施的基层就业项目，服务期满后享受的优惠政策

（1）公务员招录优惠：每年拿出公务员考录计划的一定比例，专门用于定向招录服务期满且考核称职（合格）的服务基层项目人员。服务基层项目人员也可报考其他职位。

（2）事业单位招聘优惠：鼓励在项目结束后留在当地就业，参加各基层就业项目相对应的自然减员空岗，全部聘用服务期满的高校毕业生。从2009年起，到乡镇事业单位服务的高校毕业生服务满1年后，在现岗位空缺情况下，经考核合格，即可与所在单位签订不少于3年的聘用合同。同时，各省（区、市）县及县以上相关的事业单位公开招聘工作人员，应拿出不低于40%的比例，聘用各专门项目服务期满考核合格的高校毕业生。

（3）考学升学优惠：服务期满后3年内报考硕士研究生初试总分加10分；同等条件下优先录取；高职（高专）学生可免试入读成人本科。

（4）国家补偿学费和代偿助学贷款政策：参加各基层就业项目的毕业生，符合规定条件的，可享受相应的学费补偿和助学贷款代偿政策。

（5）服务期满自主创业的，可享受税收优惠、行政事业性收费减免、小额贷款担保和贴息等有关政策。

（6）其他：各基层就业项目服务年限计算工龄。服务期满到企业就业的，按照规定转接社会保险关系。

二、鼓励企业特别是中小企业吸纳高校毕业生就业

（一）国家对鼓励中小企业吸纳高校毕业生的政策措施

（1）对招收高校毕业生达到一定数量的中小企业，地方财政应优先考虑安排扶持中小企业发展资金，并优先提供技术改造贷款贴息。

（2）对劳动密集型小企业当年新招收登记失业高校毕业生，达到企业现有在职职工总数30%（超过100人的企业达15%）以上，并与其签订1年以上劳动合同的劳动密集型小企业，可按规定申请最高不超过200万元的小额担保贷款并享受50%的财政贴息。

（3）高校毕业生到中小企业就业的，在专业技术职称评定、科研项目经费申请、科研成果或荣誉称号申报等方面，享受与国有企事业单位同类人员同等待遇。

（4）对小微企业新招用毕业年度高校毕业生，签订1年以上劳动合同并缴纳社会保险费的，给予1年社会保险补贴。

（二）国家对引导国有企业吸纳高校毕业生就业的政策措施

（1）承担对口支援西藏、青海、新疆任务的中央企业要结合援助项目建设，积极吸纳当

地高校毕业生就业。

（2）建立国有企事业单位公开招聘制度，推动实现招聘信息公开、过程公开和结果公开。

（3）国有企业招聘应届高校毕业生，除涉密等特殊岗位外，要实行公开招聘，招聘应届高校毕业生信息要在政府网站公开发布，报名时间不少于 7 天；对拟聘人员应进行公示，明确监督渠道，公示期不少于 7 天。

三、鼓励大学生应征入伍，报效祖国

（一）国家鼓励大学生应征入伍服义务兵役

这里的“大学生”的界定：

（1）指根据国家有关规定批准设立、实施高等学历教育的全日制公办普通高等学校、民办普通高等学校和独立学院，按照国家招生规定录取的全日制普通本科、专科（含高职）、研究生、第二学士学位的应（往）届毕业生、在校生和已被普通高校录取但未报到入学的学生。征集的大学生以男性为主，女性大学生征集根据军队需要确定。

（2）男性普通高等学校在校生为年满 18 至 22 周岁，高职（专科）毕业生可放宽到 23 周岁，本科及以上学历毕业生可放宽到 24 周岁。女性普通高等学校在校生为年满 18 到 20 周岁，应届毕业生放宽到 22 周岁。

（二）高校毕业生应征入伍服义务兵役的程序

（1）网上报名预征：有应征意向的高校毕业生可在夏秋季征兵开始之前登录“大学生应征入伍网上报名平台”（网址为 http：//zbbm. chsi. com. cn 或 http：//zbbm. chsi. cn）进行报名，填写、打印《应届毕业生预征对象登记表》和《高校毕业生应征入伍学费补偿国家助学贷款代偿申请表》（以下分别简称《登记表》《申请表》），交所在高校征兵工作管理部门。

（2）初审、初检：毕业生离校前，在高校参加身体初检、政治初审，符合条件者确定为预征对象，高校协助兵役机关将《登记表》和《申请表》审核盖章发给毕业生本人，并完成网上信息确认。

（3）实地应征：高校应届毕业生可在学校所在地应征入伍，也可在入学前户籍所在地应征入伍。

（4）组织高校应届毕业生在学校所在地征集的，结合初审、初检工作同步进行体格检查和政治审查，在毕业生离校前完成预定兵，学校所在地县（市、区）人民政府征兵办公室为其办理批准入伍手续。政治审查以本人现实表现为主，由其就读学校所在地的县（市、区）公安部门负责，学校分管部门具体承办，原则上不再对其入学前和就读返乡期间的现实表现情况进行调查。

（5）在入学前户籍所在地应征入伍的，高校应届毕业生将户籍迁回入学前户籍地，持《登记表》和《申请表》到当地县级兵役机关参加实地应征，经体格检查、政治审查合格的，由当地县（市、区）人民政府征兵办公室办理批准入伍手续。

（三）大学生士兵退役后享受的就学优惠政策

（1）高职（专科）学生入伍经历可作为毕业实习经历。

（2）退役大学生士兵入学或复学后免修军事技能训练，直接获得学分。

（3）设立“退役大学生士兵”专项硕士研究生招生计划。根据实际需求，每年安排一定数量专项计划，专门面向退役大学生士兵招生。在全国研究生招生总规模内单列下达，不得挪用。

（4）将高校在校生（含高校新生）服兵役情况纳入推免生遴选指标体系。鼓励开展推荐优秀应届本科毕业生免试攻读研究生工作的高校在制订本校推免生遴选办法时，结合本校具体情况，将在校期间服兵役情况纳入推免生遴选指标体系。在部队荣立二等功及以上的退役人员，符合研究生报名条件的可免试（指初试）攻读硕士研究生。

（5）将考研加分范围扩大至高校在校生（含高校新生）。退役人员在继续实行普通高校应届毕业生退役后按规定享受加分政策的基础上，允许普通高校在校生（含高校新生）应征入伍服义务兵役退役，在完成本科学业后3年内参加全国硕士研究生招生考试，初试总分加10分，同等条件下优先录取。

（6）退役大学生士兵专升本实行招生计划单列。高职（专科）学生应征入伍服义务兵役退役，在完成高职学业后参加普通本科专升本考试，实行计划单列，录取比例在现行30%的基础上适度扩大，具体比例由各省份根据本地实际和报名情况确定。

（7）高校新生录取通知书中附寄应征入伍优惠政策。高校向新生寄送《录取通知书》时，附寄应征入伍宣传单，宣传单主要内容包括优惠政策概要、报名流程指南、学籍注册要求等。

（8）放宽退役大学生士兵复学转专业限制。大学生士兵退役后复学，经学校同意并履行相关程序后，可转入本校其他专业学习。

（9）具有高职（高专）学历的，退役后免试入读成人本科，或经过一定考核入读普通本科；荣立三等功以上奖励的，在完成高职（专科）学业后，免试入读普通本科。

（10）应征入伍的高校毕业生退役后报考政法干警招录培养体制改革试点招生时，教育考试笔试成绩总分加10分。

四、积极拓宽重点领域就业渠道

国家鼓励和引导高校毕业生到重要领域就业创业，包括“一带一路”“长江经济带”“京津冀协同发展”等国家重大战略提供了大量的岗位需求。高校毕业生要主动对接人才需求，积极到重点地区、重大工程、重大项目、重要领域去就业。要抓住实施“中国制造2025”“互联网+”行动计划等契机，到先进制造业、现代服务业和现代农业等领域就业创业。

五、支持高校毕业生到国际组织实习任职

国际组织是具有国际性行为特征的组织，是两个或两个以上国家（或其他国际法主体）为实现共同的政治经济目的，依据其缔结的条约或其他正式法律文件建立的有一定规章制度的常设性机构。国际组织分为政府间组织和非政府间组织，也可分为区域性国际组织和全球性国际组织。政府间的国际组织有联合国、欧洲联盟、世界贸易组织等，非政府间的国际组织有国际奥委会、国际红十字会等。对于想进入国际组织实习或任职的高校毕业生而言，最常规的方式，是参加联合国的YPP考试（即青年专业人员考试）。

六、鼓励支持高校毕业生自主创业，稳定灵活就业

（一）国家优惠政策的主要内容

（1）税收优惠：持人社部门核发《就业创业证》（注明“毕业年度内自主创业税收政

策”）的高校毕业生在毕业年度内（指毕业所在自然年，即 1 月 1 日至 12 月 31 日）创办个体工商户、个人独资企业的，3 年内按每户每年 8 000 元为限额依次扣减其当年实际应缴纳的营业税、城市维护建设税、教育费附加和个人所得税。对高校毕业生创办的小型微利企业，按国家规定享受相关税收支持政策。

（2）创业担保贷款和贴息支持：对符合条件的高校毕业生自主创业的，可在创业地按规定申请创业担保贷款，贷款额度为 10 万元。鼓励金融机构参照贷款基础利率，结合风险分担情况，合理确定贷款利率水平，对个人发放的创业担保贷款，在贷款基础利率基础上上浮 3 个百分点以内的，由财政给予贴息。

（3）免收有关行政事业性收费：毕业 2 年以内的普通高校毕业生从事个体经营（除国家限制的行业外）的，自其在工商部门首次注册登记之日起 3 年内，免收管理类、登记类和证照类等有关行政事业性收费。

（4）享受培训补贴：对高校毕业生在毕业学年（即从毕业前一年 7 月 1 日起的 12 个月）内参加创业培训的，根据其获得创业培训合格证书或就业、创业情况，按规定给予培训补贴。

（5）免费创业服务：有创业意愿的高校毕业生，可免费获得公共就业和人才服务机构提供的创业指导服务，包括政策咨询、信息服务、项目开发、风险评估、开业指导、融资服务、跟踪扶持等“一条龙”创业服务。各地在充分发挥各类创业孵化基地作用的基础上，因地制宜建设一批大学生创业孵化基地，并给予相关政策扶持。对基地内大学生创业企业要提供培训和指导服务，落实扶持政策，努力提高创业成功率，延长企业存活期。

（6）取消高校毕业生落户限制，允许高校毕业生在创业地办理落户手续（直辖市按有关规定执行）。

（二）高校对自主创业大学生提供的条件

（1）学生参加创新创业、社会实践等活动以及发表论文、获得专利授权等与专业学习、学业要求相关的经历、成果，可以折算为学分，计入学业成绩。具体办法由学校规定。学校应当鼓励、支持和指导学生参加社会实践、创新创业活动，可以建立创新创业档案、设置创新创业学分。

（2）学校可以根据情况建立并实行灵活的学习制度。对休学创业的学生，可以单独规定最长学习年限，并简化休学批准程序。

（3）休学创业或退役后复学的学生，因自身情况需要转专业的，学校应当优先考虑。

（4）各地各高校建设一批大学生创业示范基地，继续推动大学科技园、创业园、创业孵化基地和实习实践基地建设，高校应开辟专门场地用于学生创新创业实践活动，教育部工程研究中心、各类实验室、教学仪器设备等原则上都要向学生开放。

（5）各高校要优化经费支出结构，多渠道统筹安排资金，支持创新创业教育教学，资助学生创新创业项目。

七、为高校毕业生提供就业指导、就业服务和就业援助

（一）为高校毕业生提供就业服务的主要机构

（1）公共就业和人才服务机构。由各级人力资源社会保障部门举办的公共就业和人才服务机构，为高校毕业生免费提供政策咨询、就业信息、职业指导、职业介绍、就业援助、就

业与失业登记或求职登记等各项公共服务，按规定为登记失业高校毕业生免费提供人事档案管理等服务。此外，还定期开展面向高校毕业生的公共就业和人才服务专项活动，比如每年5月的“民营企业招聘周”、每年9月的“高校毕业生就业服务月”、每年11月的“高校毕业生就业服务周”等，为高校毕业生和用人单位搭建供需对接平台。

（2）高校毕业生就业指导机构。目前，各省教育部门、各高校普遍建立了高校毕业生就业指导机构，为毕业生提供就业咨询、用人单位招聘及实习实训信息、求职技巧、职业生涯辅导、毕业生推荐、实习实践能力提升和就业手续办理等多项就业指导和服务。

（3）职业中介机构，主要包括从事人力资源服务的经营性机构，政府鼓励各类职业中介机构为高校毕业生提供就业服务，对为登记失业高校毕业生提供服务并符合条件的职业中介机构按规定给予职业介绍补贴。

（二）高校毕业生获取就业信息的主要渠道

（1）浏览各类就业信息网站，包括中央有关部门主办的全国性就业信息网站、地方有关部门主办的就业信息网站、各高校就业信息网站及校内 BBS 求职版面、其他专业性就业网站等。

2020 年 2 月 28 日，教育部大学生就业网联合前程无忧、智联招聘、BOSS 直聘、中华英才网和猎聘网 5 家社会招聘网站举办了“2020 届社会招聘高校毕业生全国联合网络招聘——24365 校园招聘服务”，即每天 24 小时、全年 365 天服务不打烊，免费为大学毕业生提供高质量服务。活动启动一周后，各网站累计发布的校园招聘岗位信息就已超过了 200 万个。这是人社部、教育部等部门引导高校和社会组织应对新型冠状病毒肺炎疫情，专门开展的线上招聘活动，倡导招聘全程线上化。

（2）参加各类招聘和双向选择活动，包括国家有关部门、各地、学校、用人单位等相关机构组织的各类现场或网络招聘活动。

（3）参与校企合作实习，包括社会实践、毕业实习等活动。

（4）查阅媒体广告，如报纸、刊物、电台、电视台、视频媒体等。

（5）他人推荐，如导师、校友、亲友等。

（6）主动到单位求职自荐等。

（三）困难家庭高校毕业生的界定和可享受的帮扶政策

（1）困难家庭高校毕业生是指来自城镇低保家庭、低保边缘户家庭、农村贫困家庭和残疾人家庭的普通高校毕业生。

（2）各级机关考录公务员、事业单位招聘工作人员时，免收困难家庭高校毕业生的报名费和体检费。为帮助困难家庭的高校毕业生求职就业，高校一般都会安排经费作为困难家庭毕业生的求职补助，或对已成功就业的困难家庭毕业生给予奖励。困难家庭的毕业生可向所在院系书面申请。学校也应根据平时掌握的情况，对困难家庭的毕业生给予主动帮助。从2013 年起，对享受城乡居民最低生活保障家庭、获得国家助学贷款的毕业年度内高校毕业生，可给予一次性求职创业补贴，补贴标准由各省级财政、人力资源社会保障部门会同有关部门根据当地实际制订，所需资金按规定列入就业专项资金支出范围。

（四）高校毕业生可办理就业登记和失业登记，离校后未就业可获得相应的就业指导和服务

（1）在法定劳动年龄内、有劳动能力和就业要求、处于无业状态的城镇常住人员，可以

到常住地的公共就业服务机构进行失业登记。

（2）各地公共就业服务机构要为登记失业的各类人员提供均等化的政策咨询、职业指导、职业介绍等公共就业服务和普惠性就业政策，并逐步使外来劳动者与当地户籍人口享有同等的就业扶持政策。将《就业失业登记证》调整为《就业创业证》，免费发放，作为劳动者享受公共就业服务及就业扶持政策的凭证。有条件的地方可积极推动社会保障卡在就业领域的应用。

（五）离校未就业高校毕业生可享受的服务和政策

（1）地方各级人社部门所属公共就业人才服务机构和基层公共就业服务平台要面向所有离校未就业高校毕业生（包括户籍不在本地的高校毕业生）开放，办理求职登记或失业登记手续，发放《就业创业证》，摸清就业服务需求。其中，直辖市为非本地户籍高校毕业生办理失业登记办法按现行规定执行。

（2）对实名登记的所有未就业高校毕业生提供更具针对性的职业指导。

（3）对有求职意愿的高校毕业生要及时提供就业信息。

（4）对有创业意愿的高校毕业生，各地要纳入当地创业服务体系，提供政策咨询、项目开发、创业培训、融资服务、跟踪扶持等“一条龙”创业服务。及时提供就业信息。

（5）要将零就业家庭、经济困难家庭、残疾等就业困难的未就业高校毕业生列为重点工作对象，提供“一对一”个性化就业帮扶，确保实现就业。

项目七 就业前的准备

学习目标

1. 掌握毕业生就业信息的收集途径与真伪辨别。
2. 做好就业前的各种准备。

任务一 快人一步——搜集就业信息

案例导入

小陈在贵州一所高职院校就读，这时的他在电脑前不停地查找着各种招聘网站的信息：智联招聘、前程无忧、58同城……他根据自己的专业和兴趣选择投递就业单位。虽然时值春初，仍有大滴大滴的汗水从他的额头滚落，而他同寝室的小杨早已胸有成竹，手中早已经握着几个单位的就业意向书，既有国企也有民企。小杨虽犹豫不决，但脸上有种灿烂的神情。是什么让同一专业、同一宿舍的他们在就业的重要关头却面临不同的情况呢？经过辅导员了解发现，原因是他们对于就业信息掌握的情况不同。小陈只是单一地收集就业信息，定位在传统的网站搜索。小杨则有更多的想法，他说："我觉得自己能在就业上脱颖而出，主要是因为手头有很多就业信息可以选择。从请已经工作的师兄、师姐提供所在单位本年度的需求信息，综合学校就业指导中心提供的就业信息，到我自己去心仪企业网站链接上搜集招聘信息，我尽可能多地收集和利用就业信息，我是赢在起跑线上。"

问题聚焦：

1. 如何收集就业信息为就业做准备？
2. 怎样找到适合自己的就业方向？
3. 你为自己的就业做了哪些准备？

在这个信息时代，信息的广泛传播及其发挥的巨大作用日趋突出。在人才市场上选人择业同样如此，谁能在第一时间拥有更广泛、更有效的就业信息，谁就更有可能找到心仪的工作。面对大量纷繁复杂、瞬息多变的就业信息，大学毕业生常常显得无所适从，人云亦云者有之，走极端找捷径者亦有之，结果有不少人上当受骗，失去了就业的最佳机会。大学毕业生求职择业不仅取决于社会经济的状况、用人单位的需求和毕业生自身能力等情况，而且也取决于毕业生是否收集和占有大量的就业信息，如何把握有效的就业信息是毕业生求职过程中面临的一项重要任务，就业信息是大学毕业生求职择业的基础和一个重要的必备条件，因此大学毕业生要及时准确全面地收集整理和利用就业方面的各种信息。

一、收集就业信息

毕业生就业信息是一种特殊的信息，它是为实现毕业生选择理想工作，经过学校、用人单位、毕业生和各级毕业生就业机构进行搜索、传递、加工后，为各类毕业生和用人单位所利用的信息。毕业生就业信息是通过各种媒介传递的与就业有关的消息和情况，包括就业政策、就业机构、劳动力供求情况、干部人事制度、行业发展趋势、毕业生资源等。收集和整理就业信息，可以为成功求职做好充分的准备。

（一）就业信息的组成

1. 掌握就业政策信息

在求职择业活动中，要注意收集、掌握、正确运用国家有关就业的方针政策，以及地方政府贯彻执行国家就业政策的具体规定。就业政策是国家和各级政府部门关于大学毕业生就业的条文和规章，具有一定的法律效应，近年来，党和国家领导人都十分重视高校毕业生的就业工作，多次指示和批示，要求教育、人事部门认真做好高校毕业生的就业工作，为了对毕业生的就业活动进行宏观调控，国家和地方都制订了相应的政策规定，虽然这些规定会随着时代的发展而不断调整变化，但很长的一段时间内，就业政策还是具有高度的稳定性，毕业生只有了解了这些就业政策，才能在就业路上少走弯路，事半功倍。

2. 追踪就业形势

为了满足国家经济建设和社会发展对越来越多的各类人才的需要，也为了满足随着物质生活水平的提高，城乡居民对子女接受高等教育的日益增长的需要，自 1999 年我国开始高校扩招后，我国的高等教育从精英化阶段进入了大众化阶段。其直接结果是，高学历青年人数正在以较快速度增长，然而从全国的就业形势来看，劳动力总量供大于求的局面将会长期存在，在一定程度上加大了毕业生就业的压力和难度。此外，值得注意的是，造成此局面并非完全是因为就业形势的严峻，主要还是由于供需的结构性矛盾，以及大学生的就业定位不准确，就业信息不灵的问题造成的，出现高不成、低不就的“择业难”现象。

3. 关注市场需求

主动了解社会职业需求信息，根据社会职业热冷变化特点来确定自己谋求的职业是很重要的。人才市场对各类人才的需求是千变万化的，但从一个较长的时间段来分析，其中也有一些规律的因素，无论是人才层次，还是专业类别、素质要求等方面都有一定的发展趋势和季节性要求。毕业生的就业竞争也应当适应这种外在的动态环境，应当抱有一种发展的眼光来考察就业领域，在对相应的职业有了清晰的认知后，通过综合权衡就能合理地做出自己的职业选择。这样更可能找到利于个人发展的理想位置，也就会最大限度地减少入错行的可能性。

4. 了解用人单位的信息

用人单位是毕业生就业活动的指向对象，是收集就业信息的核心内容，用人单位的信息包括以下几点。

（1）单位的性质和法律地位。

（2）单位的工作和业务内容，生产项目或主要产品。

（3）单位知名度和发展前景。

（4）单位的地理条件、工作环境。

（5）单位的管理体制及其组织机构。

（6）单位的岗位需求、人才结构、规格、分工程度。

（7）单位工作的紧张程度、学习晋升机会。

（8）单位的效益、福利、工资、资金、住房、生活设施等。

（二）就业信息的收集途径

大学生收集就业信息的基本途径有哪些呢？可以通过以下渠道。

1. 学校就业指导中心

学校就业指导中心是毕业生就业工作的主管部门，承担着对毕业生进行就业政策咨询和就业指导的工作职能。就业指导中心与政府的毕业生就业工作部门及各用人单位在长期合作的实践中，已经形成了稳定而可靠的供需信息网络，并掌握着很多用人单位的介绍资料和社会需求信息。因此，从学校毕业生就业工作主管部门得来的信息，一般都具有较强的针对性和可靠性，是毕业生获取各种就业信息的主要渠道。

2. 报纸、杂志、广播、电视、网络等传播媒体

各级各类企事业单位、三资企业、民办企业等用人单位，常常会通过报纸、杂志、广播、电视、网络等媒体，传播其对毕业生的需求信息。教育部高校学生司、全国高校毕业生就业指导中心、中央各部委的人事部门、各省市的毕业就业工作主管部门（包括计划部门和调配部门）以及地方或用人单位的人事部门等，也常通过各种媒体发布本系统、本地区或本单位关于毕业生的就业信息，这些都是毕业生收集信息的有效渠道。

3. 人才市场和毕业生供需见面会

目前，我国的人才市场已初具规模，各用人单位把自己的人才需求信息输入计算机网络，为高校毕业生提供信息服务与咨询，毕业生可以有针对性地搜索和查询有关信息。供需见面会为用人单位和毕业生提供了直接见面的机会，使双方可以互相选择并达成协议。通过这两种途径得到的信息或签订的协议比较直接和准确，用人单位和毕业生双方都比较满意，所以成功率通常比较高。

4. 社会关系收集就业信息

一个成功择业的毕业生深有体会地谈到自己走向社会自主择业的体会，多一个朋友多一条路，多一条信息多一个机会。毕业生应充分建立和利用各种社会关系网提供就业信息和推荐工作单位。事实上，许多人都是通过家人、朋友、亲戚、同学以及其他相识者找到工作的。虽然随着互联网的发展，人才市场的扩大，已从根本上改变了求职方式，但不可否认的事实是，人际关系仍然是当前寻找工作的有效方法之一。一般来说，他们对自己所处的行业或单位比较熟悉，同时对择业者即毕业生也有一定的了解，所以通过这种途径得来的社会需求信息往往比较可靠。

5. 互联网获取社会需求信息

信息技术的发展，使毕业生传统的求职择业方法慢慢发生了改变。毕业生已开始通过互

联网查询最新的社会需求信息，可在网上建立自己的主页，介绍自己的简历、所学课程、科学研究成果、论文摘要、家庭情况、个人特长以及兴趣爱好等，进行自我推荐；在互联网上张贴自己的求职信息和希望寻找的工作单位等；在互联网上的人才信息库里储存个人基本情况和有关资料，以供用人单位查询。

除此之外，毕业生还可通过毕业实习或社会实践等机会，广泛地接触社会，通过多种途径和方式，收集社会需求信息。

6. 社会实践活动收集就业信息

校企合作实习单位和自己找到的实习单位，也是获得就业信息的有效渠道。通过在实习单位的专业实习、毕业实习和社会实践等活动，可以获得第一手信息资源。学校教学实践活动的开展，有利于学生开拓视野，更有益于学生接触社会体验职业，使其直接了解各种单位的基本情况、人才需求和招聘的要求，而且信息准确可靠，是学生自我开发，职业信息推介自我的一个绝好场所。如果毕业生能够把握好这个难得的场所和机会，在实习过程中与实习单位建立良好的沟通和交往，通过自己的努力赢得用人单位的好感和信任，不仅可以取得就业信息，甚至可以直接谋得职位，因此，毕业生求职择业应充分重视利用实习单位和实习机会。

（三）收集就业信息的原则

1. 真实性

真实性是就业信息收集的前提条件，即要求收集的信息反映的情况必须真实可信，毕业生才能据此做出准确的选择，虚假的就业信息不仅使毕业生判断失误，还会浪费大量的宝贵时间和钱财，甚至会带来人身的伤害。社会上存在一些以盈利为目的的中介机构，他们打着提供招聘信息的幌子，骗取中介服务费。也有一些单位以招聘为名骗取报名费、培训费以及风险抵押金等。还有一些非法传销组织以招聘为借口骗取学生的信任，毕业生一旦陷进这样的传销组织，人身财务都会受到很大的损失，必须加以警惕。

案 例

李某一直为找工作的事而烦心，当他从网上得知某人才市场有大型招聘会时，认为机会来了。李某早早地来到招聘现场，他发现一家公司前挤了很多人，招聘人员正在做招聘宣传，“本公司是国内知名的高科技企业，处在发展的黄金期，急需大量的高技术人才，欢迎有志者加盟……”李某感到希望来了，急忙挤进去递上求职材料。招聘人员简单地翻看了一下他的材料，对他说：“你完全符合我们单位的要求，请明天来面试。”

第二天，李某准时来到公司所在地，那儿已排了长长的队伍。等排到李某时，被通知要交50元报名费，李某看到其他人都交了钱也就跟着交了。面试很简单，只问了李某几个问题，招聘人员说李某是人才，如果他愿意，可以马上签协议。李某也怕夜长梦多，就毫不犹豫地签了协议。签完协议要求交100元办工作证的费用，并通知第二天上班。第二天李某来上班时被通知要交1 000元的风险押金，说是如果他在公司没有发生任何的意外，年底会退还风险押金。此时李某虽不愿交，但是想到今后找工作会越来越难，就找同学借钱交了押金。可当正式安排工作时，李某发现所谓的高科技公司只是要他们推销医疗器械，工资每月只有800元，其余的要看自己的推销情况。此时李某发现上当受骗，但为时已晚。

2. 针对性

网络时代，信息呈爆炸式增长，面对海量的就业信息，毕业生往往难以取舍。毕业生一定要根据自己的职业发展目标和方向，结合自己的专业、特长、兴趣、能力、性格等方面因素综合考虑，有针对性地甄别和选择相关的就业信息。

3. 计划性

收集就业信息并不是等毕业时需要才去收集，提前要有计划。首先要进行职业规划，自我认识，选定职业发展目标和方向；其次是确定信息收集的方向、途径、范围和内容；再次是进行信息收集；最后对收集的信息进行归纳、整理，剔除一些价值不大的信息。

4. 全面性

很多情况下，我们需要的就业信息并不是完整、全面地展现在我们面前的，信息往往是以分散的形式存在。因此，我们需要利用各种渠道和方式，充分收集与我们制订的职业发展目标和方向相关的信息，在经过分析整理后才能得到较为全面的就业信息。

（四）就业信息的筛选和运用

1. 就业信息的筛选原则

毕业生通过上述渠道所收集到的原始就业信息可能比较杂乱，毕业生应根据自己的实际情况和需求，对信息进行去粗取精、去伪存真，有目的、有针对性地加以筛选处理，使获得的信息具有准确性、全面性和有效性的特点，使之更好地为自己的求职服务。在处理这些信息时应把握以下原则：

（1）掌握重点。将收集到的所有就业信息进行比较、初步筛选之后，把重点信息选出，标明并注意留存，一般信息则仅作参考。

（2）适合自己。每个人的情况不一样，毕业生应选择适合自己的信息。

（3）注意信息的时效性。人才市场瞬息万变，用人单位发布需求信息后，随时都会收到毕业生的求职信息，及时与用人单位联系能体现出你积极的态度，为求职成功增加砝码。因此，收集到就业信息后，应适时使用，以免过期。

大学生在求职就业之前，结合我们国家和地方的就业政策，对搜集到的信息进行加工，去粗取精，去伪存真，由表及里，通过对各种信息分析、综合、归类，筛选出对自己有用的信息，更好地为求职做准备。很多毕业生频繁奔波于各种招聘会，简历也投出去不少，但是却很少得到回复，原因在于缺少对就业信息的整理。

毕业生要做一个有心人，平时就要有意识地收集各种就业信息，尤其是招聘信息。可以制作表格，统计各种招聘信息，并不是所有的招聘信息都要收集，要根据自身的情况，如职业兴趣、专业、性格、能力特长等，对招聘信息进行筛选，将符合自己的招聘信息进行统计、完善。统计招聘信息的表格一般包括以下 6 个要素：企业名称；企业基本情况（企业性质、隶属关系、企业规模、人数、产品服务、发展现状和发展趋势）；应聘岗位及招聘人数；应聘条件（如学历、专业、职业资格、技术等级）；工作环境和薪资福利；联系人及联系方式。

2. 就业信息的运用

就业信息的运用是指毕业生在对就业信息整理过后，依据信息进行择业的过程。就业信息的使用必须要做到：确定职业目标，职业目标的确定是求职者的专长、兴趣、能力、性格、期望值、价值观与社会职业需求之间不断协调的过程。确定职业目标时还应该把收入目标、行业目标等考虑进去，尽可能地征求亲朋好友的意见。记住适合自己的才是最好的，不能人云亦云。换位思考，了解信息背后的启示。假如你们是招聘单位，你们想招到什么人才。不难想出，其实用人单位最需要的是安全和保障，他们需要你们为他们创造价值、带来利润。了解信息背后的启示必须站在用人单位的角度考虑问题，不能以自我为中心。及时准备。机会总是留给那些做了充分准备的人，所以在全面客观了解了信息后，要及时准备，主动联系用人单位，询问招聘细则，例如时间、地点、要求、方式，尽快准备一份求职简历，不能犹豫不决。

任务二　展示优势——制作求职简历

求职材料是毕业生的另一张“名片”，关系到招聘单位对毕业生的印象。求职材料包括求职信、个人求学经历、成绩单、外语等级证书、技术等级证书、职业资格证书、各级荣誉证书、其他相关资料 8 个方面的内容。现如今，各招聘网站上常常只需要求职者填写个人简历，即履历表。它是大学生求职的重要工具，它能告诉别人你的个人情况、你的经历和你的技能。

一、简历的内容

简历一般包括以下内容：个人资料、工作目标、教育背景、工作经历、专业与成就、学术论著、实践活动、专业技能、外语和计算机水平、社团职务等。特定的个人简历，应视求职者个人实际情况及简历用途酌情选用或增补。

1. 个人资料

主要包括姓名、性别、出生年月、学历、政治面貌、联系地址、电话号码、特长爱好、邮箱等。个人信息应该力求简单、扼要、直观、清楚，以达到自我介绍的最佳效果。

2. 工作目标

工作目标是寻求的工作职位或要应聘的工作类型，是非常重要的一个环节。确定工作目标时，毕业生一定要结合自己的实际情况，根据自己的所学专业、经验特长，能为单位做什么来选择和陈述。针对应聘的理想单位，求职者通过招聘广告，浏览其网站的拟招聘岗位，尽可能地把个人求职目标放到一个具体的工作部门，或者将它与未来的期望写在一起，并尽可能写得具体。在简历中陈述自己的工作目标，可以让招聘者充分感受到求职者的诚意、期待，看到求职者对自己与工作的发展方向有明确的想法。

3. 教育背景

包括入学日期（起止年月）、学校名称、所获学位和证书、专业方向等。同时可根据自己的应聘单位和岗位，说明自己的辅修课程，招聘者主要通过教育背景来了解应聘者的智力以及专业能力水平，且更注重应聘者现在的学历，所以毕业生应从最近的求学、最高的教育开始，按时间顺序回溯，一般到高中即可。

4. 工作经历

对于应届毕业生来说，这个栏目可以说是一项对大学规划的最好检验。与已经参加工作的人相比，毕业生可以结合自己在校时期服务社会的经历，包括自己的社会实践、公益服务、勤工助学、实习经历和实习单位的评价以及在求学期间的第二课堂活动经历，突出以下信息：工作时间、工作或服务单位名称、工作名称、承担职责、结果和取得的成就。招聘者通过这些内容来了解毕业生在求学时期储备、养成的组织协调能力、团队合作能力、沟通能力、应变能力等，以及学业之外的发展、上升空间，这也是一个求职者工作适应能力的积累。毕业生应该根据自己的工作目标，通过工作经历的陈述，证明自己能胜任应聘的工作。

5. 其他情况

毕业生可以根据自己的个人实际情况和应聘意向的需要，增加个人的品行和性格特质、获得荣誉、专业培训、证书等内容。强调成就，强调你的职责，包括相关的行动和直接关系到个人提升的努力，但要避免不必要或者不相关的信息出现。

6. 证明、推荐材料、联系方式

即推荐人姓名、通信地址、联系方式和邮政编码等内容。为了证明简历的真实性，也可把院校意见加进去。

二、简历的类型

按表现形式来分，简历主要可分为两类：表格式和半文章式。除此之外，还有小册子式简历、时序式简历和职务式简历。

1. 表格式简历

这种简历是利用表格的形式出现的，综述许多种资料，层次分明，易于阅读。这一格式通常适用于年轻、缺乏工作经历但具有各种诸如所学课程、课外活动、业余爱好和临时工作等资格的求职应征者。包括姓名、地址、联系方式、主要技能、成就、经验、经历、受教育程度、个人资料、兴趣、爱好、特长、日期等栏目。

2. 半文章式简历

半文章式指的是表格和文章综合使用的一种格式。这种格式使用较少的资料表格设计，而使用几项长资料的记载。一般适用于资历丰富的求职者。

3. 小册子式简历

这是一种多页的、半文章式的活页格式简历。它的主要优点有：一是它可表述两页或更多资料的便利工具；二是封面上容纳了一份分别打印、专门设计的求职信或自荐书。缺点是需要很多专门的技能去撰写、设计。

4. 时序式简历

这是一种按时间先后顺序编写学历和工作经历的简历格式。通常按中国人的习惯由过去到现在顺着写，而在国外和呈给外资企业的简历则由现在到过去分阶段倒推排列介绍。内容包括工作和学习起止时间、职务、就职单位名称，以及对个人职责与业绩的简要陈述。这种方式可以充分表现求职者的日趋成熟，不断进步，缺点是有时显得太累赘。

5. 职务式简历

这是按职务和职能编写简历的一种简历格式，即按个人的职务，包括专业、成就或职业性质等编写。按这一方式编写简历由于突出地介绍了自己曾经担任过相同或相似的职务，因而有较强的针对性和候选性。

三、简历的使用

简历除了制作电子版以外，还需要准备纸质版。这样不仅可以在求职时使用，也可以在以下情况派上用场：在媒体上看到招聘广告时，可以寄去自己的简历；参加招聘或访问招聘人员的公司时，可以带几份简历去；拜托朋友帮忙寻找工作时，可以交给他们几份简历；面试时，简历可以作为介绍自己的基本参考资料；面试后，可留几份供用人单位存档，或给有关人员传阅用；毕业后，可留给自己的学友做参考资料。投递主要有以下途径：

1. 网申

这是大学生最常用、最普遍的一种途径，每年一到春季招聘的黄金季节，各大网站上各种招聘信息就会充满整个电脑屏幕，大多数用人单位都需要求职者先网申，再打印准考证参加笔试，或者直接面试，对毕业生而言，使用频率最高的求职网站是：智联招聘、前程无忧51Job、大街网、应届生、58 同城等。

2. 邮箱投递

其中不乏有些用人单位会要求通过固定邮箱投递，选择这种方式一定记得取得回复，确认对方已收到简历，这样能给对方留下稳重踏实的好印象。

3. 宣讲会

大多数用人单位在正式招聘前会进高校召开宣讲会，并在会议期间接收简历，部分单位还会做现场笔试或者面试，所以如果某高校有单位召开宣讲会，就提前准备好投递简历，并在平时多搜集宣讲会信息，这些信息可以通过各大高校的就业信息网以及单位招聘网站看到。

4. 大型招聘会

这是一个广泛撒网、重点捕捞的机会，提前搜集招聘会信息，提前到会场熟悉路线，并关注广告信息，计划投递简历的重点单位或企业，做到有的放矢，不放过任何一个可能就业的机会。

5. 内部推荐

这是投简历目标最明确的一种方式，如果用人单位里有熟人，提前了解了相关就业信息，并确定该用人单位符合自身求职意向，则通过熟人投递简历。此方法由于有中间人推荐，较为有效，求职成功的概率较大。

四、简历的编写技巧

编写简历，没有千篇一律的规律。对于用人单位而言，招聘职位并不是要找到最好的人，而是发现最合适的人。简历是求职者和用人单位间第一次相互交流，表达一个真实的自我是招聘者最看重的。

1. 内容真实是制作简历的最基本要求

很多求职者的简历与个人实际情况出入较大。招聘单位对求职者的诚信问题非常敏感，一旦发现简历中有虚假的成分，就会取消其面试或录取资格，因此求职者绝对不要心存侥幸，更不要弄虚作假。制作简历的每一项内容时都要遵循真实的原则，经得起“考验”（很多企业对员工个人资料的存档，都是从其个人求职简历开始的。不过，真实与适当的美化并不冲突。

2. 准确无误，细节决定成败

对招聘者而言，看到的最差的简历是诸如有错别字、病句之类低级错误的简历。有些毕业生甚至粗心到在其个人简历封面上将“简历”写成“简厉”，这对求职者来说是致命伤，这意味着求职者对这份简历的轻视，对应聘岗位的无所谓，也是对招聘者的不尊重。毕业生在撰写、制作简历时，准确是基本要求，要追求整份简历的准确，包括字、词甚至标点符号的运用。同时要注重行文的规范、流畅，文风要沉稳、严肃、大气。

3. 有针对性

毕业生在简历制作中要注重针对性：一是要针对自己，可以借鉴模板或者别人的简历，制作出一份最能反映自己的简历；二是要针对自身的职位需求，“量身定做”——将自己的简历做得有针对性，准备好三到四项符合应聘单位要求的技能，更能凸显出自己对目标工作的契合，如果毕业生应聘的是外企，英文简历必不可少。可以寻求帮助，找有外企工作经历的人来帮你修改、把关，争取制作出一份专业的简历。

4. 用数据和专业术语说话

为了增添简历的真实性、说服力，使其更有分量，在某些栏目的材料佐证上，可以运用数据，量化自己的工作成果。根据自己的工作目标，对主要技能运用必要的专业术语，增加简历的深度。

5. “简”和“历”充分结合

根据招聘者的浏览习惯，简历要尽可能在一页纸内完成。简洁精干，造句尽量短小精悍，此谓“简”。如果是两页，排版上要刚刚好。据统计，求职者的简历在初选时被招聘者浏览到第二页的机会只有不到5%，避免篇幅太长或者叙述的时间跨度过大，在有限的篇幅内，巧妙布局，将自己最有效、最有用、最具分量的材料陈列出来。丰富、翔实的学习、工作经历中有沉甸甸的历史感，此谓“历”。

6. 渗透营销意识

衡量一份简历是否成功，就是求职者是否能在第一阶段把自己给推销出去，获得面试机会。可以通过一些方法来增加简历效果：①把需要强调的重要信息放在页面的左侧和上端，如在阐述自己的工作经历时，工作名称放在左边，而非惯常的工作时间；②简历上的各栏目是对企业“望闻问切”之后“对症下药”的：每个词都有出处，有落点，获得应聘单位的信任。

五、简历外观

招聘者和职业专家都建议求职者将简历限制在1~2页，因为在数量巨大的求职简历中，用人单位只能花费有限的时间来选择自己相对中意的面试人选，而制作精良的简历相当于为自己争取了竞争中的先机。

1. 坚持简单、清晰、明朗、美观的排版风格

中文字体最好用宋体或仿宋，英文用Times New Roman。标题可用黑体，字体大小合适，正文、栏目标题的字通过字体、大小、加粗来区分。每一栏目之间可用横线隔开，不要把简历做得太花哨。

2. 留有空白

行距和间距之间疏密得当，字距、行距太密的简历会影响阅读。使用空白，会让招聘方读起来舒服，而且更有利于清晰条理，留下足够的边缘面积，尽量达到整体和谐的视觉美感。

3. 精心打印

建议使用普通的白色或者灰白色的纸，用高质量的打印机或复印机，避免出来的文档打印效果上存在瑕疵。打印要字迹清晰、美观大方。

4. 保持整洁

在投递或者邮寄简历时，保证简历的干净，避免有污渍、折叠痕迹。

5. 选择合适的照片

对招聘重视不等于非要使用艺术照片不可，除非去应聘艺术行业，应尽量选择正规的照片，着正装，纯色背景，尤以白色为佳。

六、简历模板

简历模板见表 7-1。

表 7-1 简历模板

<table>
<tr><td>姓名</td><td></td><td>性别</td><td></td><td rowspan="4">照片</td></tr>
<tr><td>籍贯</td><td></td><td>出生年月</td><td></td></tr>
<tr><td>政治面貌</td><td></td><td>专业</td><td></td></tr>
<tr><td>入学时间</td><td></td><td>技能证书</td><td></td></tr>
<tr><td>健康状况</td><td></td><td>毕业学校</td><td colspan="2"></td></tr>
<tr><td>特长</td><td></td><td>手机/QQ</td><td colspan="2"></td></tr>
<tr><td>通信地址</td><td colspan="4"></td></tr>
<tr><td>主修课程</td><td colspan="4"></td></tr>
<tr><td>求职意向</td><td colspan="4"></td></tr>
<tr><td>学习经历</td><td colspan="4"></td></tr>
<tr><td>家庭成员</td><td colspan="4"></td></tr>
<tr><td>所获荣誉</td><td colspan="4"></td></tr>
<tr><td>个人评价</td><td colspan="4"></td></tr>
<tr><td>备注</td><td colspan="4"></td></tr>
</table>

注：根据具体情况可做调整。

知识链接

HR 怎么看简历

一份调查显示，向 37 家公司 52 位人事方面的人员发出了总计 200 份大学毕业生的简历，请他们选出认为可以获得机会的简历并陈述原因。这虽然是个小规模的调查，但我们从中还是可以发现一些重要问题。

1. 简历的长度和厚度：我们发现招聘者平均在每份简历上花费 1.4 分钟。一般会阅读 1 页半材料。换言之，过长的简历毫无作用，而且不容易突出重点。在简历后附上一大堆证明材料的做法并没有增加录取机会，但没有发现负面的影响。

2. 投递的方式：通过 E-mail 和网站递交的电子版简历，得到的关注比通过邮件要少。平均会减少 23 秒左右。此外，我们发现有约 5%的电子简历会由于网络或其他问题没有被招聘者看到。因此，我们建议仍然通过传统的邮件方式，除非雇主明确表示出偏向性。

3. 选择方法：约有 20%的雇主承认他们会使用一些级别较低的助理人员来处理简历，这些人员会有一些硬性的选择标准。另有 45%的雇主认为他们进行初选时，也基本只看这些硬性指标。我们这里列出常见的标准（以雇主使用的频繁程度为序）：①六级英语证书；②户口；③专业背景；④学校名声；⑤在校成绩。（值得注意的是：这些标准不一定会在招聘要求中注明。）

这意味着：第一轮简历的筛选基本上是比较固定的。如果你不符合一些明确的标准，只有 1/3 左右的公司会给予机会。但将自己的简历石沉大海完全归罪于户口、专业或学校也是不正确的。

4. 关注要点：在前面提到的这些标准中，我们发现国内的公司和外资企业的关注点有一定区别。总的来讲，外企更重视英语和学校名声，国内公司看重专业和户口。对于越是热门的公司，其往往对在校成绩更关注。我们建议学生制作不同的简历来突出不同的要点。

5. 简历内容：在短短 1.4 分钟内，人事经理都会看什么内容？除了前面提及的几项，他们还会看一些学生的校园活动和兼职工作。但我们发现：只有 23%的人能在半小时后大体描述他所看过的简历上学生具体活动和职位。他们只有一个对学生性格的总体印象。所以，是学生会副主席还是部长并不重要，关键是你不要给人留下一个书呆子的印象。但有一种工作经历例外，所有人事经理都会重视和自己公司相同行业的工作经历。这会是一个优势，但如果说谎，也容易出局。很多简历上会列出自己的学习课程，只有 4%的公司会仔细阅读，建议：你可以列出，但必须是重要的，而且不要超过一行。

6. 表达能力：我们发现符合要求的表达非常重要。同一个人的简历，经过专家修改，可以增加 43%的录取机会。我们发现简历的常见问题是：表达不简洁，用词带有过多感情色彩，英语表达不规范，过长无重心，格式不规范。

7. 各方的分歧：我们发现对各类证书的态度，学生和雇主之间，不同雇主之间的标准完全不同。总体而言，学生过分注重证书，认为一份充满各种证书的简历会非常有利，但雇主并不这样认为，他们之间的分歧非常大。

我们发现规模较大的公司尤其是外资公司并不太重视证书问题，这是因为它们在招聘中，可以利用自身比较完善的考试手段。一般能组织大规模笔试的公司，对第一轮简历筛选会比较松，因为主要的淘汰可以放在笔试阶段，有了笔试成绩再结合简历考察比单纯看简历更准确，由于在笔试中可考查英语、专业知识等由证书反映的水平，证书的作用会被削弱。

中等规模及以下的公司会对证书比较重视，因为它们会更多依靠证书反映的能力进行选择，但小规模企业却又出现对证书的重视程度下降，这是因为这些公司人事部的人员较少，多靠其他部门主管阅读简历。而目前证书市场情况复杂，林林总总，几乎人人有证，那些招聘人员无法辨别。

有一种误区认为证书越多的学生越优秀，越是热门公司要求拥有越多的证书，这是错误的。学生以此定位，恐怕会形成错误，在投递，准备应聘中或过于自信或陷于自卑。对大学中积极考证的学子，我们也忠告：没有任何一种证书能保证你的职位。博士学位都不能，更不必说各类社会机构的证书。作为一个大学生你应该清楚证书同样是一种被推销的商品，不要被广告误导。如果你已经大四，还想通过证书增加就业的竞争力，那你务必要谨慎，首先要确保有足够精力投入寻找工作中。

当然，“证书至少可以证明你在大学中十分勤奋”，这是一个招聘主管的话。对不少国有企业，证书会造成好印象。在实际简历写作中，我们仍建议你列出自己拥有哪些证书，但你可以合并较低级的证书来节省空间，还有，醒目分开列出在各方面最代表终实力的一张证书（比如英语方面，计算机或专业方面）。

思考：谈谈你为自己就业做了哪些准备？

项目八　就业技巧

学习目标

1. 了解笔试类型。
2. 掌握笔试技巧。
3. 了解面试要求。
4. 掌握面试技巧。
5. 运用面试规律。

任务一　笔试

不同的结局

在公司工作的时候，曾经遇到过一件事，让我印象深刻。那是一次面试，之前和X小姐约定面试时间时，她表示由于目前尚未辞职，要7点才能赶到。骑驴找马，在职场也是常见之事。于是那天下班后，两位面试官正襟危坐，静候应聘者到来。左等右等，只等来一个电话，说她路上塞车，马上到。不想这个“马上”，足有半个小时！好不容易等到X小姐头发凌乱，香汗淋漓地跑进来，喘完气第一句话就是“对不起”，然后开始解释。但是解释了半天，面试官还是没有明白，她到底是因为叫不到出租车，还是因为挤不上地铁，还是因为上了地铁错过了出租车……面试官安慰两句，没想到她更紧张了。接下来的面试，让她做个自我介绍，她竟然像小学生背书一样把简历一一背下，当中居然还有背错和背不下去停顿的时候。“对不起，说错了，我再说一下。”“喔……”“哦……接下来……”效果可想而知。面试结束后，她居然紧张得“咣”的一下撞到了会议室的玻璃门上。后来谈起此事，我们觉得她可能真不适合这家公司吧，连门都欺负她。

面试迟到真的没有机会了吗？未必。L先生应聘人力资源管理一职。由于塞车，面试迟到了。赶到的时候，发现自己面试顺序排在第二，但此时第三位应聘者已经进入面试室。局面对他无疑极为不利。在等候室，他努力回忆自己应聘的岗位要求，忽然灵机一动，发动其他应聘者，组织做了一个“破冰船”的游戏，顿时气氛活跃起来，大家从沉默不语变得有说有笑。此时一位面试官正巧路过，发现等候室的异常后询问前台情况，暗暗点头。面试时没人问迟到原因，L先生也未解释，但他很快得到了录用通知。

问题聚焦：

1. 求职过程中哪些技巧是需要大学生掌握的？
2. 面试中如何提高应变能力反败为胜？

笔试是一种常用的考核方式，目的是考核应聘人员的文字表达能力、知识面和综合分析事物的能力等。它通常用于一些专业技术要求很强和对录用人员素质要求很高的单位，如一些涉外部门、技术要求很高的公司及国家机关选聘公务员等。

和面试相比，笔试属于相对初级的甄选方式之一。从求职程序来讲，网申或投递简历后的环节就是笔试，通常在面试之前进行，选拔出符合企业文化要求，具备企业特征个性和思维、处事方式的人才。某些公司会把笔试作为面试的辅助方式，互为补充，侧重考察应聘者素质及能力，如文字书写水平、表达能力等。

一、笔试的准备与技巧

笔试从某种角度来说，能更深入地检验应聘者的综合素质，以及其平时的知识积累程度和对知识的理解和掌握等。用人单位的出题方式比学校更灵活多样，侧重于能力，而不是单纯的知识。因此，在笔试之前，毕业生应对考试方式和范围进行深入的了解，做到知己知彼，不打无准备之仗。

（一）知识准备

了解了一些常见的笔试类型，接下来的问题就是如何准备。笔试本身是一种能力的测试，加上它的高淘汰率，因此想通过短期内的突击提高笔试的应试能力不是十分现实。无论是英文的书面表达能力、逻辑思维的能力和分析问题的能力，还是对于知识的了解和掌握，都是一种长期的实践和积累，并不是一蹴而就的。对大学专业知识进行必要复习是笔试准备的重要方式之一。一般笔试有考试的范围，可围绕这个范围查阅一些有关图书资料，复习巩固所学过的课程内容，温故知新，做到心中有底。

1. 英文阅读和写作的准备

某些企业或单位，笔试对应聘者的英语水平提出要求，准备方法如下。

（1）通过阅读来培养语感。对于英文阅读而言，很重要的一点是要培养对于笔试英文的语感。由于大部分的笔试英文和商业英文具有表达习惯和表达技巧方面的相似性，以及内容方面的相通性，因此，通过阅读一定量的商业英文来培养语感，进而熟悉笔试英文阅读理解是一个很好的途径。应聘者可以通过有选择地阅读商业英文报刊或者网站来获得这方面的素材。

（2）阅读和分析理解相结合。笔试的英文不是看小说，看过就算了，重要的是对文章内容的理解，因此，建议在阅读这些文章的时候，有意识地在读完整篇之后，停下来想一想，它说了哪些内容，是如何组织文章的观点和论据的，在阅读的时候有没有碰到什么理解上的困难，是因为词汇量的不足还是对含义把握能力的欠缺。

（3）亲手动笔写作。对于英文的写作，光靠看是不能够解决问题的。当然写作的练习应当建立在一定的阅读的基础上，因为通过阅读你可以借鉴作者的表达技巧和分析问题的思路和方法，但更重要的是自己的实践，看得再多，不如亲手动笔去写、去实践，这就需要进行模拟实战训练。阅读和写作本身是两个相辅相成的过程，良好的阅读可以指导你的写作，而写作的积累也同样要求你有相适应的阅读。

2. 专业知识的准备

对于专业知识笔试，首先考前应该结合具体职位查看相关资料，了解笔试考试范围，做到心中有数。其次，要了解笔试重点，进行认真复习。每个学科都有一两门概念性的课程，笔试之前多看看这方面的教材。如果以前确实学过，应该有笔记或者自己的复习提纲。保持稳定的心态也是非常重要的。要客观冷静地对自己进行正确评估，相信自己的实力，克服自卑心理，增强自信心。

（1）学以致用，理论联系实际。现在的求职考试越来越强调用学过的知识来解决实际问题，具有很强的实用性。换句话说，现在的应聘考试主要是考核应聘者对知识的运用能力。因此，在复习过程中必须始终突出一个“用”字，通过各种实践，把学到的知识运用到工作实际中去解决各种具体的问题。

（2）提纲挈领，系统掌握。在知识与能力这两者中，知识无疑是基础，没有扎实的基础知识，也就谈不上能力的培养和提高。掌握知识的一个有效方法就是把零散的知识化为系统。但是应聘笔试往往范围大，内容广，存在着一定的随意性和盲目性，因此，凡是与求职有关的一些知识，如时事政治、文史知识、科技知识、经济知识、法律知识和一般的电脑知识，均要系统地复习一遍。

（3）多读多练，提高阅读能力。提高阅读能力对扩展知识面和回答应聘考试的各类问题很有益处。要提高阅读能力，首先得坚持进行阅读实践。知识的获得，主要依靠传授；能力的提高，则必须通过实践。复习时经常做些阅读训练，有助于阅读能力的提高。在做阅读训练时，一定要做到“眼到”和“心到”，特别是“心到”，即对每个问题都仔细揣摩，认真思考，分析比较，综合归纳，努力提高自己的阅读能力。

（4）敏锐思考，提高快速答题能力。为了适应招聘考试中的题量，还应该尽快培养自己快速阅读、快速思维和快速答题的能力。因为现代阅读观念不只着眼于信息的获取，而且还特别重视速度。所以在准备笔试的时候一定要提高做题速度。

（二）心理准备

1. 树立信心

笔试怯场，大多是缺乏信心所致。要客观冷静地对自己进行正确评估，克服自卑心理，增强信心。保持良好的身心状态尤为重要，求职过程中的笔试毕竟不同于学校平时的考试，临考前要注意以下几点。

（1）要适当减轻思想负担，不可给自己施加过大的压力，否则适得其反。

（2）笔试的前一天要注意休息，保证充足的睡眠，避免考试时精神不振，影响正常思维。

（3）要适当参加一些文体活动，从而使高度紧张的大脑得到放松休息，以充沛的精力去参加考试。

2. 了解笔试类型，做到有的放矢

不同的笔试类型，有不同的考试内容，毕业生在考前应作详细的了解，针对不同情况做出相应的准备。例如，公务员考试就有明确的考试范围，并有指定的参考书，考生复习相对有针对性。而有些用人单位的笔试则相对灵活，范围也比较大，没有明确相关的参考书。毕业生可围绕用人单位划定的大致范围翻阅一些有关的图书资料。笔试成绩与毕业生平时的努力也有很大的关系，如果毕业生兴趣广泛，平时注意收集各种信息，考试时就能驾轻就熟，得心应手。

（三）注意事项

提前熟悉考场环境，有利于消除应试时的紧张情绪。还应仔细阅读考场注意事项，尽量按要求做好。除携带必备的证件外，一些考试必备的文具（笔、橡皮等）也要准备齐全。

1. 听从安排

应当在监考人员的安排下就座，不要随意挑选座位，更不要抢座位。如果因特殊情况，座位确实有碍自己考试而需要调整时，一定要有礼貌地向监考人员讲清楚并求得其谅解，若实在不能调换，也应理解并配合。

2. 遵守规则

在动笔之前，一定要听清楚监考人员对试卷的说明，不要仓促作答，不要跑题、漏题或文不对题；更不能我行我素，违反考场纪律，例如，未经许可使用手机、计算器等工具等。

3. 主动上交手机等通信工具

毕业生参加笔试，一定要注意手机等通信工具的处理，按照监考人员的要求，关掉手机放在包里或直接交给监考人员保管，否则手机等通信工具响起来时，你会不自觉地去看，就有作弊的嫌疑或给用人单位留下一个不严谨的印象，将直接影响到毕业生笔试的成绩。

（四）笔试技巧

要科学应考，拿到试卷后，首先通览一遍，了解题目的数量和难易程度，以便掌握答题速度，然后根据先易后难的原则合理安排答题的顺序，先解答相对简单的题，后解答难题。这样就不会因为解答难题而浪费太多的时间，而没有时间解答简单的题，遇到较复杂的综合题或论述题，则应先列出提纲，再逐条论述。

做题前一定要先将自己的姓名、准考证号等信息按要求填写清楚，避免遗忘。考试期间举止规范，防止一些可能被视作舞弊的行为或干扰考试的行为出现。例如，瞄别人的试卷，藏匿被考试单位禁止的参考材料，与旁人交头接耳等。另外，不能影响其他考生，如把试卷来回翻得哗哗作响，用笔击打桌面，唉声叹气，抓耳挠腮，经常移动身体或椅子发出噪音等，都不可取。

答卷时，应注意卷面整洁、字迹清晰、行距有序、段落齐整、版面适度。求职过程中的笔试不同于在校时的考试，注意“醉翁之意不在酒”，有时用人单位并不仅仅在意应聘者考分的高低，而是从考试中观察考生是否具有认真的态度、细致的作风，从而决定录用意向。做到字迹端正，卷面整洁能让招聘单位从卷面上联想应聘者的思想、品质、作风。而字迹潦草、卷面不整的人，招聘单位先不看你的答题内容，单从你的卷面就觉得你不可靠；而那些字迹端正、答题一丝不苟的人，招聘单位认为你态度认真，作风细致，对你更加青睐。

在答完试卷后，要进行一次全面复查，特别注意不要漏题、跑题，要纠正错别字、语法不通、词不达意等错误。

二、常见的笔试类型

按考试的侧重点分类，目前求职过程中的笔试形式一般有以下几种。

（一）专业考试

主要是检验应聘者是否具备岗位所要求的专业知识水平和相关的实践能力。专业知识考试的题目专业性很强，如外资企业、合资企业等对应聘者外语水平有很高要求，科研机构招聘人员要考相应的实验操作能力，公检法机关录用干部要考法律知识等。值得注意的是，这种考试方式已被越来越多的单位所采用。

（二）素质考试

文化素质考试是为了检验毕业生的实际文化素质，由用人单位给出范围或特定要求，让应聘者通过写作来展示其知识、思维、文字表达能力的一种笔试方式。考试的题目灵活多变，例如：要求文科学生运用某一原理，或某一史实，分析某一问题；要求理工科学生运用某一专业知识，解决某一实际问题等。素质考试主要考察以下几个方面。

（1）通过测试比较不同考生知识面的广博程度。对于大多数考生而言，要在短时间内提高常识判断能力是很难的，重要的是在于其平时的学习、观察、思考和积累。

（2）能比较正确地辨明句义，筛选信息等，要求考生具有相对较强的言语分析和理解能力，以及扎实的语法功底和文字处理能力。

（3）对应试者数量关系的理解与计算能力的考查是通过数量关系这一题型来实现的。对数量关系的理解和基本的数学运算能力，是人类智力的重要组成部分。

（4）判断推理是测查应试者的一种测验形式。判断推理是人类智力的核心部分，它的强弱反映一个人对事物实质及事物之间联系的认识能力的高低。

（5）信息社会中，大量的信息往往通过统计资料来反映，若想正确、及时地作出决策，必须能够对这些形式上比较抽象的综合信息进行快速的分析与加工，从枯燥的形式中找出需要的“关键点”，只有如此，方能有的放矢地制订方案。

（三）技能测试

技能测试是为了检验应聘者的实际工作能力或专业技术实践能力。这种考试往往针对特定的工作岗位来设计。例如，用人单位要招聘一名秘书，为了考察应聘者是否具有这方面的技能，会通过下面的题目来测试：

（1）阅读一篇文章，写读后感。

（2）自编一份申请报告或会议通知。

（3）听取几个人发言，写一份评价报告。

（4）某公司计划在五月份赴德国考察，写出需要做哪些准备工作。

（5）给一个科研题目，写出科研论文的详细大纲。

从应聘者的答卷中可看出他的文字表达能力、分析问题能力和逻辑思维能力等。

（四）论文笔试

论文笔试是检验求职者分析、综合、比较、归纳、推理等思维能力的方式。其形式采用论述题或自由应答型试题。该笔试的最大长处是有利于考查求职者的思考能力，从而能够检查求职者思想认识的深刻程度。这种测试往往会导致种种不同的答案，易于发现人才，远比简单的测验题更能判断一个人的水平，论文笔试要求毕业生分析问题有独到的见解。

（五）心理测试

心理测试是用事先编制好的用于测试被试者心理素质的标准化量表或问卷，要求被试者在一定时间内完成，根据完成的数量和质量来判断其心理水平或个性差异的方法。一些特殊的用人单位常常以此来测试求职者的态度、兴趣、动机、智力、个性等心理素质。

心理测试具有以下优点：

（1）心理测试可以在较短的时间内迅速了解一个人的心理素质、潜在能力和他的各种指标。

（2）目前世界上还没有一种完全科学的方法，可以在短期内全面了解一个人的心理素质和潜在能力，而目前心理测试可以比较科学地了解一个人的基本素质。

（3）招聘中采用心理测试在一定程度上可以避免出现不公平性。因为通过心理测试，心理素质比较高的员工可以脱颖而出，而心理素质较低的应聘者，落选也感到心平气和，因为他们知道自己心理测试的成绩比较低。

（4）应聘者素质的高低可以通过测试结果进行比较，因为用同一种心理测试的方法得出的结果有可比性，而其他的方法往往在不同的场合、不同的地点进行，没有可比性。

（六）智商测试

智商测试是要求应聘者完成事先编制好的标准化量表或问卷，根据完成的数量和质量来判定其心理水平或个性差异。一些特殊的用人单位常常以此来测试求职者的态度、兴趣、动机、智力、个性等心理素质。智商测试主要为一些著名跨国公司所采用，他们对毕业生所学专业一般没有特殊要求，但对毕业生的智力要求较高。

他们认为，专业能力可以通过公司培训和锻炼获得，因此，有没有专业训练背景无关紧要，但毕业生是否具有不断接受新知识的能力是至关重要的。

智商测试并不神秘。一种是图形识别，比如一组有四种图形的题目，让应试者指出其相似点和不同点。这类题目在一些面向中小学生的智力游戏书中是很常见的，一些面向大众的杂志偶尔也刊登这类游戏题目。另一类是算术题，主要测试毕业生对数字的敏感程度以及基本的计算能力，比如给定一组数据，让毕业生根据不同的要求求出平均值，其难度决不超过对中学生的计算能力要求水平。

（七）国家公务员录用考试

国家机关录用公务员，一律实行考试录用。中央、国家机关的各招考职位按性质和权责的不同分为 A、B 两类。“A 类”职位主要包括在中央、国家机关和中央国家行政机关派驻机构与中央垂直管理系统所属机构中，从事政策、法律法规、规划等的研究起草工作，政策、法律法规、规划实施的指导、监督检查工作，以及从事机关内部综合性管理工作的职位（如国家计委综合司从事经济形势分析和政策研究的职位）。“B 类”职位主要包括在中央、国家机关和中央行政机关派驻机构与中央垂直管理系统所属机构中，从事机关内的专业技术工作、对机关的业务工作提供专业技术支持的职位（如某些机关内部的财务会计职位）；实行中央垂直管理的行政机关中直接将各项具体规定施于公民、法人和其他组织的行政执法职位（如基层海关中从事海上缉私或现场查验工作的职位）。

招考职位由于 A、B 两类职位对考生素质和能力的要求有所区别，两类职位的考试科目也将不同。报考“A 类”职位的考生笔试公共科目为《行政职业能力测验》（A）和《申论》两科。报考“B 类”职位的考生笔试公共科目为《行政职业能力测验》（B）一科。与以前相比，最大的变化是两类考试都取消了《公共基础知识》科目，并取消了考试指定用书。

为方便考生，在全国 31 个省会城市全部设置报名、考试点，实现考生就近考试。国家机关考试录用机关工作人员和国家公务员的报名时间定在每年 11 月的第一个周六进行。公共科目笔试时间每年12月的第三个周六进行（具体事宜以当年通知为准）。

任务二　面试

在整个应聘过程中，面试无疑是最具有决定性意义的一环，事关成败。现在的用人单位越来越看重人员的综合素质，诸如自信心、合作性、交往时的敏感力、分析解决问题的能力等，能否在面试过程中表现出这些良好素质，将会影响考官对求职者的印象。同时，面试也是求职者全面展示自身素质、能力、品质的最好时机，面试发挥出色，可以弥补笔试或是其他条件，如学历、专业上的一些不足。在求职的几个环节中，面试也是难度最大的，尤其是对于那些初入职场的应届毕业生来说。

一、面试的基本内容

从理论上讲，面试可以测评应试者很多方面的素质，但在人员甄选实践中，并不是以面试去测评一个人的所有素质，而是有选择地用面试去测评它最能测评的内容。面试测评的主要内容如下。

（一）仪表风度

这是指应试者的体形、外貌、气质、衣着、举止、精神状态等。像国家公务员、教师、科技工作者、企业经理、公关人员、公司员工等，对仪表风度都提出了相应的要求。研究表明，仪表端庄、衣着整洁、举止文明的人，一般做事有规律，注意自我约束，责任心强。被试者应该注意着装得体，举止文雅、大方，表情丰富，回答问题认真、诚实。

（二）专业知识

了解应试者掌握专业知识的深度和广度，其专业知识更新是否符合所要录用职位的要求，作为对专业知识笔试的补充，面试对专业知识的考察更具灵活性和深度，所提问题也更接近应聘岗位对专业知识的需求。

（三）实践经验

一般根据查阅应试者的个人简历或求职登记表，做相关的提问，查询应试者的有关背景及过去工作的情况，以补充、证实其所具有的实践经验。通过对工作经历与实践经验的了解，还可以考察应试者的责任感、主动性、思维力、口头表达能力及遇事的理智状况等。

（四）演讲能力

主要观察求职者能否将要向对方表达的内容有条理地、完整地、准确地转达给对方；引例、用语是否确切；发音是否准确，语气是否温和；说话时的姿势、表情是否到位；面试中应试者是否能够将自己的思想、观点、意见或建议顺畅地用语言表达出来。考察的具体内容包括表达的逻辑性、准确性、感染力、音质、音色、音量、音调等。作为被试者在面试时应注意以下几点：谈话是否前后连贯、主题是否突出、思想是否清晰、说话是否有说服力。

（五）分析能力

面试中，应试者是否能对主考官所提出的问题通过分析抓住本质，并且说理透彻、分析全面、条理清晰。

1. 阅读理解中的综合分析

综合分析能力不仅在综合分析题中应用，也会在阅读理解中应用，方便考生寻找要点，疏通逻辑。当出现总分结构的文章时，“总”的部分综合出核心观点，“分”的部分分析出具体要求；当遇到递进式逻辑的文章时，综合观点往往是需要分析后推导出来的，所以综合观点容易出现在递进逻辑之后；转折结构的文章，则容易在转折后出现综合观点，文章前后两部分表达具体要点。

2. 综合分析论述题

综合分析论述题的目的是考察应试者的归纳概括能力，只不过在形式上属于简短的议论文写作。因此，综合分析题的作答形式是：提出观点、论证观点和总结观点；作答内容则是需要通过阅读理解时的分析，将具体内容找出进行罗列。

（六）判断能力

判断能力是指人对事物进行剖析、分辨、单独进行观察和研究的能力。判断能力要求人们对事物作出肯定或否定的明确回答。衡量判断能力高低的标准是社会实践。如果人们的判断结果与客观实际相符，那就是真的、对的，说明判断能力高；如果人们的判断结果与客观实际相悖，那就是假的、错的，说明判断能力低。判断能力以人的认识能力为基础，只有人们对事物有准确、全面、深刻的认识，才能作出真正的正确的判断。

一般观察被试者能否准确、迅速地判断面临的状况，能否恰当地处理突发事件，能否迅速地回答对方的问题，且答案简练、贴切。作为被试者应在准确、迅速、决断方面重点准备。对自己的判断应该有信心，还要分析对方是逻辑判断还是感性判断。

（七）应变能力

主要看应试者对主考官所提的问题理解是否准确，以及回答的迅速性、准确性等。对突发问题的反应是否机智敏捷、回答恰当，对意外事情的处理是否妥当等。应变能力是指自然人或法人在外界事物发生改变时所做出的反应，可能是本能的，也可能是经过大量思考过程后所做出的决策。应试者要有良好的应变能力，能审时度势，随机应变。

随着社会竞争的加剧，人们所面临的变化和压力与日俱增，每个人都可能面临择业、下岗等方面的困扰。努力提高自己的应变能力，对保持健康的心理状况是很有帮助的。

应变能力表现在以下几个方面：

（1）能在变化中产生应对的创意和策略。

（2）能审时度势，随机应变。

（3）在变动中辨明方向，持之以恒。

提高应变能力可采用以下几种方式：

（1）冷静：无论情景多么窘迫和险恶，也不能盲目应对。在处理事物过程中，使自己由盲目变为理智。

（2）忍耐：无论对方的言语是多么的尖刻，用意是多么的恶毒，也不能急于求应，要忍之再忍，坚决压抑怒气，在忍耐中三思，寻找机会去“应变”。

（3）摸底：不管对方的言行是多么的凶恶和阴险，既不能愤然而上，更不能惧怕而“降”，要摸清对方的底细和意图，同时要想尽办法去“摸底”，做到乱中知彼，方能“反败为胜”。

（4）探穴：不管对方气势多盛，多么得意，也不能硬攻乱撞，而是要发现对方的弱点、漏洞或疏忽，探准“穴位”，发射“重磅炸弹”，出奇制胜。

（5）灵活：有时对方（或情势）在你应变前忽然发生急变，或添了“帮凶”，或事态更复杂难辨等，既不能一味逃避退缩，也不能一味强攻硬击，而要灵活地根据已发生的情况，迅速做出新的判断，灵活机智地选择出新的适应新情况的新应变方法，使自己始终保持应变的主动。

（八）执行能力

主要在于考察应试者对已认定的事情能否进行下去、工作节奏是否井然有序、对于集团作业的适应性、是否具备单位或部门领导能力。执行能力指的是贯彻战略意图，完成预定目标的操作能力。执行能力是把企业战略、规划转化成为效益、成果的关键。执行能力包含完成任务的意愿，完成任务的能力，完成任务的程度。对个人而言，执行能力就是办事能力；对团队而言，执行能力就是战斗力；对企业而言，执行能力就是经营能力。而衡量执行能力的标准，对个人而言是按时、按质、按量完成自己的工作任务，对企业而言就是在预定的时间内完成企业的战略目标。

执行能力包括三个要素：意愿、环境和能力。

（1）意愿：如果不想做，肯定做不好。执行的意愿来自目标、利益、危机。有目标才有愿望，有利益才有动力，有危机才有压力。

（2）环境：企业文化环境影响行动，要行动就要给自己创造行动的环境。

（3）能力：想做还要会做。提升方法、技能、知识。

（九）交往能力

主要在于观察被试者遇到难堪问题后的反应、能否让人亲近、对他人有无吸引力等。在面试中，通过询问应试者经常参与哪些社团活动，喜欢同哪种类型的人打交道，在各种社交场合所扮演的角色，可以了解应试者的人际交往倾向和与人相处的技巧。交往能力是衡量一个能否适应现代社会需求的标准之一，看他是否具备善于与他人交往的能力。懂得各种场合的礼仪、礼节，善于待人接物，善于处理各类复杂的人际关系。在平时要注意培养自己的良好性格、儒雅风度、学识修养，在社交活动中要热情、自信；注意仪表、举止；面带微笑、运用温和、幽默的语言处理公共关系事务。在社交活动中应对领导、同事、合作者和其他公众表示关心和尊重。注意交往的技巧、方法，并努力使自己给对方留下良好的印象。只有具备迅速与他人交往沟通、“迅速融入”的能力，才能及时地了解公众的心理，知晓组织形象的缺陷，完成双向沟通和实施公共关系宣传的任务。

交往能力由以下六方面构成：

（1）人际感受能力。指对他人的感情、动机、需要、思想等内心活动和心理状态的感知能力，以及对自己言行影响他人程度的感受能力。

（2）人事记忆力。是记忆交往对象的个体特征，以及交往情景、交往内容的能力。总之，是记忆与交往对象及其交往活动相关的一切信息的能力。

（3）人际理解力。即理解他人的思想、感情与行为的能力。人际理解力是现代企业管理中重要的工作技巧，也是人力资源管理人员必须具备的关键素质之一。人际理解力暗示着一种去理解他人的愿望，能够帮助一个人体会他人的感受，通过他人的语言、语态、动作等理解并分享他人的观点，抓住他人未表达的疑惑与情感，把握他人的需求，并采取恰如其分的语言帮助自己与他人表达情感。

（4）人际想象力。从对方的地位、处境、立场思考问题，评价对方行为的能力，也就是设身处地为他人着想的能力。

(5) 风度和表达力。这是人际交往的外在表现。指与人交际的举止、做派、谈吐、风度，以及真挚、友善、富于感染力的情感表达，是较高人际交往能力的表现。

(6) 合作能力与协调能力。这是人际交往能力的综合表现，是企业团队合作的必要能力。

(十) 工作态度

面试过程中，用人单位主要想了解应试者对过去学习、工作的态度，另外还想了解其对应征职位的态度。在过去学习或工作中态度不认真，做什么、做好做坏无所谓的人，在新的工作岗位也很难说能勤勤恳恳，认真负责。因此，大学生需要树立积极的工作态度并培养良好的工作习惯。

我们平时经常在工作中会遇到这样、那样的问题，如果不能够正确对待，就会影响到工作情绪，从而导致工作效率低下。在工作中，自身能力和水平是基础，态度与思想认识才是决定性的因素。一个人特别是我们年轻人在工作中如果态度不端正，也就失去了进取心和创造力，最终只能和平庸画上等号。其实每个人都有着从优秀到卓越的梦想，如何实现这个梦想？一定要在工作中树立一个积极的工作态度。

1. 要树立积极的理念和心态

正确的工作理念是转变观念的基础，也是工作的动力。在此基础上，才会有合乎实际的心态，从而才会以正常的心理对待工作、对待同事、对待人生。正像书本所说的一样，“工作是我们要用生命去做的事，一个人所做的工作是其人生态度的表现，一生的职业，就是他志向的表示、理想的所在”。作为工作经验不足的年轻人，我们经常在工作中会感到各种无助，总会对自己手上的工作产生怀疑、对自己的人生选择感到困惑、对自己的将来感到茫然。这个时候，一个坚定的工作理念就像一座光明的灯塔，可以帮我们消除思想观念上的种种困惑，重新调整、定位自然的工作心态，一些不平衡和不理解的感觉就会悄然消失，一种新的面貌焕然而至，心里豁然开朗，工作热情从心底油然而生，敬业奉献、积极进取、不懈努力地工作理念是我们年轻人实现理想和提升自我的必备条件。

2. 要端正工作态度、明确责任

态度就是竞争力。很多时候，我们年轻人都会为自身竞争力不足而感到苦恼，并急于从各个方面提升自己的竞争力，这样往往达不到自己想要的效果。其实正像书中所说一样：“不管环境的利弊，最终卓越的工作表现，都需要积极的态度”，可以说最强大的竞争力就来源于你自身的工作态度。在工作中，我们应当时刻谨记“这是你的工作”这一句话。时刻告诫自己，工作不仅是接受益处和快乐，当中也需要付出艰辛和忍耐。只有通过主动进取、开拓创新、视工作为己任、责任感强，在工作岗位上把自己的事做得比别人更好、更有质量、更有效率，这样才有机会叩响成功之门。可能一开始，要坚持这种态度很不容易，但是只要持之以恒，最终就会发现这种态度已经成为你个人价值的一部分，工作是生活不可或缺的一部分，担当意识已经融入身心当中，无论遇见任何事情都能一如既往地秉持这种态度，并把事情做到最好。主动积极、富有责任感的工作态度是我们工作最核心的竞争力。

3. 体会工作的意义和乐趣

工作的意义决不是简单地停留在获取生活开支的必需上，如果是这样，人生的乐趣荡然无存，人生的意义也就黯淡无光。毕竟，钱财不是人生追求的终极目标，自我价值的实现才是人生最大的追求。正确看待工作的意义，珍惜工作的机会，体会工作的乐趣，在工作中得到满足和实现，进而达到体验人生的意义。也许每一份工作或每一个工作环境都无法尽善尽

美，但每一份工作中都有许多宝贵的经验和资源，如失败的沮丧、自我成长的喜悦、温馨的工作环境、团结奋进的合作伙伴、值得敬重的上级领导等，这些都是工作成功必须珍惜的要素和取之不尽的人生财富。当感受到自我提高、自我实现的乐趣和满足时，对工作的爱也就伫立心底，也就会摒弃个人得失和恩怨，迸发出对工作的激情，把自己的潜能发挥出来。由此，正确发掘出工作的意义和乐趣是我们持之以恒的动力源泉。

在领会了工作态度的重要性之后，能让人深深体会到“我们在为他人工作的同时，也在为自己工作”这样一个朴实的理念。工作不仅是为了获得生存的收入，维持人生的基本消费，更能体现自我价值和人生意义，意识到我不仅是在为自己工作，更是工作让我存在的价值发挥到了最大。在以后的工作中不管做任何事，我都应将自己的心态回归到零，把自己放空，抱着学习的态度，将每一份工作都视为一个新的开始，一段新的体验，一扇通往成功的机会之门，带着一种从容坦然、喜悦的感恩心情去工作，就会获得最大的成功，从而实现自己的人生价值。

（十一）求职动机

了解应试者为什么希望来应聘单位工作，对哪类工作最感兴趣，在工作中追求什么，判断应聘单位所能提供的职位或工作条件等能否满足其工作要求和期望。

知识链接

以考公务员为例，解决面试中如何回答求职动机类问题

一、概述

动机与职位的匹配性，是指一个人在从事某项工作时个人的职业价值观、职业兴趣、职业能力及性格特点等方面与工作岗位的符合程度，与将来工作发展趋势的匹配程度。

动机是一个人工作的原动力，只有为更好地发挥自己的才能、实现自己的价值而工作的人，才会在工作中努力奋斗，以工作为乐，才能做出好的成绩。一个人的兴趣、特长、个性特点、工作态度、知识结构与所从事的岗位是否符合，往往会决定一个人在某个岗位上能做出成就的大小。在公务员结构化面试中，求职动机与拟任职位的匹配性是指考生在报考公务员时的原动力是什么，即为什么要报考公务员。

在公务员结构化面试中，国家规定了要考核这方面的内容，而且单独规定了要考核求职动机与拟任岗位的匹配度，在面试中往往会单独设一道题来考核。其实，公务员结构化面试所有的面试要素都是围绕着考查考生是否与公务员工作相匹配，面试本身就是个人与工作匹配度的一种考核，是一个完整的系统。单就求职动机来讲，很难考查出考生的动机是否与公务员工作相匹配，考官也无法从单一的试题中考查出考生的话是否真实，测评的信度和效度并不高。正因为如此，近几年的公务员结构化面试，部分地区已经进行了变通，不单单考核考生的求职动机，而是从考生的教育背景、性格特点等各个方面进行考核，一些地区干脆取消了这类考题。

二、答题套路

求职动机与拟报职位的匹配性涉及面很广，每个人的个人实际情况都不同，所以回答的答案不可能一致，但在考场回答问题和考前训练时，应掌握以下原则：

1. 动机类

(1) 要体现出现实需要与社会需要、岗位需要相结合。

(2) 要体现出自我价值与社会价值、岗位价值相一致。

(3) 围绕公务员基本素质要求进行阐述，要熟悉公务员能力要求。

(4) 结合自己的实际经历来说明问题。

(5) 不回避物质利益，但要进行升华。

(6) 不要面面俱到，但要展现最突出的。

2. 工作态度类

(1) 要表现出强烈的责任心和事业进取心。

(2) 要体现自己诚实谦虚的品德和自强自立的精神。

(3) 规章制度面前人人平等，组织纪律面前人人须服从。

(4) 人情关系和法律制度的选择和排序：以法为先。

(5) 个人、集体、国家利益冲突：先国家、集体，后个人。

(6) 原则和情理冲突：要坚持原则，但处理问题的方法要灵活。

(7) 面对挫折时：勇敢面对，加强信心。

(8) 面对困难时：正视困难，接受挑战，灵活机智，巧妙处理。

(9) 工作创新：要不断改进工作方法，勇于创新。

三、破击点

求职动机与拟报职位的匹配性表现出来的问题一般都很简单，但也往往最难回答，需要考生认真应对。但是，只要充分准备，这类题目还是不难回答的，按照下列破解要点充分准备即可。

1. 考试之前认真研究公务员的相关制度

熟读《公务员法》，熟悉公务员的九种通用能力，掌握公务员工作所需要的最基本素质。熟悉这些制度和规定，才能知道考官到底喜欢什么，这些规定其实就是考官判定优劣的标准。

2. 进行充分的职位调研

对所报职位所属的行业类别进行研究，找出这个职位所需要的特殊素质。如警察往往需要优良的身体素质、心理素质及相关的法律知识；海关类往往需要较强的法制观念；边检部门需要较强的服务能力和一定的外语能力；税务系统突出依法行政和公仆意识。

3. 充分认识和了解自己

一是去人才测评机构对自己进行测评，科学地了解自己所具有的各项素质；二是将自己所有的长处和缺点进行罗列，从中分析出哪里符合公务员职位，哪些不符合。

4. 精心准备一份详细的个人简历

写简历的目的不是给考官看，而是通过简历对自己进行总结。

5. 进行自我训练

日常生活中有意识地按照自己所列的要求去做，逐渐培养自己的专业素质。

四、本类试题举例及分析

你为什么要报考公务员？

试题分析：

这是最简单而又经常被问到的问题，主要考查考生的动机。回答这道题没有固定的标准。与此相对应的问题还有：你为什么报考我们单位（或行业）？这类问题的回答要结合某个单位和岗位所需要的具体素质，思路与本题答法一样，但具体内容不同。

考生回答实录一：（总体评分：差）

我是基于以下几个原因才选择报考公务员的。

第一，我这个人有几个特点：一是乐于助人，在学校里经常帮助同学，具有较强的服务意识；二是沉着冷静、处事不惊，能较快地找到解决办法；三是有一定文字水平，大学期间发表了不少文章，这些都是公务员所需要的。个人的性格特点应该与工作相匹配，工作才能做好，我个人的性格与公务员工作是相匹配的。

第二，随着国家经济的进一步发展，公务员工作的要求越来越高，要面对的挑战也越来越多，而我恰恰喜欢面对挑战。

第三，我在大学期间学习了一些相对较为对口的业务知识，如法律业务知识等，参与组织过一些较大型的活动，有一定的处理问题的能力，符合公务员的要求。

第四，我报考公务员是为了更好地实现自己的价值，多为社会做事，多为人民服务。

因为上面四条，我选择了报考公务员。

考官对考生回答实录一的评析：

考生能够以个人与公务员的匹配度、公务员所面临的形势、自己的专业素质、报考目的等较为清晰的思路去回答问题。缺点是较为凌乱和空洞。如第一条性格特点方面举例说明能好一些，而且文字水平并不属于性格特点。第二条各行各业都有挑战，不只是公务员，公务员面对的是什么挑战，而考生具备的是什么素质，没有答出来。第三条法律业务知识，各行各业也需要，并不单独是公务员所需要的专业素质，也不是组织过活动就符合公务员的要求，什么专业素质、什么样的活动，为什么符合公务员，考生没有作答。第四条考生要实现什么样的价值，多做事、多服务其他行业也需要，指代不清。

考生回答实录二：（总体评分：中）

我报考公务员是受我父亲影响。我父亲是一个普通的机关公务员，工资不高，收入不多，每天还要加班加点工作，家里也照顾不好，常让我们不理解。但他从没怨言，几十年如一日开开心心地工作着，他常常说的一句话是："人，不能光为自己活着。"我小时候不理解这句话，随着年龄的增长，特别是进入大学后，我有了一些经历。在学校里，我是学生干部，经常组织一些活动，每当自己辛辛苦苦组织的活动使同学得到了锻炼、给大家带来欢乐的时候，我自己也很开心；而当自己为了一些虚名，比如争夺优秀班干部时，自己总会不开心。有时候，看到社会一些人因为个人享受而违法犯罪的，对家庭对社会造成很大的伤害时，我也会想起我的父亲。他总是那么开心，我逐渐明白了他的话的含义：一个人不能光为自己活着，只有把自己的价值与社会的价值结合起来，只有在为他人服务中，人才活得有价值。正因为这样，我选择了报考公务员，我要像我父亲那样做一个为人民服务的好公务员，让自己的青春和价值在为人民服务的过程中体现出来。

考官对考生回答实录二的评析：

考生从自己父亲的影响、自己的经历、社会的事件等方面来谈动机，情真意切，不空洞、不说教，让人信服。缺点是语言组织上有缺陷，最后能谈一下公务员在各行业中为什么最能体现为人民服务的话会更好些。另外，“开心”一词强调太多，有一点报考公务员只是为了开心之嫌。

考生回答实录三：(总体评分：好)

我是基于以下几条报考公务员的：

第一，公务员是代表国家从事社会公共事务管理的，在整个社会中的作用是很重要的。有人曾这样说：在社会中，老百姓像坐车的，公务员像司机，既要懂技术开好车，让老百姓坐好；还要认得清路、把握方向，把老百姓带好。我认为这是很有道理的。

第二，我是学中文专业的。四年的大学生活使我具备了较强的文字处理能力，大学四年学生干部的培养和锻炼使我具有了一定的组织协调能力。我通过了英语六级考试、计算机国家水平考试，知识结构较为合理，我在业余时间还学习了法律知识，具有一定的法律业务能力，而这些正是公务员工作所需要的。

第三，我找工作考虑最重要的因素是看能不能充分发挥所长，更好地为国家、为社会多做贡献。在奉献中实现个人价值，在各行各业中，我个人认为公务员是最能满足我的目标的一个。

第四，近几年，公务员的待遇逐年提高，收入较为稳定，社会地位也不断得到提高，都说明公务员工作越来越受到大家的认同和重视。

正因为以上几点，我选择了报考公务员，我相信如果录取了我，我一定会努力工作，成为一名优秀的公务员。

考官对考生回答实录三的评析：考生从对公务员的认识、个人所具备的素质、个人所追求的工作成就感、公务员的稳定收入等方面进行阐述，思路清晰，不回避物质利益，较为可信。缺点是一些提法不太准确。例如，有了一定的英语和计算机知识，并不代表知识结构就是合理的。

资料来源：就业网

（十二）兴趣爱好

主考官常常希望了解应试者休闲时爱从事哪些运动、喜欢阅读哪些书籍、喜欢什么样的娱乐项目、有什么样的嗜好等，多了解一个人的兴趣与爱好，这有利于录用后的工作安排。面试中常见的相关问题如下：

（1）你有什么业余爱好？主考人表面上是了解你的业余爱好，实则考查你的爱好是否会影响到你的正常工作，回答时应尽量避免说：“我除了工作，没有什么爱好。”这意味着你可能性格孤僻，也可能你是在说假话；也要避免随意回答：“我经常去酒吧、唱卡拉 OK、看球赛。”使人立即想到你是个“歌迷”和“球迷”，会影响白天的工作。最好是回答有时会读读书、听听音乐、养养花、练练书法和参加体育活动等。

（2）你会喝酒吗？回答这个问题，一定要根据自己应聘的职位和主考询问的意图酌情回答，不可根据常识强调自己滴酒不沾。因为喝酒常常是必要的社交手段，如应聘办公室主任、公关、购销人员等职位，完全不沾酒是难以胜任的。

（3）经常玩麻将、打扑克吗？玩麻将、打扑克极易使人染上赌博的恶习，影响工作，不少单位不赞成职工打麻将、玩扑克。你回答时应坚决否认，并解释只是节假日偶尔与家人在一起玩玩，不涉及金钱。

（4）谈谈你的交友情况。这个问题主要是考查你的人际关系，与人相处的能力。在工作中，人际关系是非常重要的，个性怪异、不善交际或交友复杂、随便，都是令人忌讳的。如果你性格外向、善于交际，当然可以陈述自己这方面的优势，并且可以与你在某个方面的成功联系在一起，说明朋友对你的帮助；如果你性格内向，不善交际，则不妨婉转地说："我的交友并不很广，但有几位知心朋友，大家以诚相待，无所不谈，互相帮助。"

（5）谈谈你的人生观。回答这个问题不能过于抽象，应该具体说出自己认为有价值的生活方式。如"我认为最重要的是要成为对社会有用的人，工作勤勤恳恳，拼命努力，日常生活松弛有度，充满情趣，踏踏实实地走完自己的人生之路"。

（6）你认为生活中最重要的事是什么？这个问题意在考查你的积极性，你只需回答"家庭和睦，事业有成"或"积极努力，不断进取"即可。

（7）你有什么信条吗？回答这个问题无须什么豪言壮语，只要老老实实地回答："我的信条是人人为我，我为人人，一个人决不能唯我独尊，自私自利，要设身处地地多为他人着想，才能使自己生活在一个融洽、友爱的环境中。"

（8）你最崇拜的人是谁？值得尊崇的人应是对自己生活有很大影响的人。举例时，不要提那些无人不知、无人不晓的人物，缺乏新鲜感。最好举出与自己人生有密切关系的人，可以是自己的父母、老师，也可以是过去的上司或生活中的英雄模范人物。

（9）谈谈你对社会某些热门话题的看法？这个问题主要是考查你对社会的关心程度，热门话题很多，诸如炒股、婚外恋、通货膨胀、反腐败、住房改革、两极分化等，你可以选择一两个目前大家最关心的问题，从个人的立场加以评述，但应注意考虑多数人的意见，尽量避免标新立异，更不要就此问题与主考发生争辩。

（10）什么事情会令你烦恼？不要以圣人自居，说自己从不为任何事烦恼。

（11）你有什么问题要问吗？当被问及这个问题时，千万不要说"不，我没有问题"。请记住：你应该把它看作一次争取就业的机会，如果对工作无任何问题可提，似乎意味着你对这项工作不感兴趣。你应该始终有问题，通过提问，你可以显示对该职位的兴趣，使你有更多的机会巩固自己的形象，并进一步证明这项工作适合你。除不要提工作后的待遇外，所提的问题都应与工作有关。

（12）还有什么需要说明的情况吗？显然，这是面试结束前的信号。主考人员在提醒你，他们已经完成了议事日程安排的面试内容，与此同时，也给了你最后一次随便谈论你感兴趣事情的机会，你可以补充一下你在前面未讲的事情。但要将语言组织好，以免前后不连贯。话要简短，开门见山，时间不要超过3分钟。如果主考人员面露怯意，那无论如何，都不要继续谈下去，赶快用歉语或客气话主动结束谈话。

（十三）其他问题

面试时，主考官还会向应试者介绍本单位及拟聘职位的情况与要求，讨论有关工薪、福利等应试者关心的问题，也会了解应聘者的家庭情况和人生理念等，随机应变，坦诚回答主考官可能问到的其他问题，做到不卑不亢，随和谨慎，自然大方。

二、面试的注意事项

在参加面试前进行一些必要的准备，对成功来说是必不可少的。要得到任何一个职位，必须经过面试这一关，短短几十分钟的面试也许就决定着毕业生职业生涯的开端，当你接到企业的面试通知电话后，应该做什么呢？除了准备好个人简历、成绩单等求职资料外，面试前还要做好多方面的准备。

（一）充分的准备

1. 问清面试的具体位置和时间

接到面试通知电话时，一定要先了解清楚应聘的公司名称、职位、面试地点（包括乘车路线）、时间等基本信息，最好顺便问一下公司的网址、通知人的姓名和面试官的职位等信息。最后，别忘了道谢。

2. 查找相关公开信息

上网查询招聘企业的背景和应聘职位的相关情况。企业背景包括企业所属行业、产品、项目、发展沿革、组织结构、企业文化、薪酬水平、员工稳定性、发生的关键事件等，了解得越全面、深入，面试的成功率就越高，同时，也有助于对企业的判断。应聘职位情况包括应聘职位的职位名称、工作内容和任职要求等，这一点非常重要，同一个职位名称，各家企业的要求是不尽相同的，了解得越多，面试的针对性就更强。

3. 通过人脉提前推荐

在亲友和人脉圈当中询问一下有没有熟悉、了解这家企业的，他们的感受或了解无疑具有非常重要的参考价值。如果有熟人推荐，加以担保，起码同等条件优先是可以肯定的。如果能了解到面试官的特点、面试的内容是什么，就有助于提前做好充分的准备。

4. 细节决定成败

应试者在面试前，还要在细节上多留心，比如检查自己身上是否有不良的气味。面试前最好别吃洋葱、大蒜、榴莲等刺激性气味的食物。面试前最好带一文件夹或公文包，不仅可以增加外表上的职业气质，而且很实用，可以把个人资料如简历、证书以及文具等都放进去，切忌面试时向主试人借用纸张和笔，这样会显得自己没有训练有素的工作习惯。

5. 进行模拟面试训练

在做好面试准备以后，最好进行一次模拟训练，这样可能效果更好。如果学校组织模拟面试活动，学生应积极参加，锻炼自己，积累经验。学生相互之间可交换扮演角色进行演练，模拟面试情景，以适应面试气氛。

6. 提高语言表达能力

对应试者而言，流利自如、文雅幽默的谈吐是面试成功的必备条件。因此大学生在平时就要有意识地加强语言表达能力的训练，逐渐养成与陌生人自如交谈的习惯，多记忆一些文学语言和优美的词汇，多参加集体活动，课堂讨论大胆发言，这也有助于自己演讲能力的训练。

7. 充分了解应聘单位和应聘岗位

主试者提问的出发点，往往与招考单位有关。因此，面试前应尽可能多地了解一些招考单位的情况，对单位的性质、业务范围、发展情况等做到心中有数。对于大型公司、单位往往可以从网上查询到有关信息。另外，了解所求取的工作岗位对知识技能的具体要求也有利于有针对性地展示自己的特长。

8. 熟练掌握自己的简历内容

考官往往以询问求职者的自身情况作为面试的切入点。这个问题看似简单，其实应聘者往往会忽视这些细节。因此，面试前求职者还应熟记自己的简历，将自己的相关情况在已有个人特色的简历的基础上加以浓缩提炼，再提前列好提纲，打好腹稿，以便在很短时间内较完整流利地介绍自己，突出重点，以免临时应对，准备不足，导致发挥失常，词不达意。

9. 保持正常心态

对于初试者，更应保持放松的心态。如何保持面试前的心理放松呢？首先，要正确分析自我，根据自身的特长，选准适当的就业位置，保持积极主动的择业心态，敢于竞争、敢于自荐，增强心理承受能力。其次，要有充足的睡眠，保持清醒的头脑，对可能出现的问题进行预测，回答问题的策略做好通盘考虑，以良好的心态从容应试。

（二）仪表朴实、大方、端庄

服装和外貌同交谈一样，是主试人了解应聘者的重要凭据。从某种程度上说，这绝不亚于面试中的对白语言，应着重对自己的外观进行一番打扮，使自己在面试时有一个良好的外表和精神面貌。修饰仪表应注意一些具体细节。

1. 衣着设计

“第一印象，永久的印象，只有 6 秒钟”，这个即“首轮效应”，这种第一印象的认知也直接制约着交往双方的关系。衣服的材料应选择不易皱褶的，裁剪要合身；服装的款式以朴素、简练、精干、不碍眼为出发点。

对于女学生而言，面试是一场比赛，更是一次表演！不仅要征服面试官，也要与其他应聘者暗中竞技。其中除了简历的准备，面试的排练，在面试当天的精神面貌、衣着穿搭也是为自己加分的重要事项。不同行业对“合适的面试着装”定义千差万别，比如穿正装是银行标配的行头，但如果去面试时尚编辑类的职位，就显得太过严肃无聊。

对于身经百战、每周见几十个应聘者的 HR 来说，从求职者坐下来到开口讲两三句话的时间，就大致能确定是否合适了，也就是说第一印象非常重要，好的长相肯定会加分，因此面试者着装干净整洁是起码的标准。具体穿什么要看每个公司的要求，可以在收到面试通知电话、邮件的时候，问问对方是否有着装要求。提前了解一下面试公司员工平时的着装风格，面试时按照这个风格穿着或者略微再正式一些。

穿裙子还是裤子，没有太大区别，符合个人形象，穿着适度就好。注意穿紧身裙、迷你短裙参加面试的，有些公司一律不考虑。服装颜色以黑色、深蓝色、灰色为安全，但也略显枯燥、千篇一律，可以试试浅色西服外套，能让人眼前一亮，不要大面积的亮色，但一点点可以画龙点睛，比如全身深色的时候配一条红色腰带，中性色优于鲜艳的亮色，纯色、条纹优于复杂的印花。背包一般以方方正正的、能放下简历又不会弄皱的包最好。记得面试要自备一份简历，不要背很贵的包。如果面试的职位月薪 3 000 元，但背了一个价格过万的包，结果可想而知。水桶包、波希米亚流苏包、迷你双肩包，这些都适合度假或逛街背，别背去面试。背包要跟整体服装搭配，不要穿得很精神，但包却软趴趴地皱成一团，不合时宜。

不建议求职者在面试时喷香水，有人对某些香味过敏或者患哮喘，不排除你会遇到这样的 HR。如果面试在狭小的密闭空间，浓烈香味会引起人的不适，如果习惯喷香水，那就得看面试官个人喜好，味道不宜过于浓郁，要清新自然，不喷香水是比较安全的做法，可以吃点口香糖，不要因为口气给人留下不好的印象，但切记面试前一定要吐掉。

男同学在职场的面试中，很多人会认为一套正装，基本可以适合所有的场合，但是你会发现，很多人穿上西装，有的看上去穿得很邋遢，有的却穿得很精神，这除了和个人与生俱来的风格有关外，穿正装还有很多需要讲究的细节，否则给 HR 留下的第一印象就大打折扣了。例如，西装后面的开线不开，深色的西装配白色的袜子，还露出袜子等。

误区一：西装衣摆过长或过短。

很多人穿的西装把大腿都盖住了，西装的衣摆要到臀围线，下摆要在虎口上。

误区二：西装袖子过长。

大多数男士的袖子都很长，正确在腕骨下 1 尺。衬衫袖子要露出 1~1.5cm。衬衣的扣子要扣上，把衬衣露出来，自然下垂。

误区三：领带过长。

领带的长度应该根据自身的身高来选择（133~145cm），打完领带的位置在腰带上面。

误区四：西装不合身。

穿西装的核心点一定是合身，最好是量身定做的，否则穿出来会显得邋遢。

误区五：西装裤子过长。

裤子过长，很多人穿西裤裤腿会堆在一起，这样显得个子矮。

误区六：袜子和西装颜色不配套，袜子过短。

袜子的颜色一定要比西装的颜色深，不要露出皮肤。袜子的长度到鞋帮的位置为最宜。

误区七：后面衬衣的领子没有露出来。

同样的，很多人在穿西装的时候，不注意衬衣和西装的领子的高度。通常，衬衫的领子要比西装的领子高出1~1.5cm。

西装最常用的颜色是深蓝色和黑色，一般配白衬衣。每个人都有着自己与生俱来的穿衣风格，如何把西装穿出自己独特的男人味，还是要根据自己天生的风格和色彩季型来选择。例如，浪漫型的人，可以穿花西装；戏剧型的人可以穿大版的意式西装等。如果要在普通的西装上装饰更加花哨的花，可以加上口袋巾，口袋巾一般位于西装左侧的上口袋，用于社交场合，正式的颜色为白色；再如西装的领子左侧有一个扣眼，可以插徽章，对于一个浪漫型男士而言，可以插一束花，别具风味。

我们穿衣追求的最高境界便是衣服和人相配，气质统一。在不同的应聘单位，穿不同的服饰也要注意着装细节，以确保面试通过。

2. 发型和面容装饰

发型在面试中虽然不会起决定性的作用，但合适的发型绝对比乱糟糟的发型印象分高，从而给考官留下良好的印象。

头发应整齐、干净，有光泽，不要把发型搞得过于新奇引人注目。不管长发还是短发，一定洗得干净、梳得整齐，增添青春的活力。发型可根据衣服正确搭配，要善于利用视觉错觉来改变脸形，如脸型过长的人，可留较长的前刘海，并且尽量使两侧头发蓬松，这样长脸看起来不太明显；脖颈过短的人，则可选择干净利落的短发来拉长脖子的视觉长度；脸型太圆或者太方的人，一般不适合留齐耳的发型，也不适合中分头路，应该适当增加头顶的发量，使额头部分显得饱满，在视觉上减弱下半部分脸型的宽度；根据应聘的不同职业，发型也应有所差异。所以在面试时，一定不要任意为之，而是要慎重对待自己的发型，以下这几种情况可供参考。

(1) 切忌新造型。

新造型要经过一段时间才能达到最好的效果。想换造型的大学生，临面试前千万不要再换发型了。因为有的人对于自己的新形象还不是很适应，在面试时，总是很不自觉地用手摸头发，感觉很别扭，这样会对面试产生很大的影响。

所以在参加面试前不宜尝试新造型。如果要改变新的造型，务必要有一定的适应时间。尤其是男生，男生本来就是短头发，刚剪好时会看起来“傻傻的”或是比较呆板，这样就会给考官留下错觉，在面试中反而会弄巧成拙。

(2) 少用造型品。

造型品能够让头发瞬间有型，但是用过量、过多可是会毁形象的。在专业发型屋，发型师通常会在做完头发后，抹一点造型品在手心搓开，分散搓揉在发型的几个重点位置，以达到长时间保持完美造型的效果。

然而，没有专业美发技术的普通人员用造型品时经常一不小心用过量，造成“油头粉面”的效果，尤其是男生，刚洗干净的头发被造型品弄得看起来油亮亮的，毁坏了清爽健康的形象。女生有时候用太多造型品在头上，香气太重，熏得周围的人很难受，尤其在面试时，跟考官共处一室，让考官感到不快，只想早点结束，这样的面试结果可想而知。

（3）不做好“饰”之徒。

发饰是很多女生的最爱，但面试是一个很正式的场合，求职者头发上发饰的款型、颜色会影响着她的面试，适合的发饰会为她面试加分，而不适合的则会使她面试扣分，所以女性朋友要选择合适的发饰。年轻的女孩子喜欢的发饰大多是可爱型的，但在面试环境中，可爱的发饰会让人看起来不够专业。

在发饰的选择上，可以以“素”为主。简洁素雅的设计最为合适，不要五颜六色的，而且头发上最多一个发饰就可以了。如果是头发比较散碎的，需要用发卡，最好选择与发色相近的墨色发卡，且用在不显眼的位置，如两侧、后脑的部位。千万别因为头发散碎就把发卡用得满头都是，可以在梳头发时用一些定型产品，让散碎的头发变得服帖。

（4）慎选发色。

头发的颜色在面试中至关重要。所以面试时务必将奇怪的颜色染回正常的颜色，偏黄的发色和太红的发色都不适合参加面试，黑色是安全色，适合参加各种面试。另外，切忌挑染，考官不太喜欢看到太活泼的头发，你的头发越自然、越简单，越容易过关。

（三）面试礼仪

在面试礼仪方面，应注意以下几点。

1. 提前 5~10 分钟到达面试地点

提前到达面试地点以表示求职者的诚意，给对方以信任感，同时也可调整自己的心态，做一些简单的仪表准备，以免仓促上阵，手忙脚乱。为了做到这一点，一定要牢记面试的地点，有条件的学生最好能提前去一趟，这样，一来可观察熟悉环境；二来便于掌握路途、往返时间，以免因一时找不到地方或途中延误而迟到。如果迟到了，肯定会给招聘者留下不好的印象，甚至会丧失面试的机会。

2. 面试中不要紧张

如果门关着应先敲门，得到允许后再进去。开关门动作要轻，以从容自然为好。

当考官问名字时，以爽朗的声音回答。走进办公室时，应抬头、挺胸、面带微笑，目光注视考官，不瞻前顾后，不左顾右盼。男士步伐应矫健、端庄、自然、大方，给人以沉着、稳重、勇敢、无畏的印象；女士步伐应轻盈、敏捷，给人以轻盈、欢悦、柔和之感。

进去应主动问候。走到考官面前，应礼貌地道一声“您好”或“老师您好”。若主考官站起与求职者握手，求职者则应热情地把手伸过去与之相握。

当考官示意坐下时，求职者方可落座。应轻轻坐下，上身正直，微向前倾，目光注视考官的眼部和脸部以示尊重，双手放在扶手上或交叉于腹前，双腿自然弯曲并拢，双脚平落地面；若是软绵绵的沙发靠椅，也应尽量控制自己，不要陷下去，要挺腰坐直，全神贯注面对考官。

特别提醒：不要弓腰曲背，抓耳挠腮，高跷“二郎腿”，身体各部位都不要抖动，要很稳重地坐在考官面前，接受他对自己的全方位考察。需递送个人资料时，应站起身双手奉上，表现出大方、谦逊和尊敬。面试结束时，应道声“谢谢”。

3. 面带微笑，神态自然

面试是面对面的情感交流。面部表情比语言表达得更丰富、更深刻，可以加深考官对你的注意和好感。

有两位以上考官时，回答谁的问题，你的目光就应注视谁，并应适时地环顾其他考官以表示你对他们的尊重。谈话时，眼睛要适时地注意对方，不要东张西望，显得漫不经心，也不要眼皮低垂，显得缺乏自信。

特别提醒，激动地与考官争辩某个问题也不是明智的举动，冷静地保持不卑不亢的风度是有益的。有的考官专门提一些无理的问题试探你的反应，如果你“一触即发”乱了分寸，面试的效果显然不会理想。

三、面试技巧

（一）语言运用的技巧

面试场上你的语言表达艺术标志着你的成熟程度和综合素质，对求职应试者来说，掌握语言表达的技巧无疑是重要的。

1. 认真聆听，流利回答

主考官向你了解情况时，要专注，对考官所提出的问题要逐一回答，口齿清晰，发音准确，用词准确，文雅大方。交谈时还要注意控制好说话的速度，以免磕磕巴巴，影响语言的流畅；答题要简练、完整，尽量不要用简称、方言、土语和口头语，以免对方难以听懂。对方在谈话时可以在适当的时候点头或适当提问、搭话。

特别提示：一般情况下不要打断主考官的问话或抢问抢答，否则会给人急躁、鲁莽、不礼貌的印象。问话完毕，没听清时可要求重复，当某一问题确实不懂或无法回答时，应如实告诉主考官，含糊其词和胡吹乱侃会导致面试失败，坦诚的将心比心才能引起考官的共鸣。

2. 语气平和，语调恰当，音量适中

面试时，语言、语调、语气的运用要恰到好处。语气是指说话的口气，语调则是指语音的高低轻重配置。打招呼问候时宜用上语调，加强语气并带拖音，以引起对方注意。自我介绍时，最好多用平缓的陈述语气，音量的大小要根据面试现场情况而定。以每个主考官都能听清你的讲话为原则。

3. 注意听者的反应，及时调整

求职者面试不同于演讲，而更接近于一般的交谈。交谈中，应随时注意听者的反应。例如，听者心不在焉，可能表示他对你的这段话不感兴趣，你应设法转移话题，引人入胜；如果考官侧耳倾听，可能说明由于你的音量过小使对方难于听清楚；考官皱眉、摆头可能表示你的语言有不当之处。根据对方的这些反应，就要适时地调整你的语言、语调、语气、音量、修辞，包括陈述内容，这样才能取得良好的面试效果。努力做到“察言观色”，回答问题“投其所好”才能不跑题，取得良好的面试效果。

（二）回答问题的技巧

1. 把握重点，简洁明了，条理清楚，有理有据

一般情况下回答问题要结论在先，分析在后，即先将自己的中心意思表达清晰，然后再作叙述和论证，否则，长篇大论会让人不得要领。面试时间有限，情绪太紧张，多余的话太多，容易跑题，反倒会影响答题的成绩。

2. 讲清原委，避免抽象

主考官提问总是想了解一些应试者的具体情况，切不可仅以“是”“否”作答，还需必要的解释。针对所提问题的不同，做必要的细节回答，有的则需要解释原因，有的则需要说明程度。倘若回答过于简单，讲不清原委；回答得过于抽象，往往不会给主考官留下具体的印象。

3. 确认提问内容，切忌答非所问

面试中，如果对主考官提出的问题一时摸不到边际，以至于不知从何答起或难以理解对方问题的含义时，可将问题复述一遍，并先就自己对这一问题的理解请教对方以确认内容，对不太明确的问题，一定要搞清楚，这样才会有的放矢，不至于答非所问。

4. 有个人见解，有个人特色

主考官接待应试者数不胜数，相同的问题问若干遍，类似的回答也要听若干遍。因此，主考官会有乏味、枯燥之感。只有具体独到的个人见解和有个人特色的回答，才会引起对方的兴趣和注意。

5. 知之为知之，不知为不知

面试时遇到自己不知、不懂、不会的问题时，闪烁其词、避而不谈、默不作声、牵强附会、不懂装懂等做法不可取。坦率地承认自己的不足之处，诚恳致歉，并表示以后会加以完善自身不足，这样回答反倒会赢得主考官的信任和好感。

（三）应聘策略

1. 反其道而行之

如果你在众多循规蹈矩的求职者中，不能显现出自己的特长，不被人重视，不妨另辟蹊径，耍些“小聪明”，反其道而行之，以此吸引老板的注意，这样你或许会有意想不到的收获。就算结果不尽人意，也能给自己增加一次机会，以表内心对这份工作的珍视。

例如，一个广告专业的大学生找工作四处碰壁。怎样才能把自己“推销”出去呢？他考虑了很久。一天，他再次闯进那家旅游公司的总经理办公室。总经理一看见他，生气地说：“我再一次告诉你，我们的人手已经足够了，不需要新手。”“那么你一定需要这个！”那个大学生边说边从包里掏出一块精制的匾额，上面写着：“本公司名额已满，暂不录用。”总经理一看笑了，他很欣赏这个小伙子求职方法的新颖、独特，便聘用了他，并委以重任。

2. 入乡不随俗

通常情况下，求职面试总是要说一些恭维话，以引起对方的好感而达到谋职的目的。但一味说好话也未必能打动人，指出对方的不足之处，且能令对方口服心服，常常也能达到成功求职的目的。南京大学一名女毕业生在参加某公司最后一轮面试时，大胆地指出该公司的不足并列举国外的事例加以佐证，使主考官不得不折服，结果她被首先选中。

3. 无薪求职

面对越来越善于自我包装、越来越会做“秀”的求职大军，许多用人单位也是心存疑虑，只有靠亲眼所见才能相信你的才能。如果你真是一个人才，在万不得已的情况下，不妨找个为对方“义务”打工的机会来表现自己，一时的“免费”试用也许会给你带来长久的收益。但要注意结合实际经济状况，以免得不偿失。

4. 先入为主

在应聘过程中，很多求职者一看到和自己专业不对口的工作，一般扭头就走，可是如果你非常喜欢并适合这个工作，你不妨在与面试官对话的过程中，充分展示你这方面的才华，让他相信你具备胜任这项工作的能力。

例如，在一场大型招聘会上，小王相中了一家广告公司，但对方只招聘营销员，并要求市场营销专业毕业。小王决定主动出击。轮到小王面试时，他先简单地做了自我介绍：“我毕业于北京工商大学，精通计算机，对设计、排版等也很熟悉。另外，我每年暑期都在外地一家广告设计公司实习。”招聘人员一听，对小王很感兴趣，便要求看他的简历。小王没有递上自己的简历，而是询问：“我发现贵公司要招聘市场营销专业的学生，我想知道，贵公司看中的是市场营销专业学生哪方面的特质？”招聘人员告诉他，因为公司要扩大业务，所以需要能开拓市场的学生，他们认为市场营销专业的学生比较专业。小王立刻声明：“我的开拓能力很强，对市场营销方面的知识非常熟悉。”招聘人员再次提出要看小王的简历时，他才告诉对方：“我们学校没有市场营销专业，我是学工商管理的，但市场营销课，我得了96分，这是我的成绩单。”然后，他把自己社会实践的市场营销成果展示给面试官。很快，小王拿到了复试通知书。

5. 忌打听招聘人数

某些毕业生，不合时宜地询问考官“你们要几个人”，对用人单位来讲，招1个是招，招10个也是招。问题不在于招几个人，而是你有没有这百分之一或十分之一的实力和竞争力。“你们要不要女的？”这样询问的女性，首先给自己打了“折扣”，是一种缺乏自信的表现。面对已露怯意的女性，用人单位刚好“顺水推舟”，予以回绝。

6. 忌急问待遇

“你们的待遇怎么样？”“你们管吃住吗？电话费、车费报不报销？”“我什么时间去国外培训？”有些应聘者一见面就急着问这些，不但让对方反感，而且会让对方产生“工作还没干就先提条件，何况我还没说要你呢”的想法。谈论报酬待遇是你的权利，这无可厚非，关键要看准时机。一般在双方已有初步聘用意向时，再委婉地提出来。

7. 忌不合逻辑

面试的考官问：“请你告诉我你的一次失败的经历。”如果回答：“我想不起自己曾经失败过。”这样说在逻辑上讲不通。又如考官问：“你有哪些优缺点？”如果回答：“我可以胜任一切工作。”这也不符合实际。毕业生求职，需要脚踏实地，不应含糊其词。

8. 忌报有熟人

面试中急于套近乎，不顾场合地说“我认识你们单位的某某”“我和某某是同学，关系很不错”等。这种话主考官听了会反感。如果你说的那个人是他的顶头上司，主考官会觉得你在以势压人；如果主考官与你所说的那个人关系不怎么好，甚至有矛盾，那么你这样说可能会起到反作用。

9. 忌超出范围

一次面试快要结束时，主考官问求职者：“请问你有什么问题要问我吗？”这位求职者欠了欠身子问道：“请问你们公司的规模有多大？中外方的比例各是多少？请问你们董事会成员里外方有几位？你们未来5年的发展规划如何？”这是求职者没有把自己的位置摆正，提出的问题已经超出了求职者应当提问的范围，使主考官产生厌烦。

10. 忌不当反问

例如，主考官问：“关于工资，你的期望值是多少？”应聘者反问：“你们打算出多少？”这样的反问就很不礼貌，好像是在谈判，很容易引起主考官的不快和敌视。

练 习

根据如下范例，和小组同学相互提问，并从中总结答题经验。

1. 自我介绍

不要只是简单介绍自己的姓名、年龄、爱好、工作经验，这些简历上都有。企业最希望通过这个问题，了解你是否能胜任工作，所以，也要注意介绍自己最强的技能、最深入研究的知识领域、个性中最积极的部分、主要的成绩等，简短但要能突出自己积极的个性和做事的能力。

2. 五年内，你的职业规划如何？

最普通的回答是“我准备在技术领域有所作为”或“我希望按公司的管理思路发展”，当然，你也可以说出一些自己感兴趣的职位。面试官总是喜欢有进取心的应聘者，如果回答“不知道”，或许会使你丧失一个好机会。

3. 我们为什么要聘用你？

这个提问，主要是测试你的沉静与自信。可以根据自己的实际情况和优势加以说明，让你的答案具有说服力。而一个简短、有礼貌但非常笃定的收尾也很重要，比如“我能做好我要做的事情”“我相信自己”。

4. 你对于我们公司了解多少？

面试之前，一定要做好功课，可以在网上查一下该公司的主营业务、发展方向、近期重大战略调整等。

5. 你的期望薪资是多少？

薪酬总是一个敏感的问题，如果你心里没底，可以问：“依贵公司的规定大概是什么样的薪金行情？”因为一个管理严格的公司不会因为你要求多就多给，要求少就少给。

6. 假如你流落荒岛，可以拥有一本书，你会选择哪一本，为什么？

这是假设性问题，来测试应聘者的想象力、解决问题的能力，目的是看你有没有临场应变的能力，思想有没有条理，条理清楚地说出理由即可。例如：我会选择生活百科全书，因为这时候最需要解决生存问题。

7. 假如我们聘用你，但有时候需要做些端茶倒水的杂务，你会反对吗？

这是一个试探性问题，目的是判断你对工作的态度。没有任何一家公司会聘用大学毕业生专门从事杂务工作。若明确拒绝接受这类杂务，则意味着拒绝接受职位。可以回答“如果需要，我不会斤斤计较。”“如果有客人到我所在的部门，我会主动端茶倒水，这些只是我工作内容的一小部分而已。”

8. 请谈谈你的优点

面试官想听的优点不见得是你最突出的优点，而应该是你和你应聘的岗位相关的优点，从中找出雇佣你的理由。所以，你要精准描述，不能泛泛说些无意义的话。

9. 你有哪些兴趣爱好？

一个人的兴趣爱好，能显示他的多方面才能和修养，这样的人除比别人多一种技能外，更重要的是，他们往往有进取心、有发散性思维，也比较热爱生活。兴趣爱好可以体现自己积极主动的性格、愿意团队合作的精神、深入学习的意愿等。

10. 如果你被录取了，但工作一段时间后发现并不适合这个岗位，你会怎么办？

首先，强调申请这个岗位是你经过深思熟虑和全面了解的决定，既然互相选择了，所谓的不适应可能只是缺乏经验或者业务不熟练导致的。而后表明态度，如果发现短时间内能力与职位有差距，你会不断学习，虚心向领导和同事学习业务知识和处事经验，力争减少差距，相信假以时日，是能够做好工作的。

11. 就你申请的这个职位，你认为自己欠缺什么？

企业喜欢问求职者弱点，但精明的求职者一般不直接回答。你可以重新强调自己的优势，然后说，我相信自己是可以胜任的，只是缺乏经验，我的学习能力很强，我相信可以很快融入公司的企业文化，进入工作状态。

12. 在完成某项工作时，你觉得领导的指示不对，你会怎么做？

原则上应尊重和服从领导的工作安排，私底下找机会以请教的口吻，婉转地表达自己的想法，看看领导是否能改变想法。如果领导没有采纳自己的建议，同样会按领导要求认真完成这项工作。但是，如果领导要求的方式违背原则，应提出反对意见。

13. 你缺乏工作经验，如何能胜任这项工作？

要体现出诚恳、机智、果敢及敬业。如“作为应届毕业生，在工作经验方面的确会有所欠缺，因此在读书期间我一直利用各种机会在这个行业做兼职和实习。实际工作远比书本复杂，但我有较强的责任心、适应能力和学习能力。”

14. 你是否能够接受加班？

这是面试官针对应聘者的工作热忱而提出的问题。你可以回答“我愿意接受挑战，在自己责任范围内的工作，不能算加班”。但是也要强调，会努力提高工作效率，因为能力不足、工作效率低造成的加班，并不是一件好事。

15. 你选择离职的原因是什么？

回答这个问题一定要小心，即使在前份工作受到再大的委屈，对公司有多少怨言，都不能表现出来，避免面试官对你产生负面情绪太多的印象。最好的回答方式是从自身发展来表明离职原因，例如，遭遇职业的天花板，或前份工作与自己的长期职业规划不合等；也可以表明应聘这份工作对自己而言是很好的机会。答案最好是积极正面的，回答时一定要表现真诚。

16. 你愿意被外派工作吗？愿意经常出差吗？

根据自身情况回答，但面试官一定希望听到肯定答案。

17. 你并非毕业于名牌院校。

对于这种让你略感尴尬的问题，要不卑不亢地回应。例如，“我认为，是否毕业于名牌院校并不是最重要的，重要的是有能力完成公司交给我的工作，我目前所掌握的技能完全可以胜任工作。”

18. 我怎么相信你是这个职位最好的人选呢?

设身处地替面试官想一想，考虑他们需要什么样的人，你又在哪些方面符合要求，根据要求说出自己应聘的优势。根据这个职位的性质和与面试官的谈话，总结这个职位需要哪些技能，最后表明自己具备这些技能，说明你为什么合适。

19. 请谈一谈你的弱点

一般的策略是说出一些表面上是弱点，实际上却是优点的特征。例如，“我从来不轻易放弃，以致有点固执。”当你在述说个人弱点时，要能够说出具体相关事例，来说明你的观点，这点非常重要。当然，你也可以说一个自己明显的缺点，然后举出例子说明你是怎么样克服这个缺点的。

20. 如果我们没有录取你，你打算怎么办?

求职当中的成败太常见了，所以，可以不卑不亢地表现出自己的坚韧与不服输精神。例如，会认真总结这次面试的经验，找原因，找差距，但也不会就此气馁，会把这次的不成功当作历练积累和重新出发的起点。

21. 如果你的工作出现错误，给公司造成损失，你会怎么办?

要强调本意是为公司努力工作，如果造成经济损失，首先要想方设法去弥补或挽回损失。如果确实是工作失误所致，愿意承担责任，同时应该补充，之后会总结经验教训，人不可能不犯错，重要的是要学会从自己的或是别人的错误中吸取经验教训。

22. 工作中如果难以和同事、上司相处，你该怎么办?

可以这样回答:“我会服从领导指挥，配合同事工作。如果发生问题，先从自身找原因，分析是不是自己工作做得不好让领导不满意、同事看不惯，或者为人处世方面不够周全。如果存在问题，努力改正。如果难以发现原因，会积极和他们沟通，请他们指出我的不足，有问题及时改正。作为一名合格的员工，应以大局为重，即使在一段时间内，领导和同事对我不理解，也会做好本职工作，虚心向他们学习，以诚待人，总会收到诚意回报。”

23. 如果你的工作成绩很突出，得到领导肯定，但却发现同事因此孤立你，你如何处理?

工作成绩突出，得到领导肯定是好事，以后会更加努力。但也会检讨自己是不是忽略了与同事的交往，或者有什么事情做得不妥当，产生了误会。以后在工作中，会加强同事间的交往，会更注意工作方法，多换位思考。

24. 你在大学期间，学习成绩好像不是很好，你怎么看?

这类问题往往是一种“压迫式”面试技巧，面试官故意试探应聘者的弱点，令其尴尬，看他在压力之下会有什么反应。故提到的弱点，不是问题关键所在，应聘者应沉着应付，想办法扭转劣势，表现自己的急才与修养。

25. 你认为你在学校属于好学生吗?

问这个问题可以试探出很多问题，如果求职者学习成绩好，就会说:“是的，我成绩很好。当然，判断一个学生是不是好学生有很多标准，在学校期间我认为成绩很重要，但是其他方面，如思想道德、实践经验、团队精神、沟通能力也都是很重要的。”如果求职者成绩不尽理想，可以说:“我认为是不是一个好学生的标准是多元化的，我的学习成绩还可以，其他方面我表现得更突出，比如我去过很多地方实习过，我很喜欢在快节奏和压力下工作，我在学生会组织过很多活动，有比较强的团队合作精神和组织能力。”有经验的面试官一听就会明白。企业喜欢诚实的求职者。

26. 你人生中最受挫的事情是什么?

这个问题，是为了了解你对挫折的容忍度及调节方式。可以说让你受挫的经历，但重要的是你如何处理、克服或者改变。

27. 你会如何处理别人的批评?

比较合适的回答如“沉默是金，不必说什么，否则情况更糟，我会等大家冷静下来再讨论。不过我会接受建设性的批评和建议。”

28. 谈谈你过去做过的成功案例

举一个你最有把握的例子，把来龙去脉说清楚，而不是说了很多却没有重点。切忌夸大其词，把别人的功劳说成自己的，很多主管为了确保要用的人是最合适的，会打电话向你的前任主管征询对你的看法及意见，所以如果说谎，是很容易穿帮的。

29. 如果你做的一项工作受到了上级领导的表扬，但你的主管却说是他做的，你怎么办?

首先，理性地看待这个事情，不能因为这件事情影响工作态度，继续努力工作。要表明：“平时工作中，领导确实帮助过我，教我方法，这项工作理应有领导的功劳。但是，还是会在适当时候找领导谈心，委婉地表达自己的态度，相信领导是个明事理的人，不会把我的功劳全部抹杀掉。”

30. 谈谈你对跳槽的看法。

正常的跳槽能促进人才合理流动，可以支持；频繁的跳槽对单位和个人双方都不利，应该反对。

31. 你能为我们公司带来什么呢?

如果可以的话，试着告诉他们你可以减低他们的费用：“我已经接受过专业培训，可以立刻上岗”。企业很想知道未来员工能为企业做什么，求职者应再次重复自己的优势。

32. 喜欢这份工作哪一点?

每个人价值观不同，评断标准自然也不同，但是，在回答问题时不要太直接地把自己心里的话说出来，一些无伤大雅的回答是不错的考虑，如工作性质及内容颇能符合自己的兴趣等，不过能仔细道出这份工作的与众不同，相信在面试上会大大加分。

33. 说说你对行业、技术发展趋势的看法?

求职者可以直接在网上查找你申请的行业部门的信息，深入了解才会产生独特的见解，从而为面试加分。聪明的求职者对所面试的公司预先了解很多，包括公司各个部门、发展情况，在面试回答问题的时候可以提到所了解的情况。企业欢迎“知己”，而不是“盲人”。

34. 除了本公司，你还应聘了哪些公司?

这是相当多公司会问的问题，其用意是要概略知道求职者的求职意向，所以这并非绝对负面问题，就算不便说出公司名称，也应这样表明“同岗位的公司”，如果应聘的其他公司是不同业界，容易让人产生无法信任的感觉。

35. 说说你的家庭?

企业面试时询问家庭问题不是探究隐私，而是要了解家庭背景对求职者的塑造和影响。可以将一些正面的东西呈现给面试官看。

36. 请问你还有问题要问吗?

回答这个问题，大有学问。首先，你可以将自己在面试中还没有机会提出的相关问题提出来；其次，进一步强调你在面试过程中没有机会谈到的个人优势，如果实在没有什么可以说的，也不要说没有问题。可以询问下一次的面试（如果有的话）的时间，或者是什么时候能得到面试结果，能否打电话询问，也可以借机表达“我很想得到这份工作”。最后，记得对面试官致谢。

思考：谈谈你觉得哪些求职技巧适合自己。

项目九　就业常见心理问题及调适

学习目标

1. 掌握就业常见的心理问题类型。
2. 学会自我心理调适。
3. 根据自身实际，找到社会角色的转换途径。

任务一　就业常见的心理问题

案例导入

小李无论如何也没有想到：自己大学毕业后，居然成了“啃老族”。她也十分无奈。

“毕业后，我一边准备考公务员，一边打工。公务员笔试成绩过关，但是面试却被淘汰。在书店打过工，也做过客服、销售，但是因为各种各样的原因，都干不长。眼看着毕业快两年了，我还只能待在家里‘啃老’。我心里也很难过，家里供我上学不容易。朋友也劝过我，有工作就先干着，哪怕挣得少点，就当积累经验。可是我的心里始终很纠结，不喜欢干起来没热情的工作，一遇到困难就万念俱灰，结果觉得自己什么都没有做好。”

思来想去，小李觉得应选择一个自己喜欢的工作，她喜欢策划、设计这样富有创意的工作，找到了适合自己的职业后，她发现自己还有很多不足，仍要学习很多，但是她斗志满满，乐此不疲。

“啃老族”多处于失业或半就业状态，几乎没有什么经济基础，不能完全做到经济独立，给家庭带来经济负担。同时，“啃老”也给社会和年轻人自身的发展带来了危害。“啃老族”绝大部分是独生子女，大多养成了不能独立、追求享受、缺乏责任感的性格。有这样一些人，他们并非找不到工作，而是主动放弃了就业的机会，赋闲在家，不仅衣食住行全靠父母，而且花销往往不菲，知名饭店、时尚卖场成了他们挥霍的聚集地。都说“养儿防老”，可是如今这种形势，似乎是养儿为啃老。这直接暴露了啃老族一个最重要的危害性，就是它会严重侵蚀父母的养老金。因为这批“啃老族”的父母一般都已经到了退休年龄，或者已经退休，收入水平已经很难再提高，家庭财富的积累速度已经严重放缓，子女在自己年老时不能反哺赡养，而是啃噬父母长辈的“血汗钱”，直至自己精神和心血殆尽。

专家指出，年轻人不进入社会历练，他们的知识、观念、能力就会越来越与社会脱节，将来就业也会越来越困难。而长期处于社会边缘，还可能导致他们的价值观与主流价值观格格不入，给社会和谐稳定带来隐患。为了尽早找到好的工作，一些“能力”较强的高校毕业生极易使用非正常的方法，如跑关系、找熟人、搞贿赂，这对那些没有这种“能力”的高校毕业生们来说是极其不公平的，极可能对社会带来不良影响。

问题聚焦：

1. 哪些是就业常见的心理问题类型？
2. 怎样进行自我心理调适？
3. 如何根据自身实际，找到社会角色的转换途径？

当前，随着每年高校毕业生越来越多，企业对毕业生的要求也越来越高，使得在校大学生们开始产生一种不愿走向社会的心理状态，他们怀疑自己是否能找到工作、怀疑企业是否会为难自己、怀疑自己能否胜任工作、怀疑企业说的是否是真话等。伴随着各种怀疑，与企业的招聘也失之交臂，白白错过一些有发展前景的企业和岗位。

很多大学生对自身的定位和未来的职业方向没有明确的目标和计划。由于他们对就业政策的领悟与接受能力弱，对择业的具体程序和就业信息的来源、渠道都不清楚，同时，缺乏与应聘单位进行沟通的技巧等原因，导致了他们在就业过程中产生一系列的心理危机。

一、常见心理问题类型

（一）依恋心理

在角色转换过程中容易依恋学生角色，出现怀旧心理。经过十多年的读书生涯，对学生角色的体验可以说是非常深刻了，学生生活使得每位学生在学习、生活和思维方式上都养成了一种相对固定的习惯。因此，在职业生涯开始之初，许多人常常会自觉或者不自觉地把自己置身于学生角色之中，以学生角色的社会义务和社会规范来要求自己，对待工作，以学生角色的习惯方式来待人接物、观察和分析事物。不少大学生不会自己做主，缺乏主见、人云亦云，别人说什么就听什么，有的同学说这个单位好，就跟着一起去争抢岗位；有的同学说这个单位不好，就连看都不看单位的情况，时刻都有一种随波逐流的心理。在群体的影响下，个体放弃自己的意志而采取与多数人相一致的行为。由于我国应试教育的特点，大学生较少进行自我探索，不清楚自己的兴趣所在，不明晰自己适合做哪种工作。例如，部分大学生脱离自身实际情况，只按照家庭的要求而选择到大城市、沿海开放城市或大企业、外资企业求职；或者在看到同学纷纷签约时，按捺不住躁动，仓促签约，最终不能有效落实“人职匹配”。

（二）自卑心理

部分大学毕业生由于对自己的学习成绩、高校层次、所学专业存在着怀疑态度，造成一种极不自信的自卑心理。这种自卑心理是一种轻视或低估自己能力的心理倾向，表现为缺乏自信，缺乏勇气，总认为自己不如别人，不敢竞争，自惭形秽。认为自己的某些方面不如其他人的消极的主观体验。部分毕业生只看到社会的阴暗面和不良因素，面对激烈的竞争压力，悲观地认为自己不如其他同学，埋怨家庭和环境，在求职的时候一味地选择退缩性的自我防御，丧失了很多好的就业机会。在求职失败后，他们又以为找到了证明“我不行”的根据。当失败一次又一次发生时，便加重了他们的沮丧感和不平衡感。

（三）自负心理

和自卑心理状态完全相反，也有不少大学毕业生自我评价过高，认为自己学习成绩好、能力强，产生了一种极度自负的心理。这种心理倾向使得毕业生在选择企业时，就会认为“大企业、名企业、公务员、有名的外企”才是他们追求的目标，其他岗位一概不予考虑，由于竞争激烈，会造成落选后产生负面消极心理。适当的自信是有好处的，但自信心过度就成了自负。自负指大学生对自己的评价高出自己的实际水平，具有不切实际的期望值。部分大学生的思想观念相对滞后于高等教育大众化的现状，认为考上大学就是找到好工作的保证，对就业的期望值较高。在择业时，只选择条件较好的单位，不从自身实际条件出发。在面试时，提出过分要求；求职失败后，又缺乏自知之明。自负的大学生在碰壁后，要么趋于理智，要么转而陷入自卑的泥沼。

（四）攀比心理

少数大学毕业生自尊心过强，凡事总要争第一，看不得别人比自己好，如果别人比自己好，就会想尽各种办法去超过他。这种心理用在提高学习成绩上是可取的，但是一旦用在落实工作岗位上就不合适了，会忽视个人的自我特点，忽视个人的性格和能力的差异性。这种攀比的心理，往往是以自己身边同学寻找的就业单位为参照来定位自己的择业标准，导致就业不符合自身实际情况，事倍功半。

（五）嫉妒心理

这种心理比攀比心理更严重，会在求职过程中对其他同学的成就、特长或优越的条件产生既羡慕又敌视的情绪。别人成功了则说风凉话、讽刺挖苦、造谣中伤，以发泄自己的恼怒。最后导致同学、朋友关系恶化。切记自我调节，找出差距，弥补不足，而不是一味恶意破坏，以免酿成大错，害人害己。

（六）封闭心理

这种心理存在于一部分长期以来，性格内向，喜欢独来独往，不愿与同学交流的大学生当中，要改变这种心理，就要坚信沟通能加深理解，互帮互助；还有一部分同学是担心自己没有找到好工作，害怕同学知道后嘲笑自己。可以通过转移注意力等方式，敞开心扉，避免积郁成疾，不利于就业。

二、就业心理问题成因分析

（一）对大学生活的不适应

就业心理问题的成因与平时生活有密切联系，并非一朝一夕所致。大学综合能力的评估跟特长、兴趣有关，一些在中学只专心学习的优秀生，在大学里并不太适应。大学的本质是要求学生自学能力的提高，是要学会如何高效进行学习。考试成绩已经不是评判学生能力的唯一标准。如果不能正确认知并加以调节，就会形成心理压力，影响就业。另外，大学是一个多元文化的环境，由于大学生的价值观、人生观趋于成熟，面对社会发展转型期造成的观念多元化，对新事物、新观念两面性态度，很容易让内心陷入矛盾，容易使大学生形成优柔寡断、矛盾的心理，进而会产生严重的压抑感，在求职期间会盲目守旧，不够自信。

（二）过重的学习压力

大学以学生自主学习为主，学习渠道的多元化使得很多大学生很难正确把握。在学好各门课程的同时，还要为将来考研、考公务员、找工作准备，参加各种社团或培训班，过英语四六级，考计算机等级证，考教师资格证等各类证书，有些还要辅修第二专业。同时，由于在考试书籍选择上的盲目性和学习方法上的落后性，使得部分大学生尽管把大量时间和精力都花在了学习上，可效果还是不能尽如人意。在激烈的竞争环境中，在一次次考试失利的打击下，使许多大学生由刚入校时的自信转为自卑再到消沉。有些大学生因此担心考试挂科不能按时毕业，从而无法就业，心理压力极大，导致情绪低落，封闭自我，间接导致就业心理问题的产生。

（三）不能正确对待情感问题

早恋是大学生情绪波动的一个重要方面，很多学生步入大学后，懵懵懂懂涉足爱情，在谈恋爱时，感觉对方各方面都是完美的，然而，由于没有经济基础等客观原因，当两个人毕业求职各奔东西，面临分手时，对感情过分执着的一方会因此遭受较大打击，情绪低落影响就业。如不能正确看待，就会陷入极度的痛苦与烦恼之中而难以自拔，甚至因为超过心理承受能力而做出不理智的行为，导致无法全身心投入到求职大军之中。

（四）经济压力过大

农村贫困家庭的大学生，虽然说国家有相关的贷学金和助学金，承受的经济压力也很大。为了缓解经济上的压力，一些同学为了兼职，从而影响正常的学业，内心承受很重的心理压力，造成焦虑不安，为前途担忧，在毕业求职的过程中就不能充分发挥自己的实力。

（五）就业压力大

随着当前的劳动力就业市场供过于求的现状，大学毕业生竞争压力越来越大，就业形势越来越严峻，大学生普遍感受到工作岗位少，心理压力大，找工作难，创业缺乏资金，找一份好工作更难，多次应聘失利后，他们会感到恐惧焦虑、烦躁不安，甚至对未来丧失目标，导致求职不能有的放矢，成效不明显。

（六）心理承受力不足

新时代大学生普遍家庭环境优越，受家长珍爱，很少独自面对磨难，缺少挫折教育，导致心理脆弱，不敢正视困难。通过大学生活的历练，大学生要树立正确的人生观、世界观和价值观，要善于排解心理压力，不论是学习还是生活中遇到的困难要多和同学、老师和家长沟通，要走出自己的内心困惑，调节情绪排解压力；面对应聘失利的挫折，要冷静下来，正确分析，找准自己的定位。人生不如意者十有八九，坚持下去，阳光总在风雨后。

任务二 就业心理调适

一、大学生心理调适的意义

自我心理调适是大学生在现实生活环境中，积极主动维持一种良好有效的生存状态和发展状态的心理、行为过程。即大学生在自身努力和外界环境的作用下形成既满足大学生需要，又符合社会生活条件的积极的心理、行为过程。大学生是心理问题的高发人群，处在当今社会中的每一位大学生都离不开自我心理调适。与此同时，自我心理调适是大学生在现实生活环境中通过自己努力积极主动维持一种良好有效的生存状态和发展状态的心理、行为过程。自我心理调适是大学生学业与事业成功的重要基础。

习近平总书记指出："要健全社会心理服务体系和疏导机制、危机干预机制，塑造自尊自信、理性平和、亲善友爱的社会心态。"健康个体心理是积极社会心态的重要构成部分，抗击新冠肺炎疫情期间，习近平总书记高度重视群众心理健康和心理疏导问题，强调"加强心理干预和疏导，有针对性做好人文关怀"。

大学生群体是一个特别需要关注的群体。大学生心理问题因人而异，主要取决于不同个体的生理、心理基础及其生活环境，但特定事件尤其是灾难性事件会对大学生群体心理产生强刺激式的碰撞。这场突发的疫情，影响了全国各类高校在校大学生的学业、就业，直接或间接地影响着大学生的心理健康。因此，要关心大学生的心理健康，对他们加强心理疏导和心理干预。

二、如何对大学生心理问题进行调试

就业本身就是我们认识和适应社会的一个过程，在就业过程中遇到困难，甚至经过几次挫折才最后成功是正常的；在就业中遇到许多心理冲突、困惑，产生一些不良情绪也是正常的。遇到就业问题时，要学会调节自己的情绪，摆正心态，使自己能从容冷静地面对就业这一人生重大课题，并做出正确、理智的选择。如果大学生遇到了就业心理困扰，可以试着从以下几个方面来调节。

（一）调整就业期望值

接受客观现实很重要。目前，就业市场化、自主择业给大学生带来了机遇与实惠，但许多大学生对"市场"残酷的一面认识不足，对就业市场的客观实际了解不够。经过对就业市场、就业形势的客观了解与深刻体验后，我们必须明白现实情况就是如此，无论是抱怨还是气愤都没有用，这种就业情况不可能是一时半会儿就能改变的。与其整天怨天尤人，浪费了时间、影响了自己心情，还不如勇敢地承认和接受当前所面临的现实，彻底打破以往的美好想象，脚踏实地地寻求解决问题的好办法。

在就业市场上的用人单位找不到人、大量的毕业生无处去的"错位"现象普遍存在，这是因为大学生的就业期望普遍较高的缘故。因此，要顺利就业就必须首先根据自己的实际情况和就业形势，调整自己的就业期望值。调整就业期望值不是对单位没有选择，只要有单位就去，而是要在职业生涯规划和职业发展观念的基础上重新确定自己的人生轨迹。这就是说要树立长远的职业发展观念，放弃过去那种择业就是"一次到位"，要求绝对安稳的观念。要知道现在再好的单位，将来也有下岗的可能，因此，在择业时要看得长远一些，学会规划自己整个人生的职业生涯。在当前获得一个理想职业的时机还不成熟时，应采取"先就业，后择业，再创业"的办法。也就是说，在择业时不要期望太高，可以先选择一个职业，不断提高自己的社会生存能力、增加工作经验，然后再凭借自己的努力，通过正当的职业变换，来逐步实现自我价值。许多大学生不愿意去经济落后的地区工作，可是随着西部大开发的进行，西部地区将成为经济发展的热点区域，也将给大学生们提供更多的发展新机会，因此抢先到这样的地区去工作可能会更有利于自己的职业发展，取得事业的成功。

（二）树立职业价值观

传统观念认为人们工作就是为了满足生存需要，但是对于现代社会的人来说，职业对个体的意义已经远不是如此简单，职业可以满足人们从低层次到高层次的多方面需要。因此，要充分认识职业价值，树立合理的职业价值观。有人对职业价值结构进行初步研究，发现了交往、挑战、环境、权力、成就、创造、求新、归属、责任、自认等11个类别的因子。因此，职业的价值是丰富的，我们要充分认识到职业对个体发展、社会进步所起到的重要作用。

在择业时不能只考虑工作的经济收入、工作条件、地点等因素，更要考虑职业对求职者一生发展的影响与作用，应看重职业能否帮助实现自我价值。因此，要在考察社会需要的基础上，树立看重自我职业发展、才能发挥、事业成功的职业价值观。对于那些虽然现在工作条件不佳，但发展空间大，能让自己充分发挥作用的单位要优先考虑；对于那些现在经济发展水平不太高，但发展潜力大，创业机会多的工作地点也要重视。总之，盲目到一些表面上看来不错，但不适合自己，自己才能不能得到有效发挥的单位去工作，是不会取得预想的成果的。与其将来后悔，不如现在就改变自己，建立适应我国当前市场经济发展、人才需求规律的合理的职业价值观，以指导自己正确就业与择业。

（三）加强自我心理调适能力

在求职过程中，要熟知自己的职业价值观、职业兴趣、职业性格和职业能力，了解相关行业、职业、用人单位的特定要求，确定恰当的职业目标，努力提高自身素质与用人单位岗位的匹配度。在求职过程中遇到挫折和挑战，要对自己有信心，加强抗压能力和心理调适能力，同时，要不断完善自我，从挫折和挑战中学习，加强专业修养，提升专业能力。

知识链接

部分大学毕业生在求职时屡受挫折，容易产生懈怠心理，这是应届毕业生的短板，不可因为大环境的变化而措手不及，要坚持并把握机会，重视求职的“五忌”和“五宜”。

1. 求职的“五忌”

（1）忌临时抱佛脚

求职者根据自己的求职意向制作具有针对性的简历，在参加招聘会时事先了解招聘企业或单位的用人理念与经营模式，以便在现场应聘与企业形成良好的互动。

（2）忌盲目投简历

为了加快求职进度，很多求职者在网上频繁投递简历，这样容易导致事倍功半，网络招聘时应避免盲目投简历，要将个人的求职意向、专业知识、技术背景与用人单位的职位要求相对应，集中精力攻克重点。

（3）忌只盯综合网站

在当前求职的“井喷”时期，切勿将“鸡蛋放在一个篮子里”，尝试在一些专业性较强的网站注册简历，搜索招聘信息，或许更具有针对性。

（4）忌入就业“陷阱”

很多求职者因忽视对招聘信息的辨别而落入“求职陷阱”，这就需要我们在求职的时候仔细分析，对于那些冠以好听的头衔，却强调无须经验的信息要加以警惕。

（5）忌过分“包装”

厚厚的简历，漂亮的艺术写真……似乎成了招聘会上必备的行头。专家提醒，求职切勿包装过于华丽，突出个人优势即可，简历以精简为好，以便人力资源部门筛选。

2. 求职的“五宜”

(1) 宜先就业再择业

面对就业压力，大学生应以发展的眼光立足长远，调整求职心态，不要完全被薪酬、岗位、工作地点等条条框框所束缚，先就业再择业。经过自我沉淀和积累，才能够在将来机会来临时一展所长。

(2) 宜拓宽求职路径

除了传统的现场招聘会及综合招聘网站外，圈子求职或行业招聘都是近年来颇受认可的求职新招，形成了专属行业的招聘平台。

(3) 宜自我清晰定位

缺乏定位，没有主见，很容易人云亦云，在找工作时自然处处碰壁。因此，大学生需要明确个人的职业定位以及期望的工作岗位。

(4) 宜多交流求职经验

在“寒冬期”得到一份工作更不易，去一家公司应聘，单单了解该公司招聘是不够的，要多了解行业内求职的相关信息，或者与在这一行工作的学长交流经验，将使自己在面试中一举成功的概率大大增加。

(5) 宜主动推荐自己

现在就业形势越来越严峻，大学生可依靠招聘网站的自荐平台进行“人才自荐”，主动展示自己，而不是被动等待，以获得更多的面试机会。

结合实际，对照资料，和小组同学讨论解决方法。

项目十　就业权益保障

学习目标

1. 学习如何签订就业协议书。
2. 学习劳动合同法等相关法律法规。
3. 维护合法权益的途径。

任务一　就业协议书与劳动合同

案例导入

到手的"鸭子"也能飞？

一应届毕业生与某知名电商企业签署三方协议后惨遭临时毁约，对方只给出5 000元赔偿。随后还发现这并不是个例。虽然，后续该企业发声明回应称，由于企业个别业务及组织架构调整，导致近期极少数的校招岗位无法履约，对此表示诚挚歉意，并在积极推进更好地解决，对于双方确实无法正常履约的情况，也将依照协议做出相应经济赔偿。但此次违约还是给同学们带来了很大的打击，直言："我苦苦等待的offer就值5 000元？"

事实上，遭遇校招毁约的事件并不少见。医疗器械行业某公司就与2018年秋招的200多名应届毕业生闪电解约，并承诺支付5 000元赔偿金。在辞旧迎新的日子里，应届毕业生们本以为找好了工作，可到手的"鸭子"却飞走了。还没有入职就被"裁员"了，这对于不少还在"象牙塔"的应届生来说，似乎是在提前感受社会的残酷。

当下通过校招进入大公司是"约定俗成"的惯例，而一旦这个过程中出现了一些"小插曲"，不少同学就会变得手足无措。就此次毁约事件多次提到的三方协议，很多同学会不自觉把它作为护身符。因此，在遭遇毁约的时候便是一脸懵："明明我已经签第三方了，为何可以说散就散呢？"

三方协议是由学校作为见证，毕业生与用人单位签订的一份意向性协议。但第三方协议并不等同于劳动合同。不是劳动关系的法律文件，对劳动关系没有约束力，只有毕业生到单位报到，并与单位签订了劳动合同或形成了事实劳动关系，意向变为现实之后，毕业生才能和用人单位形成正式的劳动关系。

因此，三方协议签订后不是万事大吉，应届毕业生在拿到毕业资格后应当及时与用人单位签订劳动合同。每个人的三方协议只有一份，所以应届毕业生在签约的时候一定要慎重。

在签订“协议”时，必须严格按照规定的步骤。等用人单位填写完毕、盖章后再到学校就业指导中心鉴证盖章。有的同学偷懒，自己填写完毕后就直接到学校毕业生就业指导中心要求盖章。结果单位在填写时，工资待遇等与过去承诺的大相径庭。学生虽有不满却因为自己和学校都已经签字盖章，回天无力。

问题聚焦：

1. 就业协议与劳动合同签订时应注意哪些事项？
2. 当合法权益受到侵害时，大学生应该怎么办？

（资料来源：搜狐网）

大学毕业生由于求职心切，缺乏劳动保护等方面的法律意识，常常被一些用人单位“非法用工”，骗走钱财。有的单位把毕业生当成廉价的劳动力，强迫学生超时、超负荷工作，给学生身心造成了伤害。对即将走上社会、进入工作岗位的大学生，了解就业程序与法律知识，学会保护自己，是就业前必不可少的步骤。

一、就业协议书

（一）就业协议书的含义与作用

就业协议书是《全国普通高等学校毕业生就业协议书》的简称，也称为三方协议。它是用人单位与毕业生之间签订的一种就业协议，普遍存在于毕业生毕业之前、用人单位招用毕业生的过程中。就业协议是大学生和用人单位在签订劳动合同前，双方确定就业意向和权益的依据，是明确毕业生、用人单位和学校三方在毕业生就业工作中权利和义务的书面表现形式，学校就业指导中心在每份协议书上均要加盖公章。就业协议书一般由教育部或省、直辖市、自治区就业主管部门统一制表，其形式和内容有既定的模式。

案　例

大学毕业生陈明临近毕业时，顺利地与北京一家研究院签订了就业协议书，只等着就业派遣了。可是没过几天该研究院突然要求和小陈解除就业协议，原因是该单位没有为小陈申请到留京的指标。

小陈该怎么办呢？用人单位可以随意解除就业协议吗？就业协议受法律保护吗？签订了就业协议书，还要签订劳动合同吗？

分析：签署就业协议是一个法律行为，三方都要承担各自的责任和义务。对毕业生来说，即承诺如实向用人单位介绍自身情况，并愿意到用人单位工作。用人单位签署同意并盖章后，意味着同意毕业生到该单位工作，负责为毕业生办理落户等接收手续，在毕业生报到上班时无条件录用。若学生与用人单位在就业过程中发生争议，一般由高校毕业生就业办公室协调，当事人也可向人民法院起诉。

就业协议的主要作用有以下两点：

（1）用人单位同意接收毕业生的重要依据，也是就业主管部门编制毕业生就业计划、学校制订毕业生就业方案的重要依据。以维护高校毕业生就业工作严肃性。

（2）保护双方的权益，杜绝用人单位和毕业生在双向选择过程中的随意性。

就业协议一经签订就具有了相应的法律效力，任何一方不得擅自解除，否则，违约方应向权力受损方支付协议条款所规定的违约金。

（二）就业协议书主要条款

（1）毕业生应向用人单位如实介绍自己的基本情况，在约定的时间内到用人单位报到，如遇特殊原因不能按时报到，需征得用人单位的同意。

（2）用人单位要如实介绍本单位情况，如单位名称、单位地址、单位性质、是否接收毕业生档案、组织机构代码、联系电话、联系人等，做好毕业生接收工作。

（3）学校要如实向用人单位签订意见并将应届毕业生列入正式就业计划、办理相关手续。报主管部门批准的，学校负责办理离校和派遣手续。

（4）以上三方签字后都应严格履行协议，任何一方若违反协议，应承担相应的违约责任。

（5）备注的其他事项，签字后视为本协议的一部分。作为协议的特殊条款，其效力应当高于其他格式条款。

（三）签订就业协议书应注意的事项

须注意的是，学校同意盖章这一步一定要最后执行，以保护学生的权益。高校毕业生就业必须由毕业生、用人单位和学校签署就业协议书。就业协议书一式三份，毕业生、用人单位和学校各执一份。就业协议书由国家或市高校毕业生就业主管部门统一制表。

（1）毕业生和用人单位在就业协议书上签名盖章。

（2）用人单位上级主管部门批准盖章。

（3）用人单位必须在与毕业生签署协议书起的 15 天内，将协议书送学校毕业生就业工作部门。

（4）学校同意盖章，并及时将意见反馈用人单位。采用欺骗等手段签署的就业协议书无效，并由欺骗责任方承担违约责任。

（5）毕业生如需调整就业单位，在本市、县、区范围内的，由当地毕业生就业主管部门办理调整手续；跨地区，由两地毕业生就业主管部门办理调整手续；从市、县、区调整到省级、中直单位，或从省级、中直单位调整到市、县、区的，跨省（自治区、直辖市）调整就业去向的，由省高校毕业生就业指导中心办理，每位毕业生只允许调整一次就业单位。

案 例

离职别忘了解除就业协议

就业协议书除了作为学校转递毕业生人事关系的依据外，对毕业生和用人单位也具有一定的约束力，毕业生应比较慎重。在对用人单位有一定了解，确定要留下来工作后再与用人单位签订就业协议书。毕业生小李，在去年 5 月份找到一份工作，他见很多同学都签订了就业协议书，就不假思索地与公司签订了就业协议书，并把协议书反馈到了毕业学校。在公司工作了一个月，小李觉得自己不适合这份工作，没有办理任何手续就不去上班了。8 月份当小李找到一份新工作时，新单位提出要与他签订就业协议书，此时，小李遇到了麻烦，学校已根据就业协议书将档案、户口等关系转到了小李的原公司，该公司要求他支付一笔不小的违约金。

分析：由此提醒毕业生，如果与用人单位签订了就业协议书，后又觉得不适合这份工作，必须与原单位解除就业协议，并持证明回到学校办理相关手续，找到新单位，可到其所在地的人才交流中心办理改派手续，把自己的档案、户口等人事关系改派到新的用人单位。

（四）就业协议书与劳动合同的区别

就业协议书与劳动合同都是与就业有关、具有法律效力的文件，但就业协议书不等同于劳动合同。就业协议书仅是体现毕业生与用人单位之间就业意向的契约，它的有限期限应该是从协议签订之日起至毕业生到单位报到录用为止（或毕业生如期获得毕业证书时终止）。而劳动合同主要规定了劳资双方在劳动时间、岗位、报酬、劳动保护等方面的权利和义务，是劳动者保护自己合法权益的依据。劳动合同从严格意义上来说应该在大学毕业生到单位报到、正式录用后签订。因此，大学毕业生到用人单位工作时，都应当与用人单位签订有效的劳动合同。它们有许多不同之处，主要表现如下：

（1）适用的法律、法规不同。劳动合同适用《劳动法》以及人力资源部门颁布的有关劳动人事方面的规章。而就业协议书目前因没有就业法，也没有国务院颁发的有关毕业生就业方面的法规，因此只能适用教育部颁发《普通高等学校毕业生就业工作暂行规定》和有关政策。

（2）适用主体不同。劳动合同是劳动者与用人单位之间确立劳动关系的协议，只要双方当事人协商一致，符合国家的法律、法规和政策，无欺诈、胁迫等手段，经双方签字盖章，合同即生效。目前，就业协议书除毕业生与用人单位双方签字、盖章外，还有学校的参与。

（3）内容不同。依据《劳动法》的规定，劳动合同的内容比较详细。而就业协议书的条款比较简单，主要是毕业生如实向用人单位介绍自己的情况，愿意在规定期限内到用人单位报到，用人单位如实向毕业生介绍本单位情况，同意录（聘）用毕业生等。

（4）适用的人员不同。劳动合同可以适用于各类人员，凡是中华人民共和国公民，只要有劳动能力并符合法律规定的条件，经过供需见面、双向选择，一经录用都可以与用人单位签订劳动合同。就业协议书适用的人群相对单一，即高校毕业生。

（5）签订时间不同。就业协议书是毕业生在找工作过程中，落实用人单位后签订，一般在学生离校前。劳动合同是毕业生到用人单位报到后订立的。如果毕业生与用人单位在工资待遇、住房等方面有事先约定，可在就业协议书的约定条款中注明，附后补充，日后订立劳动合同时对此内容应予以认可。

小知识

各类证件遗失怎么办？

（1）毕业证书遗失：本证遗失不补，学校给予出具证明。

（2）学位证书遗失：本证遗失不补，学校给予出具证明。

（3）户口迁移证遗失：向发证户籍中心挂失，并补办。

（4）就业协议书遗失：登报申明作废，携带报纸及系审核同意的书面材料到招生就业办补办（指已签好的就业协议书）。

二、《劳动法》与劳动合同

案　例

就读会计专业的小婷，在毕业签约时，单位提出“试用期 8 个月，试用期满后签订劳动合同”的要求，小婷依据自己掌握的法律知识，以劳动法规定试用期最长不得超过 6 个月，试用期必须包含在劳动合同期限内为由与单位据理力争，最终使单位按照劳动合同法的规定签订就业协议，较好地保护了自己的合法权益。

（一）劳动法

《中华人民共和国劳动法》（以下简称《劳动法》）是为了保护劳动者的合法权益，调整劳动关系，建立和维护适应社会主义市场经济的劳动制度，促进经济发展和社会进步，根据《宪法》而制订颁布的法律。我国于 1994 年 7 月 5 日颁布了《中华人民共和国劳动法》，并于 1995 年 1 月 1 日开始施行。2018 年 12 月 29 日，第十三届全国人民代表大会常务委员会第七次会议通过对《中华人民共和国劳动法》第二次修正。相关法规有《中华人民共和国劳动争议调解仲裁法》《中华人民共和国劳动合同法实施条例》《中华人民共和国劳动法》（以下简称《劳动合同法》）等。

《劳动法》是国家重要的基本法，必须有效地贯彻实施。违反了《劳动法》，无论是单位还是个人都应承担法律责任。违反《劳动法》的法律责任的范围非常广泛，包括行政责任、经济责任和刑事责任。行政责任主要有警告、责令改正、罚款、责令停业整顿、吊销营业执照等；经济责任主要是经济赔偿；刑事责任是对违法行为人的人身进行制裁，是最严厉的一种法律责任。

（二）劳动合同

案　例

大学毕业生小王和一家民营企业达成了求职意向，双方签订了就业协议书。1 个月后，小王毕业并顺利进入了用人单位。但该企业始终不愿意与小王签订劳动合同，得到的答复是：双方在签订《就业协议书》时没有明确要求何时签订劳动合同，更何况关于工资、劳动期限等条款在《就业协议书》中已有约定，双方没有必要为此再另行签订劳动合同。小王觉得双方确实没有约定什么时候签订劳动合同，而单位不签劳动合同似乎也有道理，就不再向单位提起此事。不料一日他忽然被裁，公司一分赔偿金也没给。小王后悔莫及。

分析：《就业协议书》与劳动合同不同，《就业协议书》作为一份简单的格式文本，诸如工作岗位、工作条件等劳动合同必备条款并不在《就业协议书》中直接体现。因此，单凭《就业协议书》，无法对学生正式报到就业后的劳动权利进行全面保障。

1. 劳动合同的含义

劳动合同是劳动者与用人单位确立劳动关系、明确双方权利与义务的协议。《劳动法》规定，建立劳动关系应当订立劳动合同。

2. 劳动合同的订立

订立劳动合同，应当遵守平等自愿、协商一致的原则，不得违反法律、行政法规的规定。劳动合同依法订立即具有法律约束力，双方当事人都必须履行劳动合同所规定的义务。但是违反法律、行政法规和采取欺诈、威胁等手段订立的劳动合同，属于无效的劳动合同。无效的劳动合同，从订立之日起就没有法律约束力。确认劳动合同部分无效的，如果不影响其余部分的效力，其余部分仍然有效。劳动合同的无效，由劳动争议仲裁委员会或者人民法院确认。

劳动合同应当以书面形式订立，并具备以下条款：劳动合同期限、工作内容、劳动保护和劳动条件、劳动报酬、劳动纪律、劳动合同终止的条件、违反劳动合同的责任。这 7 项内容是劳动合同必备条款，此外，当事人还可以协商约定其他内容，包括约定试用期（试用期最长不得超过 6 个月）和约定保守用人单位商业秘密的有关事项等。

劳动合同的期限分为固定期限、无固定期限和以完成一定的工作为期限。劳动者在同一用人单位连续工作满 10 年以上，双方同意延续劳动合同的，如果劳动者提出订立无固定期限的劳动合同，应当订立无固定期限的劳动合同，其目的在于维护老职工工作的稳定性。

劳动合同订立以后，双方当事人还可以在平等自愿、协商一致的情况下对合同内容进行变更。

3. 劳动合同的基本内容

劳动合同的内容是指在合同中需要明确规定的当事人双方的权利、义务及合同必须明确的其他问题，劳动合同的内容是劳动关系的实质，也是劳动合同成立和发生法律效力的核心。如果一份劳动合同没有实质性的权利和义务条款，或者权利和义务条款模棱两可，这份劳动合同就没有意义，劳动合同的内容分为法定条款和协定条款两部分。前者是指由法律、法规直接规定的劳动合同必须具备的内容，后者是指不需由法律、法规直接规定，而是由双方当事人自愿协商确定的合同内容。

（1）法定条款。根据《劳动法》规定劳动合同的法定条款包括以下 7 项。

①劳动合同的期限。应届毕业生所遇到的劳动合同绝大多数是有固定期限的，所以大学毕业生一定要注意劳动合同中对期限的约定，以及关于期限违约责任的约定。

②工作内容。工作内容即用人单位安排劳动者从事什么工作，是劳动合同中确定的劳动者应当履行的劳动义务的主要内容。其主要包括：劳动者从事劳动的岗位、工作性质、工作范围，以及劳动生产任务所要达到的效果、质量指标等。

③劳动保护和劳动条件。用人单位对劳动者的工作必须提供合适的生产、工作条件和劳动安全卫生保护措施，包括劳动场所和设备、劳动安全卫生设施、劳动防护用品等。

④劳动报酬。劳动报酬主要表现为用人单位根据劳动者劳动岗位、技能及工作数量、质量，以货币形式支付给劳动者的工资。劳动合同中关于劳动报酬的约定应该包括工资的数额、支付日期、支付地点，以及其他社会保险（养老、失业、医疗、工伤、生育等）待遇。

⑤劳动纪律。劳动纪律指劳动者在劳动过程中必须遵守的劳动规则，包括国家法律、行政法规，以及用人单位内部的厂规、厂纪、对劳动者的个人纪律要求等。

⑥劳动合同的终止条件。劳动合同的终止条件一般是指劳动者和用人单位在国家法律、行政法规规定的劳动合同终止的条件以外，协商确定的劳动合同终止的条件，即劳合同终止的事实理由。

⑦违反劳动合同的责任。是指在劳动合同履行过程中，当事人一方故意或过失违反劳动合同，致使劳动合同不能正常履行，给对方造成经济损失时应承担的法律后果。

（2）协定条款。协定条款是双方当事人自愿协商在劳动合同中规定的权利和义务的条款，协定条款可以分为必要条件和补充条件两种情况，无论是必要条件还是补充条件，都必须符合国家法律、法规和政策的规定。必要条件是指法律、法规虽没有作出规定，但劳动合同中必须具备的条件，缺少这些条件劳动合同就不能成立，或者难以履行。例如，劳动者的工作特点、工作性质、用人单位为劳动者提供的工作条件等。补充条件是指劳动合同成立非必须具备的条件，其有或没有都不会影响劳动合同的成立，但当事人一方面提出，双方一致同意作为劳动合同条款的，合同内容中要加以确定。补充条件一般包括：单位是否为职工提供居住条件，居住的期限，劳动者是否享受单位托儿所、幼儿园和其他生活福利设施，发生劳动争议时的解决途径等。劳动合同的试用期是指用人单位与劳动者依法约定在劳动合同期内互相考察的期限。

案 例

陈凯突然收到了公司的解聘通知，理由是其不能胜任本职工作。陈凯知道公司这样做的原因是想裁减人员，其所谓的理由不过是一个借口而已。考虑到自己已经不想再在公司待下去了，他表示接受公司的决定，但要求公司向其支付 9 个月未签订书面劳动合同的双倍工资。

可是，公司以书面劳动合同已经由与陈凯一同入职的同学李某代签为由拒绝。尽管陈凯一再否认自己已经委托李某代签，甚至自入职以来对此一无所知，可公司坚持自己的主张，拒绝陈凯的要求。

分析：公司应当支付双倍工资。

劳动合同虽被冠以“劳动”二字，但它仍属于合同的范围，同样要受《合同法》的调整。《合同法》第四十八条规定：“行为人没有代理权、超越代理权或者代理权终止后以被代理人名义订立的合同，未经被代理人追认，对被代理人不发生效力，由行为人承担责任。相对人可以催告被代理人在一个月内予以追认。被代理人未做表示的，视为拒绝追认。”

本案中，即使公司所言属实，但陈凯的同学李某在劳动合同上签字后，因其签字行为属未经陈凯本人授权而代签、事后也未经陈凯本人追认，故该劳动合同对其本人没有约束力。

由于陈凯没有授权李某代签合同且拒绝追认，故陈凯与公司之间等同于没有签订书面劳动合同。既然双方之间没有劳动合同，那么，依据《劳动合同法》等相关法律规定，公司就应当依法向其支付双倍工资差额。补签时间虽从头算，单位也应支付双倍工资。

4. 签订劳动合同的事项

（1）签订劳动合同的原则。

①平等自愿、协商一致。平等自愿原则是劳动合同订立的核心原则，劳动合同当事人双方在签订劳动合同时是平等的民事主体，具有平等的法律地位，应以平等的身份签订合同，具体表现在以下几方面：第一，劳动者和用人单位均以劳动力市场主体资格出现，互不隶属。第二，劳动者和用人单位依照法律规定享受平等权利。第三，劳动合同内容根据法律规定由双方共同协商。任何一方都不能把自己的意志强加给另一方或采用欺诈手段订立劳动合同。协商一致原则即双方在订立合同时，劳动者与用人单位在平等自愿的基础上，充分表达自己的意愿，经协商就合同的内容、条款等达成一致意见之后，劳动合同才能成立。

②合法。合法原则是当事人双方订立劳动合同时必须遵守的最基本、最重要的原则，具体体现为：a. 订立劳动合同的主体必须合法。劳动者必须具有劳动行为能力和劳动权利能力，即必须是达到法定劳动年龄并具有劳动能力的劳动者，用人单位必须具有法人资格，私营企业必须符合法定条件。b. 劳动合同的内容必须合法。双方签订的劳动合同内容（权利与义务）必须符合法律、法规和劳动政策，不得从事非法工作，劳动合同内容必须真实体现当事人的意愿，同时要语言表达明白，避免歧义。c. 签订劳动合同的程序、形式必须合法。劳动合同必须依照劳动法律、法规规定的程序签订，必须采用书面形式，且必须具备合同的法定条款，违反上述原则订立的劳动合同视为无效的劳动合同，无效劳动合同从订立之日起就没有法律约束力。确认劳动合同部分无效的，如果不影响其余部分的效力，其余部分仍然有效。如有的劳动合同规定的工作岗位、工资、保险福利、争议处理等条款均符合国家法律法规的规定，仅工作时间条款规定超过了国家法定工作时间，这种劳动合同属于部分无效劳动合同，可按《劳动法》规定，对工作时间条款进行修改，其他条款仍可继续执行，劳动合同的无效由劳动争议仲裁委员会或人民法院认定，其中，经仲裁未引起诉讼的，由劳动争议仲

裁委员会认定，经仲裁引起诉讼的，由人民法院认定。

（2）签订劳动合同时应注意的事项。签订劳动合同有许多学问，大学毕业生要注意以下几个方面，以便切实地维护自己在劳动过程中的合法权益。

①签约单位的合法性。在订立劳动合同时，应仔细查看企业是否经过工商部门登记以及企业注册的有效期限，如果签约单位不合法，所签订的劳动合同就是一份无效合同。

②劳动合同应依法订立。只有主体合法、内容合法、形式合法、程序合法的劳动合同才能产生法律效力。不合法的劳动合同，属于无效合同，不受法律承认和保护。

③合同双方地位的平等性。劳动合同订立的过程中，劳动者与企业之间的法律地位是平等的。只有做到地位平等才能使所订立的劳动合同具有公正性。

④合同的订立必须采取书面形式。劳动合同都有一定的期限，而且劳动关系非常复杂，涉及诸多内容。采取书面形式使权利义务明确具体，有利于合同的履行。一旦发生争议，也有据可查，便于争议的解决。重点了解解除劳动合同的违约责任和补偿标准，以及在什么情况下用人单位不得与劳动者解除劳动合同。

⑤合同的具体性。劳动合同字句要准确、清楚、完整、明白易懂，不能用缩写、替代或含糊的文字表达，否则就可能在执行过程中产生误解或曲解，从而带来不必要的争议，给用人单位和劳动者双方造成损失，也为合同争议的处理带来困难。

案　例

陈某，应届毕业生，迫于找工作的压力，没来得及仔细推敲合同里的条款，就匆匆忙忙签了合同。据他本人讲，他与公司签合同时还未毕业，但公司要求他先进入实习期。在3个月的实习期里，他卖力工作，却只能得到500元的“实习工资”。实习期结束后，他以为工作已经敲定，打算请假回学校修完剩下的一些课程，拿到毕业证后再回到公司正式上班。但当他向公司请假时，公司却以合同中“工作前两年不得连续请假一周以上”的条款为由，认定陈某违约，索要违约金。

分析：从这个故事可以看出，由于当前就业形势比较严峻，大学生在求职过程中往往处于弱势地位，很多用人单位提出了一些明显的不合理条款，如违约金、服务期等。大学生面临就业时应充分了解和掌握相关的就业程序和法律法规，以便维护自身的合法权益。

5. 劳动合同的解除

劳动合同的解除是指劳动合同当事人在劳动合同期限届满之前终止劳动合同关系的法律行为，经劳动合同当事人协商一致，劳动合同可以解除。如果是用人单位提出解除的，用人单位应当依照国家有关规定对劳动者给予经济补偿。除此之外，在法律规定的范围内，当事人一方也可以解除劳动合同。

2008年实施的《劳动合同法》中需要注意以下几项内容。

（1）劳动者不能随便跳槽。《劳动法》中规定，劳动者跳槽前30天应告知企业，但现在仍存在着员工想走就走，给企业经营者造成被动局面的现象。

2008年实施的《劳动合同法》中规定：“劳动者违反提前30天或者约定的提前通知期要求与用人单位解除劳动合同的，用人单位可以不予办理解除劳动合同手续。”即单位可以不给违反规定的个人转档案，不给转走保险关系，不给新单位出具证明等，这就意味着给随意跳槽行为带来了约束。

（2）对特殊员工离职通知期还可以延长约定。针对一些企业发现掌握企业机密的员工跳槽后泄密的现象，为维护企业的利益，《劳动合同法》中规定，用人单位在与按照岗位要求需要保守用人单位商业机密的劳动者订立劳动合同时，可以协商约定解除劳动合同的提前通知期。提前通知期最长不得超过6个月。在此期间，用人单位可以采取相应的“脱密”措施。

（3）裁员条件被放宽。对确属经营困难的企业，《劳动合同法》中放宽了企业裁员的条件。在原有的濒临破产进行法定整顿期间的企业基础上，《劳动合同法》中又增加了因防治工业污染源搬迁的和生产经营发生严重困难的两种企业，应当提前30天向工会或全体职工说明情况，听取工会或者职工的意见。经向劳动部门报告后，可以裁减人员。

（4）劳动者不得对企业变更合同不理不睬。在《劳动法》中有这样的规定，订立劳动合同时依据客观情况发生变化，当事人应协商变更劳动合同；如不一致，企业可以单方面解除劳动合同。但在现实中常常出现这样的情况，当企业出现变更时，员工对此不置可否，使企业束手无策。《劳动合同法》中明确规定，企业应当将变更要求以书面形式交送员工手中，员工应在15日之内给予答复；逾期不答复的，视为同意变更劳动合同。

（5）劳动者违反劳动合同赔偿责任被明确。《劳动合同法》中明确了劳动者违反本规定或者违反劳动合同约定解除劳动合同，对用人单位造成经济损失的要进行赔偿。赔偿内容包括以下3项：一是用人单位为录用劳动者直接支付的费用；二是用人单位为劳动者支付的培训费用；三是对生产、经营和工作造成的直接经济损失。

（6）未按约定承担违约责任，单位有权不解除合同。《劳动合同法》中明确规定：“劳动者解除劳动合同，应当提前30日或者按照劳动合同约定的提前通知，以书面形式通知用人单位。劳动者给用人单位造成的经济损失尚未处理完毕或者未按照劳动合同约定承担违约责任的，不得解除劳动合同。”

（7）企业可以在劳动合同中约定某些内容。《劳动合同法》中明确了经当事人协商一致可以在劳动合同中约定试用期、培训、保守商业秘密、补充保险和福利待遇及其他事项等内容。《劳动合同法》对不用支付补偿金的劳动终止条件做了规定，明确符合下列条件之一的劳动合同即行终止：①劳动合同期限届满的；②劳动合同约定的终止条件出现的；③劳动者达到法定退休条件的；④劳动者死亡或者被人民法院宣告失踪、死亡的；⑤用人单位依法破产解散的。

知识链接

劳动合同解除可分为协商解除和法定解除，依法解除劳动合同对于维护劳动者的自由择业权和用人单位的用人自主权，促进劳动者之间、用人单位之间在平等条件下的自由竞争具有积极意义。

1. 协商解除

协商解除是指劳动合同订立后，双方当事人因某种原因，在完全自愿的基础上解除劳动合同，提前终止劳动合同的效力。协商解除劳动合同又可以分为两种情况：用人单位提出解除和劳动者提出解除，协商解除劳动合同应当是自愿的，不论是哪一方先提出，都应该体现双方的真实意愿，要坚持自愿、平等、协商一致。这是签订劳动合同的基本原则，也是协商解除劳动合同的基本原则。

(1) 用人单位单方解除劳动合同的法律规定

第一，用人单位在劳动者有下列情形之一时，有权解除劳动合同：①在试用期间被证明不符合录用条件的；②严重违反劳动纪律或者用人单位规章制度的；③严重失职，营私舞弊，对用人单位利益造成重大损害的；④被依法追究刑事责任的。

第二，用人单位在劳动者有下列情形之一时，有权解除劳动合同，但应当提前30日以书面形式通知劳动者本人：①劳动者患病或者非因工负伤。医疗期满后，不能从事原工作也不能从事由用人单位另行安排的工作的；②劳动者不能胜任工作，经过培训或者调整工作岗位，仍不能胜任工作的；③劳动合同订立时所依据的客观情况发生重大变化，致使原劳动合同无法履行。经当事人协商不能就变更劳动合同达成协议的。

第三，用人单位因法定情况，需裁减人员而引起劳动合同的解除：①濒临破产进行法定整顿期间；②生产经营状况发生严重困难。

在以上第二、第三类情形下解除劳动合同的，用人单位应该依照国家有关规定对劳动者给予经济补偿。

《劳动法》还规定了用人单位不得解除劳动合同的情况，劳动者有下列情形之一的，用人单位不得解除劳动合同：①患职业病或者因工负伤被确认丧失或者部分丧失劳动能力的；②患病或者负伤，在规定的医疗期内的；③女职工在孕期、产期、哺乳期内的；④法律、行政法规规定的其他情形。

(2) 劳动者单方解除劳动合同的法律规定

《劳动法》规定，劳动者解除劳动合同，应当提前30日以书面形式通知用人单位，但有下列情形之一的，劳动者可以随时通知用人单位解除劳动合同：①在试用期内；②用人单位以暴力、威胁或者非法限制人身自由的手段强迫劳动的；③用人单位未按照劳动合同约定支付劳动报酬或者提供劳动条件的。

2. 法定解除

法定解除是指出现国家法律、法规或合同规定的可以解除劳动合同的情况时，不需要双方当事人一致同意，合同效力可以自然或单方提前终止。

任务二 就业权益的维护

一、毕业生享有的就业权益

大学毕业生要维护自己的合法权益，最根本的是要熟悉和了解有关法律常识及规定，自觉提高个人法律意识。在学习法律的过程中，要逐步培养自己运用法律进行思维的意识，自觉运用法律思维来解决就业过程中碰到的“陷阱”或有关问题，当自己的合法权益受到侵害时，积极运用法律手段，通过法律程序来维护自己合法权益。

大学毕业生作为就业过程中一个重要主体，享有多方面的权益，根据我国在《宪法》《劳动法》《高等教育法》《普通高等学校毕业生就业工作暂行规定》等法律法规和政策中的有关规定，大学毕业生主要享有以下几方面的基本权利。

（一）接受就业指导权

大学毕业生有权从学校接受就业指导，学校应成立专门机构，安排专门人员对大学毕业生进行就业指导，包括向大学毕业生宣传国家关于毕业生就业的有关方针、政策；对大学毕业生进行择业技巧的指导；引导大学毕业生根据国家、社会需要，结合个人实际情况进行择业，使大学毕业生通过接受就业指导，准确定位，合理择业。

（二）获取信息权

大学毕业生获取信息权，包括三方面含义：①信息公开，指所有用人单位的需求信息必须向全体毕业生公开，任何单位和个人不得隐瞒、截留需求信息；②信息及时，指大学毕业生获取的信息必须及时、有效，而不能将过时、无利用价值的信息传递给学生；③信息全面，大学毕业生有权获得准确、全面的就业信息，以便对用人单位有全面的了解和进行筛选，从而作出符合自身要求的选择。

（三）知情权

大学毕业生在与用人单位签订协议前，有权了解用人单位的基本情况，包括生产经营的情况、工作环境、生活条件和工资待遇的情况，以及用人单位的规模、地点和拟安排工作的岗位等情况。

（四）被推荐权

高等学校在就业工作中的一个重要职责就是向用人单位推荐大学毕业生。历年工作经验证明，学校的推荐往往在很大程度上影响到用人单位对大学毕业生的取舍。大学毕业生享有被推荐权，包含这样几方面内容：①如实推荐，即高校在对毕业生进行推荐时，应实事求是，根据大学毕业生本人的实际情况向用人单位进行介绍、推荐；②公正推荐，学校对大学毕业生进行推荐应做到公平、公正，应给每一位大学毕业生以就业推荐的机会；③择优推荐，学校根据大学毕业生的在校表现，在公正、公开的基础上，还应择优推荐。

（五）选择权

根据国家有关规定，实行招生并轨改革的高校毕业生在国家就业方针、政策指导下自主择业。只要符合国家的就业方针和政策，大学毕业生可以自主地选择用人单位，学校、其他单位和个人均不得干涉。任何将个人意志强加给大学毕业生，强令大学毕业生到某单位的行为都是侵犯大学毕业生选择权的行为。大学毕业生可结合自身情况自主与用人单位协商，要求学校予以推荐，直至签订就业协议。

（六）平等待遇权

用人单位招录大学毕业生，应坚持公开、公平、公正的原则，任何凭关系、走后门以及性别歧视等都是对大学毕业生平等待遇权的侵犯。《劳动法》第十二条规定："劳动者就业不因民族、种族、性别、宗教信仰不同而受歧视。"第十三条规定："妇女享有与男子平等的就业权利。在录用职工时，除国家规定的不适合妇女的工种或者岗位外，不得以性别为由拒绝录用妇女或者提高对妇女的录用标准。"

（七）违约及求偿权

毕业生、用人单位签订协议后，任何一方不得擅自毁约。如用人单位无故要求解约，大学毕业生有权要求对方严格履行就业协议，否则用人单位应对大学毕业生承担违约责任，支付违约金，大学毕业生有权利要求用人单位进行补偿。

二、求职过程中的骗局

正像市场上存在着不少假冒商品一样，求职过程也夹杂着一些五花八门的骗局，令人忧虑。求职者应对此有足够的警惕。虚假广告、招聘启事以及不法职业介绍所的危害是明显的，它们使众多的应聘求职者人财两空，消耗了时间和精力，并受到戏弄。结果，以假乱真使真实广告名声受损，使人们即使面对怀有诚意的招聘、对合法经营的职业介绍所也望而却步。一些希望流动的人才因此错失流动良机，而一些需要人才的单位则难以招到合格人才。

（一）警惕假招聘

1. 为企业做宣传

“我都被忽悠很多次了！”天津财经大学一名应届毕业生说：“有一家知名制药企业招聘，大家都投了简历，但却石沉大海。幸好我有个师兄在那家企业工作，他告诉我，校园招聘基本招不了多少人，企业只是做做广告而已。”

一些应届毕业生反映，部分企业在招聘会刚开始时就表示已经“招满”，甚至整个招聘会都只见招聘展台却不见招聘人，让大家有种“上当”的感觉。

不少企业频频摆出招聘“阵势”，用意不在聘用合适人选，而在于显示其拓宽新领域，规模壮大，人才需求强劲的企业形象。这类现象往往发生在一些比较有名的企业上，打着招聘旗号，真实目的却是扩大知名度，甚至在大学生中培养“目标客户”。这类企业的特点是雷声大雨点小，到各高校大肆宣传召开宣讲会，但最后招的人却少之又少。

2. 坐收渔利

招聘者通过招聘，获取大量报名费。这类招聘广告往往以非常优厚的待遇做诱饵，致使一些不在乎那几十元报名费的求职者受骗上当。在沿海地区，还有的公司猎取一轮又一轮的廉价劳动力，试用期内付低薪，期满辞退，再行招聘，坐收招聘之利，又降低工资成本。

3. 劫色陷阱

不少人发迹之后，便打起招聘女秘书的幌子，做卑鄙勾当。这些广告一般常常见于那些“只限女性”“女士优先”“相貌端正”等招聘广告中。这种招聘广告往往会存在一些陷阱，所以，女性求职者碰到这种广告要特别注意。

4. 剽窃智力

有的单位通过招聘，对应聘人员进行笔试，但是无论应聘人员题目答得多么好都不会被招聘。因为招聘单位此举是“醉翁之意不在酒”，招聘不是目的，他们的目的是通过考试，得到他们想得到的某些问题的答案或创意，抑或启发，而且这种获得是无偿的。本质上说，是通过假招聘来剽窃应聘者的智力成果。如某公司在网上刊登招聘启事，招聘工业设计专业毕业生，凡来面试的应聘者领取考卷一份，实为一项设计项目的一部分。就这样一场虚假招聘使本应耗费大量人力的设计工作轻松完成。所以广大毕业生，尤其是设计类、计算机类的毕业生，应该提高警惕，增强保护知识产权的意识，采取适当措施降低用人单位使用作品的可能性。例如，面试时不要让用人单位随意复制自己的作品；发送电子邮件时，应对自己的作品进行处理，降低相关图片的分辨率；交付自己的作品时，应要求用人单位签收，以保存证据。

（二）陷阱的类型

1. 非法中介

有些不法者打着职业介绍所的牌子，介绍工作是假，骗取钱财是真。通过广告宣传，虚构招聘岗位，收取中介费后便人间蒸发。更有一些私人机构互相勾结，串通欺骗求职者，举办所谓的招聘会，接收大量简历，并且不招一兵一卒，意在敛取求职者的钱财。部分就业者在交了介绍费后，工作人员给他开一封介绍信，让他带上证件去找单位，然而，单位要么不存在，要么就是条件太苛刻、工资太低，让人无法接受。大学毕业生求职应去政府举办或者政府审查许可的有信誉的人才市场和人才服务机构。

2. 长时间试工试用

不法者为了试用期廉价使用大学毕业生。规定试用期是正常的招聘行为，但有些企业在试用大学毕业生时，劳动强度高，工资报酬低，在试用期结束后又借口种种理由辞去毕业生，更有甚者，还向毕业生收取所谓的培训费。所以广大毕业生在求职时一定要就试用期问题在合同中明确约定；在试用期间要注意保留有关工资、工作时间、工作能力的证据，以备必要时维护自己的权利。

案　例

录取作为诱饵骗取培训费

应届毕业生小金，接到某公司的面试通知后，她高兴地到该公司参加面试。一番面试后，该公司并没有当时就向她收取培训费，只是说让她先试用一段时间，然后再考虑是否录取她。小金十分高兴，想好好表现一下，争取能留在该公司工作。于是，她起早贪黑地干了近一个月，结果却被告知：你干得不错，但专业知识不足，公司需要对你进行培训，请先交500元培训费。当小金对此进行质疑时，该公司却说，不交培训费可以走人，但此前工作一个月的薪水免谈，令小金气愤不已。

分析：值得大学毕业生注意的是，一般正规公司会向求职毕业生说明试用期，即使求职毕业生在试用期没有通过，也会得到相应报酬。至于培训费，一般由公司担负。

《劳动合同法》有关试用期的规定如下：①对试用期的长短做出的限制性规定。劳动合同期限3个月以上不满1年的，试用期不得超过1个月；劳动合同期限1年以上不满3年的，试用期不得超过2个月；3年以上固定期限和无固定期限的劳动合同，试用期不得超过6个月。②限制试用期的约定次数。同一用人单位与同一劳动者只能约定一次试用期。③规定不得约定试用期的情形。以完成一定工作任务为期限的劳动合同或者劳动合同期限不满3个月的，不得约定试用期。非全日制用工也不得约定试用期。④明确试用期与劳动合同的关系。试用期包含在劳动合同期限内。劳动合同仅约定试用期的，试用期不成立，该期限为劳动合同期限。⑤规定试用期的工资标准。劳动者在试用期的工资不得低于本单位相同岗位最低档工资或者劳动合同约定工资的80%，并不得低于用人单位所在地的最低工资标准。⑥限制用人单位的解除权。在试用期中，除有证据证明劳动者不符合录用条件、有违规违法行为或者不能胜任工作外，用人单位不得解除劳动合同。用人单位在试用期解除劳动合同的，应当向劳动者说明理由。用人单位违反《劳动合同法》规定，与劳动者约定试用期的，由劳动行政部门责令改正；违法约定的试用期已经履行的，由用人单位以劳动者试用期满月工资为标准，按已经履行的超过法定试用期的期间向劳动者支付赔偿金。

3. 交证交钱抵押

有些用工单位常要打工者交出身份证、毕业证等证件，或以交培训保证金为由让就业者交一定数额的押金。结果用人单位在解雇员工时便以种种理由拒绝退还抵押钱物，而就业者对单位不满意而辞职时，单位又以不退抵押物要挟，使打工者进退两难。国家有关部门早就明文规定，用人单位不得以任何名义向应聘者收取报名费、押金、保证金等费用，对员工的培训费用应当从成本中支出。可有些用人单位却对此置若罔闻，巧立名目向应聘者收费。大学毕业生迫于对工作的需要往往只得就范。可是不少企业在收取了费用后便为所欲为，或者怠于履行义务，或者向求职者得寸进尺提出更过分的要求。因此，大学毕业生在求职时要区分用人单位哪些做法是合理的，哪些做法是不合理的，对于各种名目的收费要坚决抵制。

4. 高薪为诱饵

一些公司以骗取报名费为目的，他们在招工时把公司吹得天花乱坠，以"高薪""高福利""高岗位"为诱饵。然而，高薪的背后可能是以超负荷的工作量为代价，甚至是以金钱和暴力迫使求职者做一些违法违规的工作，严重损害大学毕业生利益。如某企业抛出低工资、高奖金的制度吸引应聘者，扬言做得好月薪可达万元，其实是在几乎没有底薪的情况下领取苛刻的销售提成。广大毕业生应脚踏实地，不要投机取巧，不要相信天上能掉馅饼，增强抗拒诱惑的能力，避免落入不法分子的圈套。

5. 侵犯隐私

大学毕业生在求职时，会在相关领域如网络和求职材料上留下自己的信息资料，如姓名、年龄、身高、学历、电话、身份证号等，这些信息属于个人隐私的一部分，未经本人同意不得公开、泄漏、出售。但可能因为各种原因，如工作人员的疏漏、网络软件的缺陷、不法分子的圈套等，这些信息被用来侵害当事人利益或谋求商业利益。因此，大学毕业生求职时不要随便将个人资料留给不可靠的单位和个人，投放网络时要选择安全防范能力强和可靠性高的网站，同时注意保密设置内容的选项。在面试时，一些用人单位的提问会涉及个人隐私，如果与工作无关或者出于恶意，毕业生有权拒绝回答；如果是出于安排合适岗位的考虑或者考察应变能力，毕业生可以视情况回答。用人单位因此获得大学毕业生的个人隐私后，有保密的义务，否则构成侵权。

三、就业后的就业权益保护

（一）及时签订劳动合同，避免非法合同陷阱

毕业后在实习单位继续工作的大学生，不应再称之为"实习生"了。因为拿到了毕业证书，则意味着大学生可以作为独立的劳动者与用人单位建立劳动关系了。毕业生尤其要防备一些无良公司设置的合同陷阱。近年来，社会中出现了一些合同严重违反法律，这些合同都是无效的，下面介绍一些非法合同，希望广大毕业生提高警惕。

（1）暗箱合同。这类合同中的权利和义务一边倒。有些企业，尤其是私营和个体工商户与劳动者签合同时，多采用格式合同，根本不与劳动者协商，不向劳动者讲明合同内容。在合同中，只从企业的利益出发规定用工单位的权利和劳动者的义务，而很少或者根本不规定用工单位的义务和劳动者的权利。

（2）霸王合同。这类合同一般是以给劳动者或其亲友造成财产或人身损失相威胁，迫使对方在违背真实意愿的情况下所签订的。例如，有的企业看重一名技术员后，先与该技术员

的亲朋好友订立劳动合同，然后再与该技术员谈判，强迫与其订立劳动合同，否则就以解雇其亲朋好友相威胁。

（3）生死合同。部分用人单位不按劳动法的规定履行劳动安全义务，妄图以与劳动者约定“工伤概不负责”的条款逃避责任。签订这类合同的往往正是从事高度危险作业的单位。这类企业劳动保护条件差、安全隐患多、设施不安全，生产中极易发生安全事故。

（4）卖身合同。具体表现为一些用人单位与劳动者在合同中约定，劳动者一切行动服从用人单位安排，一旦签订合同，劳动者就如同卖身一样失去人身自由。在工作中，加班加点，强迫劳动，有的甚至连吃饭、穿衣、上厕所都规定了严格的时间，剥夺了劳动者的休息权、休假权，甚至任意侮辱、体罚、殴打和拘禁劳动者。劳动者的生活、娱乐和人身自由受到限制。

（5）双面合同。一些用人单位与劳动者签订合同时，准备了至少两份合同。一份是假合同，其内容按照劳动部门的要求签订，对外应付有关部门的检查，但在劳动过程中并不实际执行；另一份为真合同，是用人单位从自身利益出发拟定的违法合同，合同规定的权利义务极不平等，对内用以约束劳动者。

（二）劳动纠纷的解决

进入正式工作岗位后，大学生将独立面对劳动雇佣关系，有时会有理想与现实的落差，导致角色冲突、劳动纠纷的发生。与用人单位相比，大学生往往处于弱势地位，其就业权益和劳动权益可能受到用人单位或者其他方面的侵害。

因此，刚入职场的大学毕业生学会怎样利用法律武器来处理劳动争议、捍卫自己合法权益是非常重要的。劳动争议发生后，当事人应当协商解决；不愿协商或协商不成的，可以向本企业劳动争议调解委员会申请调解；调解不成的，可以向劳动争议仲裁委会申请仲裁。对仲裁裁决不服的，可以向人民法院起诉。在上述四种争议解决方式中，协商、调解属于可选程序，仲裁和诉讼是处理劳动争议案件的法定程序。当事人可以不经协商和调解，直接申请劳动仲裁，但劳动仲裁是诉讼的前置程序，劳动争议未经劳动仲裁，直接向人民法院起诉的，除另有规定外，人民法院不予受理。

1. 劳动争议协商

（1）协商方式。发生劳动争议，一方当事人可以通过与另一方当事人约见、面谈等方式协商解决。劳动者可以要求所在企业工会参与或者协助其与企业进行协商，也可以委托其他组织或者个人作为其代表进行协商。工会也可以主动参与劳动争议的协商处理，维护劳动者合法权益。

（2）协商期限。一方当事人提出协商要求后，另一方当事人应当积极做出口头或者书面回应。5 日内不做出回应的，视为不愿协商。协商的期限由当事人书面约定，在约定的期限内没有达成一致的，视为协商不成，当事人可以书面约定延长期限。

（3）和解协议的效力。劳动争议双方当事人在平等自愿的基础上经协商达成一致，应当签订书面和解协议。内容合法的和解协议对双方当事人具有约束力，当事人应当履行。一方当事人不履行和解协议的，另一方当事人可以依法申请调解或者劳动仲裁。合法有效的和解协议可以在其后的劳动仲裁程序中作为证据使用，但是，当事人为达成和解的目的做出妥协所涉及的对争议事实的认可，不得在其后的仲裁中作为对其不利的证据。

2. 劳动争议的调解

调解是指在查明事实、分清是非、明确责任的基础上，依照国家《劳动法》的规定以及劳动合同约定的权利和义务，推动用人单位和劳动者之间相互谅解，解决争议的方式。实施调解有两种结果：一是调解达成协议，这时要依法制作调解协议书；二是调解不成或调解达不成协议，这时要做好记录，并制作调解处理意见书，提出对争议的有关处理意见。

调解协议的执行。调解协议达成后，争议双方当事人都应按达成的调解协议书内容自觉地执行。调解期限为调解委员会调解劳动争议，除双方当事人同意延期外，应当自受理调解申请之日起 15 日内结束。在规定期限内未达成调解协议的，视为调解不成，当事人可以依法申请仲裁。

3. 劳动争议仲裁

仲裁是根据法律规定或者当事人之间的协议，由一定的机构以第三者身份，对双方发生的争议在事实上做出判断，在权利义务上做出裁决。我国劳动仲裁指劳动争议仲裁委员会以第三者身份为解决劳动争议而做出裁决的劳动执法活动，因此兼有行政和司法的双重性质。劳动争议仲裁委员会不主动介入劳动争议，发生劳动争议的当事人应在劳动争议发生之日起 60 日内提出仲裁申请，仲裁委员会在受理案件后，经过开庭审理，在确定事实后，应先进行调解，如调解不成或双方不愿进行调解，可以做出仲裁裁决，该裁决具有强制执行力。如当事人双方未在裁决书送达之日起 15 日内向法院起诉，则裁决生效，当事人必须履行，一方不履行仲裁裁决，另一方可以请求强制执行。

4. 劳动争议诉讼程序

这是处理劳动争议的最后一道程序。违反《劳动法》的诉讼与一般的民事诉讼有很大的不同。劳动争议产生后，劳动者不能直接向法院提出诉讼，必须先经过劳动争议仲裁程序。法律法规也规定了例外，如单独订立的保密协议等。在法院正式审理之前，对做出的劳动仲裁裁决，如劳动者提出支付工资等情况，法院可视情况先予执行仲裁裁决。

劳动争议案件由人民法院民事审判庭审理。依据我国《民事诉讼法》的规定，人民法院适用普通程序审理的民事案件，应当在立案之日起 6 个月内审结。有特殊情况需要延长的，由本院院长批准，可以延长 6 个月；还需要延长的，报请上级人民法院批准。当事人若不服地方人民法院第一审判决的，有权在判决书送达之日起 15 日内向上一级人民法院提起上诉。当事人不服地方人民法院第一审裁定的，有权在裁定书送达之日起 10 日内向上一级人民法院提起上诉。二审法院做出的裁判为终审裁判，不能再上诉。

四、大学毕业生应学会自我保护

大学毕业生就业权益保护的一个重要方面就是毕业生自我保护，主要体现在以下几个方面。

（一）树立自我保护的意识

第一，摆正求职心态，不要因为求职压力影响个人的判断力。激烈的就业压力往往会使大学毕业生产生盲目、焦急和浮躁等不良心态，一些不法单位和机构借机诱骗了不少大学毕业生。因此，大学毕业生要调整情绪，保持平稳心态，在求职前做好心理准备，防止因轻信而上当受骗。第二，对用人单位进行全面深入的了解。大学毕业生对用人单位有择业知情权，签约前，大学毕业生应实地去调查一次或向知情人员打听相关情况，既可以防止上当受骗，又可以了解单位的真实情况。第三，不要盲目草率签订就业协议或劳动合同。仔细阅读协议和合同的各项条款，明确双方的权利和义务，不留漏洞，以免日后产生纠纷。

（二）树立契约意识

契约意识包括两个方面的内容：一是通过就业协议来保护自己合法权益的意识；二是必须严格遵守就业协议的意识。大学毕业生与用人单位签订的协议是一种合同，是确立双方当事人之间劳动关系的一种契约，具有法律效力。因此，大学毕业生要谨慎签约、积极履约。协议一旦订立，双方都必须遵守，任何一方未经对方同意都不得擅自毁约、违约，否则将受到法律制裁。

（三）加强法律维权意识

市场经济是法制经济，大学毕业生就业也受到法律体系的保护。因此，大学毕业生必须了解与就业相关的法律法规、政策制度，了解劳动用工的相关规定，并且在学习这些法律、政策、规定的过程中，逐步提高法律意识，学会使用法律武器维护自身权益。在就业市场里，损害大学生合法权益的现象时有发生。只有大学毕业生树立起维权意识，才能在受到侵害时运用法律来保障自己的合法权益，这也是大学毕业生走上自我权益保护的实质性的一步，是由观念转化成行动的重要一步。这样才能平等地与用人单位进行对话，保障自己的权益。

案　例

错误的劳动合同

以下是某私营企业与某劳动者签订的劳动合同，请依据劳动法的规定，说明该合同的错误。

劳动合同

甲方：××××企业

乙方：××

一、甲乙双方经过协商，暂定1年试用期。试用期满，经过甲方的考核，对乙方予以转正，并录用为职工，确定正式合同期，实行劳动合同制；经过甲方考核，未能通过试用期考核的，试用期自动延长3个月。

本合同期满，甲、乙双方同意续订劳动合同的，本条款继续适用。

二、在试用期内，任何一方解除劳动合同均需提前7天通知对方。

三、在试用期内，乙方的劳动报酬按本市最低生活保障标准执行。甲方承诺，在合同期内，乙方的全部劳动报酬的总和不低于国家劳动行政部门规定的最低工资标准。

四、乙方到甲方工作，实行内部承包，需交500元承包抵押金，劳动合同终止时予以退还。

五、职工工资采用计件制形式，每月结算一次，平时支付工资的80%，余额在年终结清。

六、甲方保证乙方每月25天工作，在25天内因甲方原因使乙方停工的，甲方每天补助人民币5元。

七、甲方因工作需要，经与工会协商后，有权安排乙方加班，乙方如果拒绝，将被视为旷工，受到违纪制裁。

八、在合同期内，职工患病或非因工负伤，可按本企业的规章制度报销医疗费，需要停工治疗的，甲方根据其在本单位工作时间的长短，给予3个月至1年的医疗期，医疗期满后，如不能从事原工作的，甲方可以解除劳动合同，甲方将发给相当于本人标准工资1个月至6个月的医疗补助费。

九、甲方将为乙方购买商业保险，双方商定不再参加国家的各类保险。

十、甲方应按照国家规定，向乙方提供必要的劳动保护用品；乙方应遵守有关的规章制度，安全生产。如果乙方因违反操作规程而负伤，甲方将按非因工负伤的有关规定，给予补偿和处理。

十一、乙方在试用期和合同期内应当遵守有关的劳动纪律，服从甲方的管理和指挥，违反劳动纪律的，按《企业职工奖惩条例》和本企业的规章制度处理。

十二、在合同期内，如果乙方被证明不符合录用条件或不能胜任工作，甲方可以解除劳动合同，甲方将按乙方在甲方的工作年限每满 1 年发给 1 个月工资的经济补偿，但最高不超过乙方 12 个月的工资收入。

十三、在合同期内，如果本合同订立时的客观情况发生变化，如甲方转产、搬迁等，致使本合同无法履行的，甲方可以解除劳动合同，甲方将按乙方在甲方的工作年限每满 1 年发给 1 个月工资的经济补偿金。

十四、在合同期内，如果乙方患职业病或因工负伤，被确认为完全丧失或者大部分丧失劳动能力，在甲方按法律规定支付了伤残就业补助金后，劳动合同自然终止。

十五、在合同期内，发生甲方破产、解散或者被撤销情况的，劳动合同自然终止。

十六、在合同期内，未经甲方同意，乙方不得结婚，违者将不得享受有关的婚假和生育假期。违反本条规定的，甲方有权解除劳动合同，年终工资将不予结算，乙方的承包抵押金将不予退还。

十七、乙方提前离职，应交纳在岗期间的培训费，按工资的 10%计算。

十八、除第七条、第十一条、第十六条的规定，任何一方，无论以哪一种理由要求解除劳动合同，都必须提前 15 日向对方提出，并取得对方的同意。

十九、乙方在甲方看到、听到、接触到的均为企业的商业秘密，为保护企业的商业秘密，乙方解除劳动合同，必须提前 6 个月通知甲方，甲方有权在此期间采取脱密措施。同时在劳动合同结束后的 4 年中，乙方不得以任何借口为理由，到同行业的其他企业工作。

二十、本合同自签字之日起生效，双方都必须严格执行。任何一方违反上述规定，均需向对方支付 3 个月的劳动报酬作为违约金。

甲方：××××企业（盖章） 法定代表人：××（签字）

乙方：××（签字）

签字日期：××××年××月××日

项目十一　职场第一课

学习目标

1. 做好就业准备。
2. 培养良好职业道德。
3. 树立职业理想。

任务一　做好社会角色转变的准备

案例导入

爱惜羽毛，不要让自己的个人诚信破产

李某亮，女，总是很有主意。长相普通，专升本，硕士在英国读的某不知名学校，没有考证过学校具体排名情况。硕士毕业归国进入某国有企业，外贸行业，所在部门团队有7个普通员工，一个经理，一个老总，一个老总助理。小亮入职后各方面表现都比较积极，相比同期入职的另一个男生，她更加外向，前辈教的东西一学就会，能搞定事情，另一个男生反而显得青涩不成熟，而且时有业务差错。

然而，最近小亮却因为一件事把部门大佬们都得罪了。起因是一个项目由一个前辈和小亮共同负责，前辈是主办，小亮是协办，客户要求按某口径计算申报货物量，而这个明显超出了小亮的权限，必须请示领导，小亮给部门老总打电话，说"领导你怎么还不审批我的单啊"，领导什么都没说就挂了小亮的电话。小亮就以领导已经同意了相关操作的说辞一路走流程，直到业务做完了，小亮的部门直接领导才知道。这下就闹大了，小亮在给自己开脱的时候，说是主办的那位前辈授意她这么做的，正好部门老总助理在事情发生的整个下午都和主办的那位同事在一起，根本没有听到沟通这个事情，这么一来小亮假传圣旨的事情彻底穿帮了。

部门老总很生气，在工作群里@小亮和主办的那位同事，说"你们胆子够大。"刚好是周五，没有一个人敢在下面回复。到晚上十点多，主办那位前辈在群里发了一条反省自己错误的微信，说自己没有带好新人等。老总叫助理组织周一开早会，要求小亮公开检讨。

到了周一，小亮在早上七点通过内部管理系统给老总发了一条请假申请，老总一分钟不到就直接拒绝了申请。周一一整天，小亮没有去上班，电话也关机。

但是其他与事情无关的同事收到她的哭诉微信，说她是被冤枉的，说自己无法融入集体。

问题聚焦：

初入职场，如何顺利实现职业角色转变？

大学毕业生走出校园，随之变化的就是心理，新的人生摆在眼前，走向社会的大学生面临的第一个问题，就是如何尽快适应社会，实现从学校到社会、从理论到实践的飞跃。实践表明，由学生到社会职业角色转换比较快的人，容易更早地获得单位的认可，更快地寻找到新的起点，也就更容易享受到事业成功和生活幸福的喜悦。

一、意识到角色的不同

怎样做好大学毕业生角色转换的准备呢？首先要意识到角色的不同。

（一）学生角色

大学生大多是年轻人，风华正茂，正是人生中增长知识、发展智力、求学成才的关键时期。大学生的中心任务是努力学习以专业知识为主的多方面知识，培养以专业能力为主的各种能力。因此，这是一个接受教育、储备知识、培养能力的重要阶段。由于大学生以学习理论和实践知识为主，经济上主要依靠家庭，所以，可以这样界定学生角色：在社会教育环境的保证下和家庭经济的资助下，学习知识，培养能力，全面提高自身素质，努力使自己成长为社会的合格人才。

（二）职业角色

职业角色的个性表现得十分具体，但是千差万别的职业角色却有其共性的抽象：职业角色扮演者具有自己的社会职位和一定职权，相应的职业规范，一定的基础知识和业务能力，履行一定的义务，经济独立。因此，可以这样定义职业角色：在某一职位上，以特定的身份，依靠自身知识和能力并按照一定的规范和要求具体地开展工作，在行使职权、履行义务为社会做出贡献的同时取得相应的报酬。

学生角色与职业角色的不同在于：一个是受教育，掌握本领，接受经济供给和资助，逐步完善自己；另一个是用自己掌握的本领，以实践的方式，通过具体的劳动为社会做贡献，对自己的行为承担责任，并取得相应的报酬。

二、角色转换的准备

（一）心理准备

做好由“学生”到“职业人”的角色转换要从心理方面提前做好准备。从校园到职场，不论是环境、任务、观念，还是接触的对象，都发生了变化，所以“学生”和“职业人”是人生中不同的两个角色。我们要做好心理准备面对自己变成职业人后遇到的不顺，进行必要的心理准备。过硬的职业技能对职业成功固然重要，充分的心理准备更是不可缺少的，特别是要有“受挫”的心理准备。一般来说，事业不会总是一帆风顺的，如果大学生心理准备不足，就会产生过激情绪，导致能力低下，在愤世嫉俗的言行中使得自己的才华泯灭。在校期间要调整心态，充分做好心理上的“受挫准备”。在事业顺利的时候不沾沾自喜；以平常心对待工作上的平淡无为和不被重用；在屡试屡挫的境地中屡挫屡试，不懈追求；在“默默无闻”的岗位上奋发向上，一鸣惊人。这是事业成功者的必备素质。大学生要提前奠定良好的心理基础和知识技能基础。在校学生生涯的学习环境、学习氛围、思想观念和行为习惯，和职业生涯不尽相同。因此，从就业协议书签订到毕业离校这段时间，是有针对性地学习知识、培养能力进而转变角色的最佳时期。

（二）实践准备

“实践”作为一个汉语词汇，有着诸多的含义，它是一种改造社会和自然的有意识的行动，理论知识与实践进行结合才能更好地提升自身的实际动手能力。大学生在校期间不只要有角色转换的心理准备，还要通过实训、培训、参与社会实践等方式锻炼自己。除参加学校组织的实训、培训外，业余时间应学习更多知识，为毕业后进入社会做好充分准备。刚踏入社会，由学生角色转变成社会角色，就是由受教育、掌握本领、接受经济供给和资助、逐步完善自己各方面的技能转向用自己掌握的本领，通过具体的工作为社会付出，以自己的行为承担责任，并取得相应的报酬。利用课余时间多参加社会实践活动加以锻炼，提前接触社会，可以减少不适应感，为成为职业人进而适应职场做好准备。

（三）观念准备

从一个角色到另外一个新角色，有些不适应是很正常的，关键是以什么样的姿态来应对这种不适应。事实证明，不同的态度会有不同的结果，积极的态度会取得良好的效果。因此，为了职业适应，大学毕业生必须树立一系列新的意识，形成职业观念。

1. 独立意识观念

大学生踏入社会后仍会有一定的依恋性，这主要是由于经济不完全独立性及社会责任的不完全性导致。走上工作岗位，大学生已经成为社会认可的具有独立资格的真正意义上的社会人，在生活上自理，主动加强业务学习，工作上独当一面，并承担一定的社会责任，具备担当精神。

2. 团队意识观念

2008 年的奥运会开幕式上，两千多年历史的奥林匹克运动与五千多年传承的灿烂中华文化交相辉映，文艺演出由近 20 000 名演职员共同劳动，互相配合、互相协作完成一幅向世界展示的恢宏画卷。社会的发展与进步离不开人们的密切协作，但由于学生角色中心任务的特殊性、学校环境的相对封闭性，一些大学毕业生的协作精神和团队意识远远不能满足职业的要求。大学毕业生需培养互相协作的团队意识，从整体利益出发，个人利益服从整体利益，顾全大局，并建立和谐的人际关系，创设一个友好的合作氛围。

3. 主人翁意识观念

大学毕业生对所在的单位及部门承担着社会责任和义务，其工作业绩的好坏，不仅和自己的前途有着密切的关系，而且与单位和部门的兴衰荣辱休戚相关。因此，大学生要牢固树立主人翁意识，以国家兴旺、民族昌盛和单位发展为己任，立足本职，团结一致，干好工作。

三、角色转换过程中容易出现的心理问题

（一）对新环境的恐惧心理

大学生从学校步入社会时由单纯和谐的学校环境进入充满竞争的社会环境中，必然有很

多的不适应。离开校园后在社会上难免会遇到诸多不顺利的事情。有的人在短期内不能适应新的工作环境，不能很快进行角色转换，遇到诸多不顺。例如角色转变不顺，工作开展不顺，人际关系不顺等。很多有才华的人之所以怀才不遇，感叹生活艰难、世事不公平，他们不懂得如何表达自己，更在于他们没有稳定良好的人际关系，造成怀才不遇。不懂得如何与人沟通，不懂得如何与人建立联系，也不懂得如何靠人际关系来为自己获得帮助和成功。角色转换中不能持之以恒，于是在从学生角色到社会角色的转换过程中容易出现不顺，会面临着新、旧角色的冲突。

（二）对学生角色的依恋心理

刚毕业的大学生在角色转换过程中容易依恋学生角色，出现怀旧心理。十多年的读书生涯难以忘怀，对学生角色的体验可以说是非常深刻，学生生活使得每位大学生在学习、生活和思维方式上都养成了一种相对固定的习惯。在进入社会之初，许多人常常会自觉或者不自觉地把自己置身于学生角色之中，以学生角色的社会义务和社会规范来要求自己、对待工作，以学生角色的习惯方式来待人接物，来观察和分析事物，刚开始会给人不够成熟的印象，通过向身边同事不断学习和自身不断改进，平稳过渡到社会人的角色。

（三）对职业角色的畏惧心理

进入社会中面对新环境，一些大学生在刚走进新的工作环境时，不知道工作应该从何入手，如何应对工作，怕担责任，怕出事故，怕闹笑话，怕造成不良影响。于是工作上就放不开手脚，前怕狼后怕虎，缺乏年轻人的朝气和锐气。工作时，害怕由于缺乏工作经验造成问题、被责怪，不能放松身心去工作，也不敢大胆地放手一搏，造成工作效率低下。

（四）主观意识上的自负心理

一些大学生毕业后对人才的理解不准确不全面，认为自己接受了比较系统正规的高等教育，拿到了学历，学到了知识，已经是比较高层次的人才了。因而，往往看不起基层工作和在基层工作的同事，甚至认为一个堂堂的大学毕业生干一些琐碎的不起眼的工作是大材小用，有失身份。于是就轻视实践，眼高手低。主观思想上表现得很自傲，把自己当成企业中非常重要的人员，看不起基层工作人员，以至于无法融入新团队。

（五）客观行为上的浮躁心理

一些大学生毕业后在角色转换的过程中受社会环境的影响，表现出不踏实的浮躁作风和不稳定的情绪情感。一会儿想做这项工作，一会儿又想干那项工作，不能深入工作内部了解工作性质、工作职责以及工作技巧。一些大学毕业生就业后经常要求调整单位，就是因为他们在就职很长时间后还不能稳定情绪，进入职业角色，反而认为仅仅是单位的问题，没有适合自己的职位。事实上，如果不能静下心来踏踏实实地学习，适应工作环境，不管什么样的单位都不会适合。甚至有的大学毕业生毕业不久就换了好几份工作，一个工作单位待不久就要换，每到新的单位时间不久就对工作不满。

四、角色转换心理应对策略

（一）学会独立

大学生圆满完成学业，走向社会，成为用人单位的员工，准备开始新的人生旅途。从这一刻起，学生时代就画上了句号，学生角色也随之终结，也就是说，从这一刻起，他们具有了新的角色。大学生毕业前夕，开始总结自己的大学生活，收集社会人才需求信息，进行就业准备。从此时起即已孕育着角色转换的发生。通过学校推荐、人才市场的角逐、学生与用人单位的洽谈和相互选择，最后与用人单位达成协议，再经过一系列的审批，大学生（持报到证）到工作单位报到，这时角色转换正式开始。

大学生初到工作单位，对新的工作岗位还比较陌生，还不具备完全遵守新单位所有行为规范的可能，作为称职工作人员的行为模式还有待形成。只有在大学生熟悉了本单位工作制度，了解了本职工作的业务程序，建立了新的和谐的人际关系之后，才能积极主动地开展工作，完成大学毕业生就业后的社会角色转换。一般说来，这个过程到见习期结束时就应基本完成。然而，有关调查表明，并不是所有的大学毕业生都能顺利地完成社会角色的转换，有相当多的学生经过较长时间还感到难以适应。

大学毕业生走上工作岗位以后首先要做好角色定位，树立目标，迅速地完成角色的转变，认识自己的位置和所承担的工作角色，明确该角色的性质、职责范围和自己应承担的义务，这是顺利度过适应期的重要一步。社会与学校相比，生活环境、工作条件都有着很大的变化，难免使那些心存幻想、踌躇满志的年轻人产生心理落差和强烈的冲突。角色的转变过程中要着重锻炼自己的独立生活能力、心理承受能力以及应对挫折的能力。要对自己的未来负责任，学会自己独立解决问题，不要动辄向父母或朋友伸手求援，或是遇到一点挫折就灰心丧气。还要明白，大学毕业后是人生中“万里长征”的起点！

（二）虚心学习

刚步入工作岗位的毕业生，不要依旧沉湎于大学轻松浪漫的生活方式，要尽快全身心投入到新的环境中。在学校学到的东西毕竟有限，大部分知识和能力仍需要在工作实践中学习、积累和锻炼。身边有经验的领导、前辈、技术人员和同事都是很好的老师，他们在岗位上工作多年，具有丰富的专业知识和实践经验。这些都是你所需要的，只要你肯虚心请教，一定会学到很多有用的东西，而这些都是你将来获得更好的发展、做出更好成绩的资本。

有的职场新人缩手缩脚、不敢大胆开展工作。究其原因，很大程度上是因为面对新的环境，一是不知道如何着手开展工作，又担心自己做错了事，会造成不好影响。从根本上说，产生这种情况的原因还是毕业生自视清高，放不下架子。其实，人人都有做错事的时候，更何况自己是个新手。而只有自视清高的人才会认为做错事没面子，才不敢大胆开展工作，做事情才会缩手缩脚。有位大学毕业生在谈到自己刚进单位的情况时说：“刚进公司的时候，很多人都因为我是名牌大学的毕业生，对我另眼相看，我自己也想显示显示学识。但是面对许多实际工作，又缺乏经验和办法。想问别人又怕碰钉子，害怕被人说‘这个大学生连这个也不懂’；想自己干，又怕万一出了差错，闹笑话，更丢人，思想上十分矛盾，工作上就畏首畏尾。”这种情况在刚参加工作的大学生中是比较普遍的现象。这种心理状态也会导致另一种极端，那就是一些大学生自视清高，认为自己从事低级工作是大材小用，在现实中就表现为大事做不了，小事不愿做。

因此，如何放下自己是大学生的架子，在工作中虚心向同事学习，则是迅速实现角色转变的关键。那么如何放下架子，虚心学习呢？首先，在思想上要认识到，大学生虽然在理论方面有了一定的知识积累和储备，但是在具体的工作实践中还是个新手，很多理论知识是不能直接应用于实际工作的，这一点就使得作为职场新人的他们必须要向同事们学习。一个人在学校里学到的知识毕竟是有限的，大部分知识和能力必须在工作实践中学习和锻炼。

尽管大学毕业生在校期间已经学到了一定的知识，但是在陌生的职业和工作面前却仍是个“小学生”，一切都得从头学起。一些在工作岗位上工作多年，具有丰富的专业知识和实践经验的技术人员、领导、同事都是很好的老师。青年毕业生只有放下架子，虚心学习，才能从他们身上学到许多观察问题、分析问题和解决问题的方法和能力，才能逐渐完善自我，尽快实现角色转变。反之，放不下架子、自以为是的人，是很难学到真正本领的，角色的转变也自然难以完成。

（三）增强人际交往心智

加强协作意识走入社会后，人际交往能力的发挥是适应环境的关键。人际关系是社会中人与人之间必然发生的联系或关系。人际关系如何对于一个人未来的发展至关重要。好的人际关系可以帮助大学生在事业上取得成功；糟糕的人际关系则会使其陷入孤立的境地。很多刚步入社会的大学毕业生独来独往，在工作上也不懂得与人合作，不善于与人交往，难以沟通。人际交往能力是大学毕业生刚步入社会首要重点学习和培养的能力。主动与人交往，建立自己的人际网络，加强与他人的合作意识。从校园环境到社会环境，肯定会面临很多复杂的、难以把握的状况，刚出校园的大学生或许应付能力还不够，但不要逃避，尽快完成自己从校园人到社会人的转换过程。

作为一个职业岗位的新手，要想尽快适应工作要求，除了要有投入实践的信心和勇气外，还必须充分地了解并熟悉工作和人文环境，了解及熟悉工作对象的特点和规律，从而对新的工作有比较全面的认识和把握。因此，在初到工作单位的一段时期，特别应该主动地关心和收集相关的信息。例如，本岗位的传统和现状，本单位的历史和未来前景等。在工作之余，不要忙于休闲活动，应当安排一定的时间，找些单位的老同志或是相关部门的同事聊聊，了解单位和自己所处岗位的情况；也可以在工作中随时做些工作资料的记录；有条件的话，可以在档案资料中或图书馆里做些资料的阅读和摘录。只有充分了解工作、了解岗位、了解单位和同事，才能很好地适应工作、熟悉岗位、融入单位，才能迅速实现角色的转变。

（四）解除心理障碍

职场新人第一次参加工作，不能适应陌生的工作环境是心理方面的一种正常现象。从心理角度看，当人们面临陌生环境或加入一个陌生群体时，往往会很自然地产生一种戒备心理，这是人自我保护的本能反应。年轻人进入新的工作岗位后，自然也会有这种心理反应，如果不能很快地改变，去适应并融入工作岗位和环境，那就不可能达到实现从学生角色到职业角色的转变。通常这种面对陌生环境而产生的心理戒备状态，表示对已经接触的群体还没有加以认同，害怕在所处的环境中会对自己造成伤害。

由于对新的职业生活方式、工作要求没有很透彻的了解，加上刚刚开始完全独立，因此就会有各种各样的担心。较长时间的学生生活和对自己较高的评价，往往会成为大学生融入新环境、新群体的心理障碍。面对这种状况首先是要解除心理包袱，要认识到虽然工作后所处的环境变化很大，但是做人做事的道理却与在学校的时候并没有多大区别，要把进入工作岗位看成是进入了另一所大学，努力去接触新的人、新的事，要大胆地与新同事进行沟通和交流，就像在学校时与同学们交流一样；努力学习工作知识、培养工作技能，虚心向同事们学习，就像在学校里听老师讲解一样。只有这样，放下心理包袱，才能解除心理障碍，使自己尽快适应新的工作岗位和环境。

（五）安心本职，吃苦奉献

安心本职工作是角色转换的重要基础。刚走上工作岗位的大学生，应尽快从大学生活的状态中解脱出来，全身心地投入到新的工作中去。许多大学生工作后几个月还静不下心来，“人在曹营心在汉”，工作中三心二意，不安于本职工作，这样就很难顺利实现角色转换。任何工作都不是那么好做的，因此在参加工作之前就应有吃苦的准备。

有的工作需要临时或经常加班，出差是常有的事，如果刚毕业的大学生缺乏吃苦耐劳的精神，到了工作岗位后怕苦怕累，怕出差，不愿意加班，则很难在工作中得到别人的认可和支持，这些从根本上说还是没有认识到自己承担的是职业角色而非学生角色。勇挑重担，甘于奉献，这是完成角色转换的重要体现。大学毕业生奔赴工作岗位后，应当从一开始就严格要求自己，树立高度的主人翁责任感和奉献精神，不论个人得失，不计蝇头小利，努力承担岗位责任，主动适应工作环境，更好、更快地完成角色转换。

（六）荣辱不惊，保持良好心态

从跨入工作岗位的那天起，大学生必然要受到新群体对自己的评论，这是在新的环境中，以新的角色要求对其做出新的评价。要想了解自己的表现是否符合角色的要求，要想对自己的行为做出确切的决定，都要借助于这些评价。因此，必须学会正确地对待他人的评价。

例如，一个大学毕业生，在某单位里担当了产品设计的工作。当他把一张花了很多心血，自己也感到相当满意的图纸交到领导面前时，心里期待着领导的夸奖。可谁知领导只是点点头，就叫他拿走，似乎还有些不满意。于是，他会产生一种委屈、不满的感觉。实际上，领导认为他在设计上没有改进和突破，而图纸画得还不及中专毕业的描图员。因此，一个人如果光凭自我感觉来认识自己是不行的。只有通过与别人比较，取得大多数人的肯定评价，才是客观的。

当我们受到别人评价的时候，应该有一个正确对待他人评价的态度。一个年轻的大学毕业生，如果一味地对领导不满，总觉得自己委屈，就会忽视自己确实存在的问题，就不能很快地改进和成长。到头来，受伤害的还是自己。相反，如果仔细地琢磨领导为什么还不满意，虚心向同事讨教，或者直接去请教领导，从而找出问题的症结所在，就能得到提高。通常，人们在听到别人对自己的评价时，总会与自我认识做对照，两者相符的比较容易接受，两者不符或相反的就难以接受。这是人之常情，但正是我们需要注意的。

不少大学生总认为自己的智力和能力比一般人强，所以，对别人的评价反应比较强烈，无法正视自己的缺点与不足。正因为如此，应特别告诫自己，不要因为这种成见而排斥中肯的评价。在进入工作岗位的初期，人们可能因为大学毕业生是新手，对他们要求宽松一些，鼓励多一些，但是切不可沾沾自喜。同时，用了较严格的衡量标准，大学毕业生也不能因此而产生对立的情绪，拒绝接受意见。正确的态度应当是虚心请教、认真自省、积极调整，以实际的表现来改变别人对自己的评价。应善于从他人对自己的评价中更加清楚地认识自己，以此来加快角色的适应过程。

小故事

据说朱元璋做了皇帝后，从前的一个朋友来见他，说："我主万岁！当年微臣随驾扫荡芦州府，打破罐州城，汤元帅在逃，拿住豆将军，红孩儿当关，多亏菜将军。"朱元璋闻听此言，大喜，封这个朋友做了翰林军总管。此后，另一位穷朋友听到了这件事，也来求见朱元璋，他说："我主万岁！还认得我吗？从前我替人家看牛，有一天我们在芦花荡里把偷来的豆子放在瓦罐里煮。还没等煮熟，大家就抢着吃，打破了罐子，把豆子撒了一地，汤洒了一地，你只顾从地下抓豆子，不小心连红草叶子也吃进去了，卡在喉咙里，还是我的主意，叫你用青菜叶放在手上一拍，吞了下去，才把红草叶子带下肚子。"朱元璋一听，面子实在下不来，大叫："快快快，推出去，斩了！快！"

其实，两个人对同一个对象说的都是同样一件事，第一个有角色转换意识，能根据环境的转变，突破思维定式，从孩提时代的同伴关系，转到君臣关系，给自己的交际角色进行了重新定位，所以赢了。而另一位由于没有角色转换意识，不能突破思维定式，仍按孩提时代平等的伙伴关系，给自己的交际角色重新定位，结果不但没有从昔日的好朋友那里得到好处，反倒误了"卿卿性命"。

从大学生到职业人的角色转换与定位，也同样需要突破与创新，才能在新的环境下处于有利发展地位，同时要做到知己知彼，合理定位，找到适合自己发展的职业途径，勇于创新，敢于担当，奋勇前进。

思考：如何调适心理，完成大学生到职业人的角色转变过程？

任务二　职业形象与人际交往沟通

案例导入

李容在上大学期间就听说就业不容易，所以毕业前投了很多简历，但都石沉大海，没有结果。后来终于盼来两家企业面试的机会，但都以失败告终。她感觉自己表现得不错，可就是没通过。于是李容找到职业顾问进行咨询，这才知道面试讲究的学问有很多，尤其是职业形象的展现与礼仪方面的知识。于是她在做了职业生涯规划之后又进行了面试辅导，对面试前、面试过程中、面试之后的所有要求、做法和问题接受了全方位辅导，又针对专业和职业进行了场景训练。再次面试时她心中有了底，不仅以最适合自己的职业形象出现在面试现场，而且心态也非常好，她信心十足，面带微笑，语气和缓，讲究礼节，应对自如，不但顺利通过面试，还得到面试官的赞许。李容高兴极了，因为她终于用专业求职者的姿态，在众多竞争者中脱颖而出，进入了一家著名的高科技公司，在同学中最先找到了适合自己的工作。因此可见，只有掌握良好的职场礼仪，才能在职场竞争中获得优势，进而为职业成功扫清障碍。

一、职业形象

职业形象与人际交往沟通对自我职业能力与职业自信的展示起着至关重要的作用，作为职场礼仪重要的组成部分，拥有良好的职业形象与人际沟通交往能力有助于使大学生在工作中畅通无阻，使自己的事业蒸蒸日上，成为一个成功职业人。

（一）职业形象的定义

职业形象是指在职场中公众面前树立的印象，具体包括外在形象、品德修养、专业能力和知识结构这四大方面。它是通过大学生的衣着打扮、言谈举止反映出其专业态度、技术和技能等。

职业形象需要严格恪守一些原则。其中最为关键的就是职业形象要尊重区域文化的要求，不同文化背景的公司肯定对个人的职业形象有不同的要求，绝对不能我行我素、破坏文化的制约，否则受损的永远是职业人自己。不同的行业、不同的企业，因为集体倾向性的存在，只有在个人的职业形象符合主流趋势时，才能促进自己职业的升值。

（二）职业形象的标准

个人的职业形象，往往是个人个性的一种表现，我们日常所接触到的各种形象特点，它们往往都是写在脸上，穿在身上，从动作上、从语言上很直观地展现在我们的面前，与职业的成功有很大的关系。

1. 与个人的职业气质所契合

个人的职业形象决定着个人的职业气质，它是个人职业气质的一种标志性符号，它会成为个人典型的、稳定的心理特征，它是人心理活动过程进行的速度、强度，以及稳定性和指向性。

2. 与个人的年龄相契合

个人的职业形象与年龄紧密挂钩，不同的年龄阶段有不同年龄阶段的特点，需根据年龄的特点，进行自我职业形象设计与展示。例如，我国国粹京剧，生行中有老生与小生，老生主要扮演帝王及儒雅文弱的中老年人，小生主要扮演年轻英俊的男性角色，两种人物扮相有非常明显的区别，但又有一个共通点，那就是人物都有自己特定的服装、谱式和色彩，能够突出人物的角色特征，使观众能目视外表，窥其心胸。

3. 与办公室风格相契合

西方古代的办公室通常是宫殿或大型庙宇中的一部分，自从各种记录、合约、命令、公告等内容都被记载于卷轴上起，这些存放卷轴的房间就有了现代“办公室”的定义。

现代办公室英文名 Office，是处理一种特定事务的地方或提供服务的地方，由办公设备，办公人员及其他辅助设备组成，是提供工作办公的场所，不同类型的企业，办公场所有所不同。

每个企业在进行办公室设计的时候，基本上都会考虑经济实用、美观大方以及独具品味这三个层次的目标以达到符合企业实际、符合行业特点、符合使用要求等目的。一个身处特定环境之中的员工的职业形象需要与办公室的风格相契合，例如，我们很难想象作为一家修理厂负责修理车间的女管理者，踩着细细的高跟鞋跟进入到满是油污的修理车间工作的场景。

4. 与工作特点相契合

《中华人民共和国职业分类大典》将我国职业归为 8 个大类，共 1 838 个职业。这部大典将我国职业归为 8 个大类，66 个中类，413 个小类，1 838 个细类（职业）。社会分工越来越细化，职业分类按职业要求进行，每一份职业都有其独有的工作特点。而岗位职责决定了工作内容，也决定了工作特点。

5. 与行业的要求相符合

每个行业都有行业标准，行业标准是对没有国家标准而又需要在全国某个行业范围内统一技术要求所制定的标准。个人的举止要在标准的基础上，在不同的场合采用不同的表现方式，在个人的装扮上也要做到在展现自我的同时尊重他人。

（三）职业形象的塑造

案　例

在贵州毕节一个高速收费站内，一位女收费员被司机辱骂后委屈哭泣，但下一秒仍然微笑服务的视频热传。在热传视频中，一名女收费员在站内用双手抹去眼泪，表情有些委屈，但是有车辆路过时，收费员立刻控制住情绪，转头微笑面对顾客进行服务，回过头来才又用衣袖抹了抹眼泪。收费员哭泣是因为被一个司机辱骂。而这段视频引起了不少人关注和讨论，收费员这一举动被夸赞“最敬业变脸”。很多网友表示心疼这名女生，也有网友呼吁应该尊重服务人员。

1. 亲切的表情

相由心生，一个人的个性、心思和行为，可以通过面部表情表现出来。学会微笑，微笑看上去虽然是件简单的事情，但是工作的过程中时刻保持微笑并不是容易的事。

（1）微笑的训练方法。

在众多服务行业中，女空中乘务员的微笑是最被认可的，但她们并不是真的一直在笑，而是在持续微笑这个表情，这种微笑的感觉，是可以训练出来的。按照下面的 4 个步骤坚持练习一个月，你就能像空姐一样微笑了。

①对镜子摆好姿态，像婴儿咿呀学语那样，说：“镜子”，让嘴的两端朝后缩，微张双唇。

②轻轻浅笑，减弱轻浅的程度，这时候能感觉到颧骨被拉向斜后方向。

③相同的动作反复几次，直到感觉自然为止。

④在走路、说话、工作时都可以随时练习。

（2）微笑的三结合。

①和眼睛的结合。当微笑的时候，眼睛也要“微笑”，否则，给别人的感觉只能是“皮笑肉不笑”。

眼睛会说话，也会笑。如果一个人内心充满温和、善良和厚爱，那么他眼睛的笑容一定非常感人。眼睛的笑容又分两种：一种是“眼形笑”，另一种是“眼神笑”。

可以这样练习：用一张纸遮住眼睛两面的部位，对着镜子，心里想着最让你高兴的情景。这样，你会露出自然的微笑。这时候，眼睛周围的肌肉也在微笑的状态，这是“眼形笑”。然后放松面部肌肉，嘴巴也恢复原样，可目光中仍然含笑脉脉，这就是“眼神笑”的境界。

学会用眼神和别人交流，这样你的微笑才会更传神、更亲切。

②和语言的结合。微笑着说“早上好”“您好”等礼貌用语，不要光说不笑，或光笑不说。

③和身体的结合。微笑要与正确的身体语言相结合，才会相得益彰，给别人以最佳的形象。

2. 仪表仪容

商品需要包装，公司需要包装，作为公司的员工同样需要包装，仪容仪表是个人的包装效果最直观的展示，个人形象包装能给自己的职场活动加分。

仪表美是一个综合概念，它包括3个层次的含义，指人的容貌、形体、仪态等的协调优美，指经过修饰打扮以后及后天环境的影响形成的美，是其内在美的一种自然展现。

（1）TPOR原则。

TPOR原则是有关服饰礼仪的基本原则之一。T、P、O、R4个字母，分别是英文中Time（时间）、Place（地点）、Objective（目的）、Role（角色）这4个单词的缩写。它的含义是要求人们在选择服装、考虑其具体款式时，首先应当兼顾时间、地点、目的以及自身的角色，并应力求使自己的着装及其具体款式与着装的时间、地点、目的与角色协调一致，并且和谐般配。

①时间。从时间上讲，一年有春、夏、秋、冬四季的交替，一天有24小时变化，显而易见，在不同的时间里，着装的类别、式样、造型也应有所变化。

②地点。从地点上讲，室内或室外，闹市或乡村，国内或国外，单位或家中，在这些变化不同的地点，着装的款式理当有所不同，切不可以不变而应万变。例如，穿泳装出现在海滨、浴场，是人们司空见惯的；但若是穿着它去上班、逛街，则令人哗然。

③目的。人们的着装往往体现其一定的意愿。即自己对着装留给他人的印象如何，是有一定预期的。着装应适应自己扮演的社会角色，而不讲其目的性，在现代社会中是不大可能的。服装的款式在表现服装的目的性方面发挥着一定的作用。

由此可知，一个人身着款式庄重的服装前去应聘新职、洽谈生意，说明他郑重其事、渴望成功。而在这类场合，若选择款式暴露、性感的服装，则表示自视甚高，对求职、生意的重视，远远不及对其本人的重视。

④角色。得体的穿着，不仅可以显得更加美丽，还可以体现出一个现代文明人良好的修养和独到的品位。但是在服饰的选择中不可忽视的一个方面就是角色。如果你的角色是学生，则你的着装需要简单清爽；如果你是职场人士，你的着装则要得体，还要体现干练；如果你是孕妇，则你要选择不一样材质以及尺码的服装；“云想衣裳花想容”，相对于偏于稳重单调的男士着装，女士们的着装则亮丽丰富得多。角色不同，意味着你的选择也不同。

（2）仪容。

仪容即容貌，由发式、面容以及人体所有未被服饰遮掩的肌肤所构成，是个人仪表的基本要素。人与人之间的交往在很多时候都是面对面的交流，个人仪容的展现在职场活动当中也起着决定性的作用，而男士与女士因为性别以及自身特点的不同，个人仪容的塑造方面也有很大的区别。

保持清洁是最基本、最简单、最普遍的美容。男士要注意细部的整洁，如眼部、鼻腔、口腔、胡须、指甲等。职业女性，尤其是社交场合的女士，通常要化妆。

①男士仪容。

A. 发型发式。男士的发型发式统一的标准就是干净整洁，并且要经常地注意修饰、修理，头发不应该过长。一般认为男士前部的头发不要遮住自己的眉毛，侧部的头发不要盖住自己的耳朵，同时不要留过厚或者过长的鬓角；男士后部的头发，应该不要长过自己西装衬衫领子的上部，这是对男士发型的统一要求。

B. 面部修饰。男士在面部修饰的时候要注意两方面的问题：一方面男士在进行商务活动的时候，每天进行剃须修面以保持面部的清洁；同时，男士在商务活动中经常会接触到香烟、酒这样有刺激性气味的物品，所以要注意随时保持口气的清新。

② 女士仪容。

女士的仪容包括女士的发型发式、女士的面部修饰。女士的发型发式应该保持美观、大方，女士的面部修饰不仅体现的是个人的美，职场上的女士在正式的商务场合面部是需要进行修饰的，这是尊重场合、尊重别人的一种体现，职场妆容应该以淡妆为主，不应该浓妆艳抹，也不应该一点妆也不化。

知识链接

职场女性要注意化妆礼仪。一般工作场合中适合化的妆，都是以淡雅、清爽为原则，只要了解基本步骤和技巧，勤加练习，很快就能化得又快又好。首先是清洁面部，再用滋润霜按摩面部，使之完全吸收，然后进行面部的化妆步骤。

A. 打底：打底时最好把海绵扑浸湿，然后用与肤色接近的粉底，轻轻点拍。

B. 定妆：用粉扑蘸粉，轻轻揉开，主要在面部的T字区定妆，余粉定在外轮廓。

C. 画眼影：职业女性的眼部化妆应干净、自然、柔和，重点放在外眼角的睫毛根部，然后向上、向外逐渐晕染。

D. 画眼线：眼线的画法应紧贴睫毛根，细细地勾画，上眼线外眼角应轻轻上翘，这种眼形非常有魅力。

E. 描眉毛：首先整理好眉形，然后用眉形刷轻轻描画，也可以使用眉笔对眉毛的形状进行定型后，使用眉粉均匀上色。

F. 睫毛：用睫毛夹紧贴睫毛根部，使之卷曲上翘，然后顺睫毛生长的方向刷上睫毛膏。

G. 刷睫毛膏：画完眼影记得一定要涂睫毛膏，睫毛膏刷好后应先不用力眨眼，最好保持固定不动，以免沾染到脸上。睫毛膏快干时可用睫毛梳将多余部分清除，也有定型的效果。

H. 口红或唇彩：应选用与服装相配，亮丽、自然的颜色。比如透明自然风格，粉嫩色系的口红或者唇蜜都能为你的美丽加分。可先用唇笔先描好唇形，再顺着唇形涂好口红或唇彩，加上唇蜜润泽更具风采。

整个过程完成后，记得做最后的检查，在光线较明亮的地方看看，有没有粉上不均匀的地方，不均匀的地方一定要涂开。

(3) 得体的着装。

个人着装要符合身份、区分场合、遵守成规。职场中要整洁、大气、高雅；社交场合要时尚、个性；休闲场合要舒适、方便。切忌：脏、露、窄、紧、异、短。

①男士自信着装七大原则。

A. 三色原则。三色原则是在国外经典商务礼仪规范中被强调的，国内著名的礼仪专家也多次强调过这一原则。简单说，就是男士身上的色系不应超过3种，把接近的色彩视为同一种。

B. 三一定律。即鞋子、腰带、公文包三处保持一个颜色，黑色最佳。

C. 三大禁忌。左袖商标要拆掉；不能穿尼龙袜，不穿白色袜；领带质地选择真丝和毛的，除非制服配套，否则不用一拉得（一种领带的代名词），颜色一般采用深色，短衬衫打领带只能是制服短袖衬衫，夹克不能打领带。

D. 有领原则。有领原则是，正装必须是有领的，无领的服装，如T恤，运动衫一类不能称为正装。男士正装中的领通常体现为有领衬衫。

E. 纽扣原则。绝大部分情况下，正装应当是纽扣式的服装，拉链服装通常不能称为正装，某些比较庄重的夹克实际上也不能称为正装。

F. 皮带原则。男士的长裤必须是系皮带的，运动裤、牛仔裤不能称为正装。

G. 皮鞋原则。正装离不开皮鞋，运动鞋、布鞋和拖鞋是不能称为正装的。最经典的正装皮鞋是系带式的，不过随着潮流的改变，方便实用的懒式无带皮鞋也逐渐成为主流。

知识链接

男士在商务活动中必备的物品

1. 钢笔

因为从事商务活动经常要使用，钢笔正确的携带位置应该是男士西装内侧的口袋里，而不应该在男士西装的外侧口袋里，一般情况下尽量避免把它携带在衬衫的口袋里面，这样容易把衬衫弄脏。

2. 名片夹

应该选择一个比较好的名片夹来放自己的名片，这样可以保持名片的清洁整齐。同时接受他人名片的时候，应该有一个妥善的位置能够保存，而避免直接把对方的名片放在自己的口袋中，或者放在手中不停地摆弄，这些都是不好的习惯。

3. 纸巾

男士在着装的时候，应该随身携带纸巾，或者是携带一块手绢，可以随时清洁自己面部的污垢，避免一些尴尬场面的出现。

4. 公文包

一般男士在选择公文包的时候，它的式样、大小应该和其整体的着装保持一致。一般男士的一些物品，像手机、笔记本、笔可以放在公文夹当中，男士在穿着西装的时候，应该尽量避免口袋中携带很多物品，这样会使衣服显得很臃肿，不适合商务场合。

5. 公司的徽标

公司的徽标需要随身携带，它准确的佩戴位置就是男士西装的左胸的上方，这只是男士在穿西装的时候需要搭配的物品。

总的来说，男士个人着装上需要做减法，让整个人看起来干净利落，展现独特的个人外在形象。

②女士自信着装原则。

A. 季节与着装色彩的搭配原则。一年四季，严寒酷暑，不停地变换。为了保持体温，我们的服装也会随着发生变化。但是，不同的季节，着装的色彩也要遵循一些基本的原则。

◆春秋季节。春季是万物复苏的季节。因此，这个阶段的着装应采用暖色系的色彩来体现春季的生机勃勃。秋季是丰收的季节，也是一个充满诗情画意的季节，此时可采用中间色和中明度色来体现秋天的成熟。春秋季节是服装种类最多、没有什么特殊限制的季节，可以根据自己的特点和爱好来选择。在面料和款式上，柔软而有光泽的质地比较受人欢迎。

◆夏季。夏天气温很高，很容易使人浮躁不安。此阶段的服装色彩应以冷色、浅色为主。尤其是蓝色，能让人眼睛一亮，倍感清新。蓝色与其他颜色搭配也可以相得益彰。在面料选择上，由于人体易出汗，所以应选透气性强、吸湿性好的纯棉、纯麻和丝绸面料。

◆冬季。冬季寒冷，因此可以选用色彩鲜艳、热烈的颜色格调，给人以温暖的感觉。面料上可以选择保温性强的呢、绒、毛料、皮等。

B. 流行与适合自己的个性相结合的原则。对于爱美的女性来说，选择当前最流行的服装是必要的。因为流行代表着充满活力、永远年轻的生活态度。但是，也不要忘了是否与自己的个性相符。每一季流行的清单上，女性最应该注意的是哪些适合自己。

如果不知道如何装扮自己，不妨高级和廉价混着穿。例如，T 恤衫之类的可替代性较强的服饰可以不买名牌，只要借鉴一下名牌的款式和色彩就可以，然后和自己高级的服饰搭配，这样就可以用比较少的钱穿出大牌的品位。

C. 总体着装原则。

◆不要在办公室穿太紧、太透、太性感的衣服。如果穿着过于性感，只会使你看起来不专业，像个花瓶，还会影响男同事的工作。

◆不要穿得过于男性化。

◆不要盲目追赶时装潮流。

◆要每天改变上班穿的裙子长度、款式和颜色。

◆在办公室与人洽谈业务时，不要一会儿脱掉外衣，一会儿又穿上，这样会分散对方的注意力，也会给对方带来不稳定的感觉。

◆佩戴的饰品不要太低廉、过于累赘，这样会给人带来俗气的印象。首饰佩戴应该大方得体。

◆衣服上不要喷太浓的香水，这样会使人觉得俗不可耐，并且不敢靠近。

◆不要穿抽丝的丝袜或者露出线条的内裤上班。这样，即使你的腿形再美，也失去了和谐的美感。

◆在穿衣打扮之前，先想想自己要和什么样的人会面，再来决定穿什么样的衣服。

◆衣服的色彩搭配十分重要。一般而言，在正式场合，不要穿色彩反差太大的衣服。

总的来说，女士服装做加法，合适、得体的着装可以把女性变得更加可爱，更加具有吸引力。要做到端庄、庄重、斯文、儒雅，不浓妆艳抹、不带耳环、不染指甲、不将头发染成怪异颜色。从女性自身来说，出色的着装，可以使自己具备饱满的自信和工作热情，进而在工作和社交中给大家留下良好的印象，使自己获得成功。

(四) 优雅的举止

美国人公认的最优雅第一夫人杰奎琳・肯尼迪，她的魅力秘密并非因其貌美，更在于其优雅的举止和良好的时尚品位。气质是怎么来的？是一个人内在修养和外在身体、行为举止的表达。

1. 职场中的站走坐姿

(1) 站姿：保持头放平，腰身笔直、肩膀打开，双腿立直并拢，脚跟相靠，后脑勺、背、臀和脚后跟成一线。

(2) 走姿：走姿文雅、端庄，不仅给人以沉着、稳重、冷静的感觉，而且也是展示自己气质与修养的重要形式。注意走姿也可以防止身体的变形走样，甚至可以预防颈椎疾病。

走路的时候要提着一口气；上下形成一条线。手势引领要以客为尊，以右为尊。

(3) 坐姿：在入座前，女士用手把裙子稍稍拢一下，不要坐下后再拉拽衣裙，坐在椅子的前 2/3 处，膝盖靠紧，后背不要倚靠在椅子上。切忌双手抱手臂、抖腿、两腿分开、跷二郎腿。坐车时，不要从头或者脚先行钻进车里，要先将臀部坐进轿车座位上，再将双腿整齐地放进车内；下车时，将整齐并拢的双腿先伸出车外放下，再站起来离开汽车。

2. 拾取或者穿鞋

在拾取物品或者是穿鞋时不要弯腰撅屁股，而要挺直腰背蹲下去，同样挺直腰背站起来，如果是女士穿着裙子，双腿交叉或者高低大腿位姿势下蹲。

3. 递接物品

递送和接受别人物品都要用双手。如果递送剪刀或小刀时，注意把刀尖朝向自己，手柄朝向对方。

二、人际交往与沟通

案 例

割草男孩的故事

一个替人割草的男孩儿打电话给一位老太太说：“您需不需要割草？”

老太太回答说：“不需要了，我已有了割草工。”

男孩儿又说：“我会帮您拔掉花丛中的杂草。”

老太太回答：“我的割草工也做了。”

男孩儿又说：“我会帮您把草与走道的四周割齐。”

老太太说：“我请的那人也已经做了，他做得很好。谢谢，我不需要新的割草工人。”

男孩儿感谢老太太后便挂了电话。

此时，这位男孩儿的朋友问他："你不是就在那位老太太那儿割草打工吗？为什么打这电话？"

男孩儿说："我只是想知道老板对我工作的评价！"

割草男孩儿其实是在寻求与雇主的沟通和反馈。我们的工作其实就是一种持续不断的沟通与反馈。作为沟通发起人的割草男孩儿，他的沟通有效性决定了他是否能够让自己按领导的意图做事。同时，作为倾听者的有效性决定他是否能很好地理解他人，并为他们做事。沟通就具有这种功能，它决定了你工作的成效。

戴尔·卡耐基说过："一个人的成功只有15%是依靠专业技术，而85%却要依靠人际交往、有效说话等软科学本领。"可见，人际交往对于职业发展的重要影响。

（一）人际交往

1. 人际交往的定义

从广义上来看，人际关系泛指人们在社会交往过程中所形成的各种关系，即社会关系，具体包括经济关系、政治关系、法律关系、伦理关系及心理关系等。如果说人际关系是一种状态，那么人际交往则是一种行为。人际交往指社会上人与人之间的相互作用和相互影响的一切行为。

社会交往受许多现实因素的制约，如地域、时间、年龄、语言、文化、社会制度和种族等。为了达到交往的目的，人们就要不断地克服这些制约因素。所以人类的交往历史就是不断打破和摆脱各种束缚，扩大交往范围，不断丰富内容。特别需要注意的是，在人际交往的过程中，表达理解能力、人际融合能力和解决问题的能力尤为重要。

2. 人际交往的误区

（1）人际交往太过功利。

在生活中常听到这样一句话："没有永远的朋友，只有永远的利益"。很多人常把这句话当成自己的生活座右铭，以此来提醒自己时刻利益为上，却忽视了人与人交往最终的结果是收获情感，这种情感的获得是建立在人与人之间相互信任与平等的基础上的。

很多人把别人当成实现目的的工具，处处只为自己着想，只关心自己的需要和利益，漠视他人的处境与利益，在交往过程中常常目中无人，高高在上，不顾场合，不考虑他人情绪，恣意妄为要求别人跟着自己的情绪走，无论这种人多精明、多会算计，在长期的人与人之间的交往当中永远不会获得稳固的良好的人际关系。

（2）冷漠并且孤僻。

马克思主义在其现实性上对人的本质作了如下定义：一切社会关系的总和。社会中的人与人之间会产生各种各样的社会关系，可见人是社会的人，无法脱离社会而独立地存在。

有些人在与他人交往时，往往会隐藏自己最真实的情感与想法，让别人捉摸不透，他们觉得世界上的一切都是无聊的，跟他们毫无关系，把自己封锁在自我的一个牢笼之中，拒绝敞开心扉，让人际交往产生了一道心理的屏障，这样做的后果往往是会让人产生误解，不会获得别人的理解与支持。

（3）自卑。

奥地利心理学家阿德勒认为，人从幼儿时期起，由于无力、无能和无知，必须依附父母和周围世界，就会产生一定的自卑感。而在当今压力普遍增加的大环境下，有很多人在人际交往的过程中更容易产生自卑心理。

自卑对人们的心理是有一定危害的，当人们希望通过榜样或美好的事物来促使自身进步和努力时，由于比较的心理作用，人们不可避免地产生自卑情绪，反而会对这些事物产生排斥、厌恶的作用，不利于自身的进步。

（二）沟通

沟通是一个宽泛的概念，其外延在不断地扩展，因此，对于沟通的定义，学者们各抒己见。据不完全统计，沟通的定义迄今已有 150 多个。

《大英百科全书》认为，沟通就是“用任何方法，彼此交换信息。即指一个人与另一个人之间用视觉、符号、电话、电报、收音机、电视或其他工具为媒介，所从事的交换信息的方法”。拉氏韦尔认为，沟通就是“什么人说什么，由什么路线传至什么人，达到什么结果”。

概括地说，沟通就是信息传授的行为，发送者凭借一定的渠道，将信息传递给接收者，并寻求反馈以达到相互理解的过程。

1. 沟通的目的

沟通共有 4 个目的：① 控制成员的行为；② 激励员工改善绩效；③ 表达情感；④ 流通信息。

2. 沟通的三要素：心态、关心、主动

（1）沟通的基本问题——心态（Mindset）。

心态有 3 个问题：

问题 1：自私——关心只在五伦以内。

问题 2：自我——别人的问题与我无关。

问题 3：自大——我的想法就是答案。

（2）沟通的基本原理——关心（Concern）。

主要包括以下三项：①关注状况与难处；②关注需求与不便；③关注痛苦与问题。

（3）沟通的基本要求——主动（Initiative）。

主要包括以下两方面：①主动支援；②主动反馈。

3. 沟通的过程

沟通的过程，就是一个人要在信息发出来时开始编码，用一种方法讲给别人听。然后，经过一个渠道，到另外一个人耳朵里面开始解码，即是否听懂。

（1）影响编码的 4 个条件。

①技巧。

第一，讲话的人要把话如何讲给别人听，要怎么讲。成功的沟通有赖于讲演者使他的思想成为听众的一部分，并使听众与自己真正地融为一体。很多人无法成为讲话高手的原因就是他们只顾谈自己感到有趣而与听众毫不相关的话题。

第二，听的人要怎么去听。“听”有两个要求，首先要给对方留出讲话的时间，其次听话听音，也就是说，对方讲话时不要打断，应做好准备，以便恰当时给对方以回应，鼓励对方讲下去。

②态度。态度其实是沟通的一种筹码，如果讲话人很强大，他的态度一定很强硬；如果讲话人的力量不足或者他的立脚点不强，他的证据不足，他的态度立刻就软化了。

③知识。所谓知识，就是讲话人在讲话给别人听的时候，要考虑对方能否理解，是否具备这方面的资质，否则的话，讲了一大堆专业术语，对方不见得了解，或者讲话人讲了一大堆他认为是的道理，可是对方不能理解，这又有什么用呢？

④社会文化背景。不同的人有自身的社会文化背景，与人沟通时，注意对方社会文化的不同，要结合对方的社会文化进行编码。

（2）渠道。

讲话给别人听，从信息的传出到接收，中间经过一个渠道，这个渠道很可能会扭曲。在人际沟通过程中，如果使用的符号或语言不当，认知有矛盾，渠道有干扰，接收者有偏见等，所有的这些都会形成一种扭曲，如果不想办法使渠道畅通的话，不是听的人有误解，就是讲的人不满意。所以说最困难的是，每讲一句话，听的人都能够百分之百地接收到。否则，上面一句话一到就不知道你在讲什么了，或者想到另外一个地方去了，这就产生了扭曲。

4. 沟通的三个方向

（1）往上沟通。

建议1：尽量不要给上司出问答题，尽量给他选择题。

建议2：任何地点。

建议3：一定要准备答案。

（2）往下沟通。

建议1：多了解状况。

建议2：不要只会责骂。

建议3：提供方法，紧盯过程。

（3）水平沟通。

建议1：主动。

建议2：谦让。

建议3：体谅。

建议4：协作。

建议5：双赢。

5. 沟通的五种个人障碍

沟通的五种个人障碍包括：①地位的差异；②信息的可信度；③认知的偏误；④过去的经验；⑤情绪的影响。

6. 公司之间的沟通障碍

公司之间的沟通障碍包括：①信息泛滥；②时间压力；③组织氛围；④信息过滤；⑤信息反馈。

7. 克服障碍的三种方法

克服障碍的三种方法包括：①利用反馈；②简化语言；③主动倾听。

任务三 职业道德与职业素质

一、职业道德

（一）道德

道德是社会学意义上的一个基本概念。不同的社会制度，不同的社会阶层都有不同的道德标准。所谓道德，就是由一定的社会经济基础所决定的，以善恶为评价标准，以法律为保障，并依靠社会舆论和人们内心信念来维系的、调整人与人、人与社会及社会各成员之间关系的行为规范的总和。

道德作为一种社会行为规范，它包含了三层意思：①道德是调整个人与个人、个人与集体、个人与社会之间关系的行为规范，它规定了人们在社会关系中“应该怎样做”“不应该怎样做”的规则和标准。②道德对人们行为的调整不是依靠法律条文和行政命令，而是依靠人的内心信念、传统习惯和社会舆论的力量。③道德不是以罪与非罪来评价人们的行为，而是以善恶、好坏、正义与非正义、荣誉与耻辱等观点来评价人们的行为。一个人的行为符合一定社会的道德规范，就被称为是善的、好的、正义的，受到社会舆论的赞扬，视之为荣；一个人的行为违背了一定的社会道德规范，就是恶的、坏的、非正义的，会受到社会舆论的谴责，视之为耻。

可见，道德属于软约束，没有强制性，是依靠社会舆论、个人内心信念、风俗习惯、榜样感化和思想教育的力量，依靠人们心中所形成的善恶观念、情感、意志，自觉地按照社会整体利益的原则和规范去行动，从而主动调整人与人、人与社会之间的相互关系。

（二）职业道德

职业道德是指从事一定职业的人，在工作和劳动过程中，所应遵循的与其职业活动紧密联系的道德原则和规范的总和。职业道德是整个社会道德体系中的重要组成部分，是社会主义道德准则在职业生活中的具体体现。不同的职业会有不同职业道德的具体要求，但也有各行各业都必须共同遵守的带有共性的基本规范，如爱岗敬业，忠于职守；刻苦学习，提高技能；勇于竞争，开拓创新；艰苦奋斗，勤俭节约；遵纪守法，廉洁奉公；热忱服务，文明生产；讲求质量，注重信誉；团结协作，互助友爱等。

职业道德具有以下特点。

（1）职业道德具有适用范围的有限性。每种职业都担负着一种特定的职业责任和职业义务，由于各种职业的职业责任和义务不同，从而形成各自特定的职业道德的具体规范。

（2）职业道德具有发展的历史继承性。由于职业具有不断发展和世代延续的特征，不仅其技术世代延续，其管理员工的方法与服务对象打交道的方法也有一定历史继承性，例如，“学而不厌，诲人不倦”，从古至今都是教师的职业道德。

（3）职业道德表达形式也多种多样。由于各种职业道德的要求都较为具体细致，因此其表达形式多种多样。

（4）职业道德皆有强烈的纪律性。纪律也是一种行为规范，但它是介于法律和道德之间的一种特殊规范，它既要求人们能够自觉遵守，又带有一定的强制性，就前者而言，它具有道德色彩，就后者而言，又带有一定的法律色彩。就是说，一方面遵守纪律是一种美德，另一方面，遵守纪律又带有强制性，具有法律的要求，例如，工人必须执行操作规程和安全规定，军人要有严明的纪律等。因此，职业道德有时以制度、章程、条例的形式表达，让从业人员认识到职业道德又具有纪律的规范性。

（三）企业员工的职业道德

良好的职业道德对一个企业员工来说，是个人良好品质在工作岗位上的体现，决定了他的个人工作业绩和具体价值；对一个企业来说，是企业前进和发展的巨大动力，关系到企业的前途命运。简单来说，企业员工的职业道德具体包括以下几个方面。

1. 维护企业利益

作为企业的一员，维护企业利益是每位员工必须恪守的基本职业道德。维护企业利益包括很多方面，例如，顾全大局、维护部门利益、坚决抵制破坏企业利益或公司形象的行为、正确处理个人与企业利益的关系等。一个优秀的员工不仅是企业利益的保护者，还应该是企业形象的宣传者和保护者。现代企业生存发展的核心竞争力是以企业文化为基础的，员工的职业道德正是企业文化的重要组成部分。因此，维护企业利益已经成为判断和衡量员工素质的基本准则，很难想象哪个企业能够容忍背叛企业的行为。对于那些出卖企业利益换取竞争对手回扣的人，即使在对手那里也得不到尊重。维护企业利益不仅是基本的职业道德，也是员工道德水平的集中体现，是人性的表露和张扬。一个真正具有职业道德的员工不仅要维护现在就职企业的利益，还要注意维护过去曾经工作过的企业的利益。

2. 遵守企业的管理制度

每个单位都有自己的一套切实可行的管理制度，遵守制度是员工起码的职业道德。如果大学毕业生是刚进入一家单位，首先应该学习员工守则，熟悉组织文化，以便在制度规定的范围内行使自己的职责，发挥自己的能力。企业的规章制度就像军队的纪律一样，是必须要遵守的。纪律是事业成功的保证，一个员工只有遵守纪律，才可能在企业中得以生存和发展；一个企业只有拥有遵守纪律的员工，才可能具有强大的凝聚力和战斗力。所以，无论是企业发展还是个人成功，都需要遵守规章制度，遵守纪律，而且是无条件的，没有任何借口的。

3. 树立责任意识

强烈的责任意识是企业员工必须具备的另外一项职业道德。一位伟人曾经说过：“人生所有的履历都必须排在勇于负责的精神之后。”在责任的内在力量驱使下，我们常常油然而生一种崇高的使命感和归属感。尽职尽责地对待自己的工作，无论你的工作是什么，重要的是你是否真正地做好了它。几乎每家优秀的企业都强调责任的力量，华为公司核心价值理念之一就是“认真负责和管理有效的员工是我们公司最大的财富”。责任不仅是一种职业道德，而且是其他所有能力的统帅和核心，缺乏责任意识，其他的能力就失去了用武之地。

（四）职场新人提升职业道德的路径

第一，立足岗位，扎实做好本职工作。每个人不管在哪里工作，不管在哪个岗位上从业，都要明确自己的岗位职责，都要严格按照公司的规章制度办事。只有认真做好每一项基础性工作，立足本职，做好了手头的工作，才有可能在此基础上创新。

第二，热爱工作，用正确的心态投入工作。热爱工作，是形成良好职业道德的基本态度，是做好工作的前提，人在从事自己喜欢的工作时可以产生最高的工作效率，如果一个人对自己的工作不感兴趣，外界无论花多少力气也无济于事。事实上，社会提供给我们的每个岗位不一定都能让自己百分百满意，这就要求我们必须用正确的心态来对待目前的工作，努力去调适自己，用最大的热情来对待本职工作，把工作做好。

第三，用心用情，把工作当事业。做工作，要用心，得有情。心入，首先是情入，情入了，心理才能平衡，才能放下荣辱、不计得失，才能达到忘我境地。因此，我们有必要把工作当成一种事业来做，只有把工作当成事业，让自己满腔热情地投入工作，才能真正做出成绩。用心去做，是具备良好职业道德的直接表现。

第四，对得起良心，培育良好的职业道德观。一个人只有用心工作，凭良心做事，才是良好职业道德在心理上最基本的表现。

良好职业道德对人一生的发展具有重要影响，因此大学毕业生要培养自己的职业道德，培养职业道德有利于劳动者养成良好的职业习惯，有利于劳动者不断提高自己的职业素质，同时也有利于个人的事业发展和人生价值的实现。

知识链接

各行业职业道德要求

随着人类社会的进步与发展，社会分工越来越细，各种职业日益繁多，人与人的职业关系也越来越密切，同时也产生了不同行业的职业道德规范，调节着人们的利益关系。为什么各行各业都必须有自己的职业道德规范呢？这是因为各行各业的职业活动都有自己的客观规律，为维护不同行业的正常运行，维护行业的生存和发展，就必须有体现不同行业特点的职业道德规范。如教师的“为人师表”，医生的“救死扶伤”，公务员的“公正廉洁”，商人的“货真价实”“公平交易”等职业道德。

1. 国家公务员的职业道德

现在国家公务员的职业道德建设正在走向规范化，从传统上讲，它依然属于党政干部职业道德范畴之内，但某些方面已经具有自己的特色。

（1）国家公务人员直接从事国家某项公务活动，其行为代表国家，因而公务员的职业道德首先就是强烈的责任感和法律意识。

（2）必须具备与其承担的公务活动相适应的知识和素质，才能保证良好地处理和解决公务活动中遇到的问题，保持高效率。

（3）要有严格的党性意识和政策水平，不徇私舞弊，把国家赋予的权力与为人民服务的宗旨统一起来。

2. 会计人员的职业道德

会计职业道德，就是会计人员在会计事务中正确处理人与人之间经济关系的行为规范总和，即会计人员从事会计工作应遵循的道德标准。“不做假账”是会计从业人员基本的职业道德和行为准则。也就是说，会计行业本身的性质决定了所有会计人员必须以诚信为本，操守为重，遵循准则，不做假账，保证会计信息的真实、可靠。正因为会计行业有它诚信、真实、可靠的职业本质，才获得社会的信赖与赞誉。

3. 医务人员的职业道德

(1) 热爱本职工作，关心病人的疾苦，将救死扶伤、维护人民的生命、增进人民的健康、同疾病作斗争作为自己的崇高职责。

(2) 专业医务技术，对技术精益求精、勇于攻克疑难病症，积极进行革新创造，不断拓宽医学新领域。

(3) 对工作极负责任，对病人热情，一视同仁，时刻关心病人的痛苦和安危，养成严谨细致的医疗作风，平等待人。

(4) 服务细致，谨慎周到，一丝不苟，诊断准确无误，勇敢果断，敢于负责。

(5) 保守病人病情“秘密”，举止文雅，端庄可亲，不利用工作之便，侵犯病人权利。加强医德修养，更好地为人民的健康服务。

4. 幼儿教师的职业道德

良好的职业道德是一个幼儿教师做好教育教学工作的先决条件，也是教师本人不断进取，赢得成功的力量所在。

(1) 热爱学生，循循善诱。对幼儿要有强烈的社会责任感，全身心地关爱每个幼儿，熟悉每个孩子的发展状况，了解、关心每个孩子的成长。面对有害于学习、健康、安全的各种情况，应为保护孩子而作出相应的努力。不论种族、民族、性别、家庭出身，要对班内孩子一视同仁，不偏爱，不歧视。要善于激发孩子参与各种活动的积极性。要对困难儿童、问题儿童、特殊儿童采取针对性教育，求得每个孩子的发展。

(2) 尊重家长，互相配合。加强与家长的联系，调动家长在培养孩子全面发展上的积极性。

对家长要以诚相待，以礼相见，互敬互重。尊重家长，虚心倾听家长意见，不挫伤家长的感情，不训斥家长。帮助家长确立正确的教育观，正确教育孩子。不以任何理由向家长索要财物，以教谋私。

(3) 严谨治学，勇于探索。刻苦钻研业务，努力精通专业。认真施教，掌握教育规律。严谨求实，以知求善，掌握精深广博的知识。积极从事科学研究，努力探索科学真理。不断研究教学艺术，反思教育实践。自觉投身学校教育改革，开展创造性的教学活动。

二、职业素质

个体的职业素质就像漂浮在水面上的冰山，露在水面上的以知识和技能为代表的显性素质可以通过学历证书、职业资格证书或者考试考核来证明；但水面以下的诚信品质、学习能力、沟通协作精神和积极主动的态度等隐性素质才是决定个体行为的关键因素。对处于职场中的员工来说，良好的职业素质既决定了员工自身的未来，也决定了企业未来的发展前景，所以是否具备良好的职业素质也成为企业在招聘员工时的一个优先考虑因素。首先，拥有良好职业素质的人会拥有积极的人生态度和职业态度，会明白自己的责任和义务，在工作中能做到团结协作、诚实守信、爱岗敬业、不断提高工作效率、认同企业文化、努力维护企业利益，提高企业的市场竞争力。企业欢迎这样的员工，也会对这样的员工着力培养，为企业的后续发展储备人才。其次，拥有良好职业素质的人，懂得科学规划自己的职业生涯，懂得学习并且能够坚持终身学习，懂得合理定位，懂得严格要求自己，通过不断完善、不断进步，实现与企业的共同成长。

（一）培养诚信品质

曾经有人提出这样一个问题：“如今什么东西最值钱?”答案是诚实守信。拥有一颗诚实守信的心是我们的人生旅途也是职业生涯中的一笔宝贵财富，正如谚语所说：“诚信是财富的种子，只要你诚心种下，就能找到打开金库的钥匙。”

案 例

李嘉诚在创业初期周转资金极为有限。有一次，一位大客户提出了超过其生产能力的大订单，并且需要大额资金担保。李嘉诚努力跑了好几天，但仍然没有凑齐足够的资金。他虽然没有找到担保人，但并没有放弃去开发新产品，通宵赶出了 9 款样品，然后找到客户将一切据实以告：“我有能力做好产品，但是我的资金有限。”客户被他的真诚所感动，不但在无担保的情况下跟他签约，还预付了货款。李嘉诚后来说：“一个有信用的人比起一个没有信用、懒散、乱花钱、不求上进的人势必有更多的机会，当你建立了良好的信誉后，成功、利润就会随后而至。”

大学毕业生在大学期间就要重视自己的品德修养，培养自己的诚信品质，修正自己的不良习惯，不断完善自己的人格，才能成为职场需要的诚信之人。首先，在思想上要树立诚实守信的自律意识，把诚信作为自己的行为准则，真诚地与人相处，认真履行自己对师长、对同学、对朋友、对学校的承诺，抵制不诚信、弄虚作假的行为。要远离考试作弊，要摒弃做错事后用撒谎逃避惩罚的行为，要勇于为自己的言行负责，要敢于同不诚信的行为做斗争。其次，要坚守自己做出的每一个承诺。只有这样，才能积累起你的信用资本，才能让客户、让领导信任你，才能树立你的信用品牌，领导才会放心把任务交给你，你才能在职场中不断前进。

（二）提升学习能力

学习，是人类认识自然和社会、不断完善和发展自我的必由之路。20 世纪 80 年代，美国未来学家阿尔文·托夫勒在《第三次浪潮》中提出了新的观点“未来的文盲不再是那些不识字的人，而是那些没学会学习的人”。21 世纪的前十年，发达国家和大多数发展中国家都发生了剧烈的社会变革与社会转型，我们现在已经进入了知识经济时代，也就是“学习化的时代”。在知识经济时代，如果不学习，社会就不会进步，国家就不能强盛，个人就不能成才发展，甚至难以生存。新时代的成功者大多是那些知识丰富、对新知识敏感且善于学习、在自己专业领域不断进取的人，是那些敢于并善于运用新知识、将其物化为满足人们需求的产品和服务的人，是那些善于将分散的知识融会贯通、组合集成，创造出新的知识并付诸应用的人。

案　例

张帆和王凯是大学同学，张帆是学霸，王凯则成绩普通。他们毕业后入职同一家公司，做产品研发工作。工作一年后，学霸张帆被辞退，而王凯却晋升了。

原来，在大学里他们学习的是计算机专业，张帆各门功课 90 分以上，理论基础过硬。王凯则各门功课将将及格。不过，王凯平时喜欢鼓捣编程，喜欢和别人沟通交流。还在互联网上找到一些大神，向他们请教编程经验。进入职场后，王凯凭借自己的实操能力和人脉资源，迅速掌握了编程的基本方法和一些实用技巧。在项目开发中，他更是承担主要的职责，担当起重要的角色。

张帆仍然沿用在学校里的学习方法，抠理论，抠细节，却很少实际操作，最后导致个人有效产出太少。跟不上项目的节奏，就被辞掉了。当公司对个人的投入大于个人对公司的产出时，个人就会因失去竞争力被淘汰。

以上案例说到底，还是张帆的学习方法出了问题。所以，职场人士必须学会在职场上快速学习，并且把学习到的知识转化为能力，在项目中提升个人产出。

（三）学会积极主动

美国哲学家梭罗曾说，最令人鼓舞的事实，莫过于人类确实能主动努力以提升生命价值。主动是什么？主动就是“没有人告诉你，而你正做着恰当的事情”。主动是一种态度，它反映着一个人对待问题、对待工作的行为趋向和价值取向；主动是成功人士必须具备的一种重要品质；主动就像装有太阳能发动机的汽车，能够在直奔目标的同时积累新的能量。阿尔伯特·哈伯德曾说：“世界会给你以厚报，既有金钱也有荣誉，只要你具备这样的一种品质，那就是主动。”所以，要想在职场上有所成就，就要先从做一名积极主动的员工开始，要培养自己的工作热情，对自己的本职工作充满热爱；要学会主动服从、认真执行并圆满完成任务；要主动负责，坚守自己的职责和使命，面对问题绝不推卸责任；要敢于主动付出，不在乎自己多做一点；更要主动合作，敢于竞争，把团队的利益放在首位。

成功人生的原因虽然多种多样，但主动地积极进取却是许多成功人士的共同特点。积极主动体现在一个“勤”字上，“一生之计在于勤”是先哲的遗训，更是被实践检验过的一条放之四海而皆准的真理。一个人要想学有所得，业有所成，就得使自己积极主动并勤奋起来。阿尔伯特·哈伯德的《找准自己的位置》很受美国商界精英追捧，他在论述员工实现自我价值必须具有的精神时，除了勤奋、敬业、忠诚之外，还特别强调了主动性的养成。他告诫人们：“如果你想巩固自己的位置，就要永远保持主动率先的精神，不等老板交代，便去做自己应该做的事，多做一些分内的事，回报可能会在不经意间来到你的身边。”

案 例

一个刚从大学毕业的学生，由于经验不足，能力欠缺，在工作中出现了失误，受到上级的严厉批评，他很不开心，没心思工作。有人问他："你为什么不开心?"他说："经理骂我了。"又问："你是不是工作没做好?"答："即便工作没做好，他也不应该对我这样态度恶劣，我长这么大，我爸、我妈都没对我大声喊过!"问："那你希望怎么样?"答："我希望我下次再犯错时，他的态度能好点儿!"这位大学生说的话意味着：①我出错是难免的；②我以后还会出错；③我再出错时，要改的是经理，不是我，他应该提高管理艺术。

试问如果这位大学生有这样的想法，下次再做同样的工作，重复同样的错误，上级对他的态度会好一些，还是会更严厉一些呢?职场人士正确的态度应该是："我今天工作出错了，上级严厉地批评我，我很不开心，但是我下次一定把事情做好，让他说不着。"

进入职场，你必须先"给"，否则你什么也"要"不到。

任务四 职业理想

案例导入

小 A，女，23 岁，本科。

毕业院校：师范类中文专业。

朋友评价：性格文静，善文字不善口头表达，不善与人沟通。

希望职业方向：能够发挥自己文字特长的工作。

工作经历：中学语文教师，两年工作经验。

面临问题：在两年的教学过程中发现自己并不适合做老师，虽具备相应的学历，但不具备老师应有的管理学生能力，课堂上调动学生积极性的能力也不够，所带班级成绩并不理想，学校对其工作表现不是很满意，小 A 自己也很苦恼。但学校工作环境稳定，福利优厚。小 A 转其他行业的可行性有多大?应该转其他什么行业合适?

一、理想与职业理想

(一) 理想的定义

理想，是对未来事物的美好想象和希望，也比喻对某事物臻于最完善境界的观念。是人们在实践过程中形成的、有实现可能性的、对未来社会及自身发展的向往和追求，是人们的世界观、人生观和价值观在奋斗目标上的集中体现。

理想是人生的奋斗目标，是人们对未来的一种有可能实现的想象。理想是一种对未来的想象，但是，并不是任何想象都是理想。

理想既不同于幻想，也不同于空想和妄想。理想是一种正确的想象，具有不同于幻想、空想和妄想的突出特点。

（二）职业理想

1. 定义

职业理想是人们在职业上依据社会要求和个人条件，借想象而确立的奋斗目标，即个人渴望达到的职业境界。它是人们实现个人生活理想、道德理想和社会理想的手段，并受社会理想的制约。

职业理想是人们对职业活动和职业成就的超前反映，与人的价值观、职业期待、职业目标密切相关，与世界观、人生观密切相关。

2. 职业理想的特点

（1）**差异性**。职业是多样性的，一个人选择什么样的职业，与他的思想品德、知识结构、能力水平、兴趣爱好等都有很大的关系。政治思想觉悟、道德修养水准以及人生观决定着一个人的职业理想方向。知识结构、能力水平决定着一个人的职业理想追求的层次。个人的兴趣爱好、气质性格等非智力因素，以及性别特征、身体状况等生理特征也影响着一个人的职业选择。因此，职业理想具有一定的个体差异性。

（2）**发展性**。一个人的职业理想的内容会因时因地因事的不同而变化。随着年龄的增长、社会阅历的增强、知识水平的提高，职业理想会由朦胧变得清晰，由幻想变得理智，由波动变得稳定。因此，职业理想具有一定的发展性。孩提时代，想当一名警察，长大后却成了一名教师的事实就说明了这一点。

（3）**时代性**。社会的分工、职业的变化，是影响一个人职业理想的决定因素。生产力发展的水平不同，社会实践的深度和广度不同，人们的职业追求目标也会不同，因为职业理想，它是一定的生产方式及其所形成的职业地位、职业声望在一个人头脑中的反映。计算机的诞生，演绎出与计算机相关的职业，如计算机工程师、软件工程师、计算机打字员等职业。2004 年 8 月份国家向社会发布第一批 9 个新职业以后，2004 年 12 月国家劳动和社会保障部又向社会发布第二批 10 个新职业。这批新职业是会展策划师、商务策划师、数字视频（DV）策划制作师、景观设计师、模具设计师、家具设计师、建筑模型设计师、客户服务管理师、宠物健康护理员、动画绘制员。这些新职业基本上都集中在现代服务业，主要是管理、策划创意、设计和制作。其特点是不仅要求从业人员有较高的理论知识素养，而且要求有较强的动手能力，属于高技能人才中知识技能型人才。2019 年，中国就业培训技术指导中心发布《关于拟发布新职业信息公示的通告》，第三批 16 个新职业包括：智能制造工程技术人员、工业互联网工程技术人员、虚拟现实工程技术人员、连锁经营管理师、供应链管理师、网约配送员、人工智能训练师、电气电子产品环保检测员、全媒体运营师、健康照护师、呼吸治疗师、出生缺陷防控咨询师、康复辅助技术咨询师、无人机装调工、高铁线路综合维修工和装配式建筑施工员。

（三）职业理想的作用

1. 调节作用

职业理想在现实生活中具有参照系的作用，它指导并调整着我们的职业活动。当一个人在工作中偏离了理想目标时，职业理想就会发挥纠偏作用，尤其是在实践中遇到困难和阻力时，如果没有职业理想的支撑，人就会心灰意冷、丧失斗志。此外，如果一个人只把自己的追求定位在找到“好工作”上，即便是将来有实现的可能，也不能算是崇高的职业理想，因为这样的理想一旦实现，他就会不思进取，甚至虚度年华。总之，一个人在树立正确的职业理想之后，无论是在顺境还是在逆境，都会奋发进取，勇往直前。

2. 激励作用

职业理想既源于现实又高于现实，它比现实更美好。为使美好的未来和宏伟的憧憬变成现实，人们会以坚忍不拔的毅力、顽强的拼搏精神和开拓创新的行动去为之努力奋斗。12 岁时，周恩来就发出“为中华之崛起而读书”的誓言，表达了他从小立志振兴中华的伟大志向。当代大学生应该从小立志，树立一个崇高的人生目标，然后，为实现这个目标坚持不懈，奋斗不止，为人民，为国家做出贡献，这样的人生才有意义。

（四）职业生涯规划与职业理想实现的关系

1. 职业生涯规划促进职业理想的实现

务实的职业生涯规划才能把理想变为现实，目标脱离实际或没有落到实处就会一事无成，在树立自己的职业理想并且入职以后，更需要一份自己的职业生涯规划，这个规划须切合个人实际，有明确的方向性、可操作性以及实现性，即目标明确，阶段清晰，措施具体。

2. 实现职业理想需要合理的规划

为实现职业理想，大学生需要充分发挥职业理想的导向作用和动力作用，以职业理想为目标，制订适合自己的计划。值得注意的是，大学生在做职业规划的同时也是自我提升的过程。

二、实现职业理想

想一想

小李的理想

18 岁成人礼上，小李写下自己的理想：“我要成为世界一流的翻译！”

23 岁同学聚会时，小李说：“我要去 500 强企业里当翻译。”

28 岁时，小李在一家乡镇企业里当文员，他说：“我要离开这家企业，在这里工作太没途了。”

32 岁时，金融危机，小李所在的那家乡镇企业准备裁员，小李暗地里想：“希望这次裁员名单里千万不要有我的名字。”

思考：1. 小李有职业理想吗？

2. 小李为什么实现不了自己的职业理想？

（一）职业选择

1. 职业选择的内涵

职业选择是个人对于自己就业的种类、方向的挑选和确定，是人们从自己的职业期望、职业理想出发，依据自己的兴趣、能力、特点等自身素质，从社会现有的职业中选择一种适合自己的职业。职业选择包括从业以前的选择和从业以后的选择，前者通过选择实现就业，后者通过选择实现职业变换。一个人职业选择是否恰当，不仅关系到个人意愿和兴趣的满足，也关系到自身才能的发挥和对社会贡献的大小。

2. 职业选择的具体决策步骤

（1）探索。即根据自己的常识、经验和能力，来收集各种感兴趣的有关职业信息。

（2）成形。就是在探索基础上进行具体的定向，主要考虑所确定的职业生涯方向的价值、目的和能够获得的报偿等因素。

（3）选择。就是分析、考虑并初步选择确定具体的职业目标。

（4）澄清。就是在初步选择的基础上，从多方面自我质疑，最终确定好具体的职业目标。

（5）就职。即按照既定职业目标逐一实施，走上工作岗位。

（6）坚定或矫正。这包含两个层面的意思：一是如果所选择的职业目标是正确的，那就坚定地走下去，努力取得成绩；二是如果所选择的职业目标是部分不正确或完全错误的，那就适时部分地更正，重新选择更合适的正确职业目标。

（7）总结提高。对也好，错也好，都得不断地自我总结，积累职场智慧，丰富精彩人生。

3. 职业选择的意义

职业选择具有以下几个方面的意义。

第一，有利于实现生产资料与劳动力的较好结合。

第二，有利于取得较大的经济效益。

第三，职业选择有利于优化社会风气。

第四，有利于促进人的全面发展。

（二）职业发展

求职不易，立业更难。立业有两种理解：一是指选定一个可以赖以谋生的职业，即“谋生”。这是低层次上的但又是最基本的需求，因为就业是人生存和发展的基本手段；二是不仅指谋生，而且求发展，说的是一个人有抱负、有追求，并且事业有成，即所谓“谋业”。这是高层次上的立业，也就是职业发展。

对大学生而言，谋求生计很重要，因为获取必要的物质生活资料必须通过就业来获得，此外别无他法。因此，当成功择业后就须热爱就业岗位，同时还要使自己尽快进入角色，适应职业岗位。如服从安排，主动工作，尽职尽责；又如，在工作中严于律己，宽以待人，尊重他人，团结互助。只有这样，才能使自己在较短的时间里适应工作岗位的需要。应当肯定“谋职”意义上的立业，但更应鼓励“谋业”意义上的立业，因为这种立业更能体现个人价值，对社会的贡献也更大。众所周知，就业给家庭带来了稳定的收入，这不仅保证了家庭生活的稳定，也促进了生活质量的提升。尤其是那些敬业乐业的家庭，父母亲的兢兢业业为他们实现自我价值提供了可能，其良好的工作作风也为子女树立了良好的榜样，有助于引导子女了解社会，并为他们进入社会做好准备。

（三）创业

创业，顾名思义，就是创建一份自己的事业。创业是创业者运用知识和技能，以创造性的劳动把理想转化为现实的过程，包括两层含义：一是在自己所从事的职业活动中，以有别于以往、以有别于常规、以有别于他人的思维方式和行为方式开展工作；二是自主创业，不仅解决自己的生存问题，还为别人提供就业岗位。在激烈的市场竞争下，创业已经成了当今社会的特征和潮流。对青年学子们而言，开展创业不仅仅要有理论，更重要的还要有实践经验。有关专家总结出创业的七大必备条件如下。

(1) 充分的资源，包括人力和财力，创业者要具备充足的经验、学历、流动资金、时间、精神和毅力。

(2) 可行的概念，生意概念不怕旧，最重要的是可行，有长久性，可以继续开发、扩展。

(3) 适当的基本技能，不是行业中的一般技能，而是通常性的企业管理技能。

(4) 有关行业的知识。掌握相关行业的知识，“知己知彼，百战不殆。”

(5) 才智，创业者不一定要有高智商，但要能够善于把握时机去作出明确的决定。

(6) 网络和关系，创业者需要有人帮助和支持，不断扩大朋友网络和维护好人际关系会带来不少方便。

(7) 确定的目标。无论何时，清晰的目标都是第一位的。

需要注意的是，创业也是具有一定风险的。

(四) 正确认识职业理想与现实的关系

对于即将毕业的大学生来说，职业理想与“饭碗”的矛盾更会经常发生。这种现象一旦发生时，大学毕业生既不要怨天尤人，也不要心灰意冷，而是要冷静地看待。

第一，要认真地分析一下自己的职业理想是不是脱离实际、目标是否过高；自己的职业素质是否符合你所选择的职业要求。职业理想虽然因人而异，没有绝对的标准，但是，有一点必须指出的是，理想职业必须以个人能力为依据，超越客观条件去追求自己的所谓理想，是不现实的。这就要求大学毕业生在选择职业之前一定正确估量自己，给自己一个合理的定位。

第二，我们把职场分为“天堂团队”“人间团队”“地狱团队”，很多人以为不能进入“天堂团队”，就是不理想的。实际上，很多真正有能力的人是从“人间团队”，甚至“地狱团队”走出来的。因为当一个人的职业生涯并不是一帆风顺的时候，反而可以使一个人多方面的能力得到更好的锻炼。

第三，要懂得职业理想不等于理想职业。一般认为当个人的能力、职业理想与职业岗位最佳结合时，即达到三者的有机统一时，这个职业才是他的理想职业。只要一个人的职业理想符合社会需要，而他又确实具备从事那种职业的职业素质，并且愿意不断地付出努力，迟早有一天会实现自己的职业理想；而理想职业却带有很大的幻想成分。

第四，如果大学毕业生所选择的职业岗位已无空缺，而他又需要立即就业，那就先降低一点自己的要求。因为如果没有工作，就意味着没有实现职业理想的可能。而就业以后，可以在主观的作用下向自己的职业理想靠近，例如对自己的兴趣、爱好进行一定的调整。

(五) 实现职业理想的条件

1. 了解自己，你是能做什么的人，最难看清楚的是自己

大学生更容易把自己放在很高的起点去观察自己的周围环境，思考自己的职业未来，甚至还想将来所从事的工作条件要比别人好一些，付出的劳动比别人少一些，获得的工资却要比别人高一些。显然，这种失去“自我”的职业憧憬是“空中楼阁”，是“水中月亮”，永远是可望而不可即的。只有从自身出发，从自己所受教育、能力倾向、个性特征、身体健康状况出发，才能够准确定位，瞄准适合自己的岗位去不懈努力。

2. 了解职业，并非所有的职业都适合你，也并非你能胜任所有的职业岗位

每种职业都有与之相适应的职业能力要求。除了具备观察、思维、表达、操作、公关等一般能力之外，一些特殊行业还有特殊要求。对于会计、出纳、统计、建筑师、工业药剂师等职业来说，从业人员必须具备很强的计算能力。与图纸、建筑、工程等打交道的工作，以及牙科医生、内外科医生等职业，对空间判断能力的要求较高。对于图形的阴暗、线的宽度和长度能做出视觉上的区别和比较的人，就能够从事美术装潢、电器修理、动植物检疫等工作。因此，有选择地、有针对性地培养自己的能力，主动去适应并接受职业岗位的挑战是十分重要的。

3. 了解社会，职业的存在和发展与社会的需求是紧密联系的

了解社会的需求是成功择业并就业的关键。了解社会主要是要了解社会需求量、竞争系数和职业发展趋势。社会需求量是指一定时期职业需求的总量。这是一个动态的而又相对稳定的数量。例如，有的职业有很高的社会名望，但需求量很少；有的职业不被多数人看好，但有发展前途，且需求量较大。竞争系数是指谋求同一种职业的劳动者人数的多少。在其他条件一定的情况下，竞争系数越大，职业概率越小。社会地位高、工作条件好、工资待遇优的职业，想要谋取的人数多，相应地竞争系数就大。职业发展趋势是指职业未来发展的态势。有些职业一时需求量大，竞争激烈，但随着社会的发展将日趋衰落；有些职业暂时处于冷落状况，但随着社会的发展会日益兴旺。因此，加强对社会职业需求的分析和预测，了解社会职业岗位需求情况是极其重要的。

4. 人生观

人生观是人们对于人生目的和人生意义的根本看法和根本态度，不同的人生观会产生对人生的不同看法和不同态度，而对人生的不同看法和不同态度，则会导致人们选择不同的人生道路。

由此可见，持不同人生观的人，其职业理想也一定不同。正确的人生观会产生正确的职业理想，错误的人生观则会产生错误的职业理想。因此，要根据时代的要求，根据社会发展的要求，坚持以辩证唯物主义和历史唯物主义的立场、观点和方法看待人生，坚持以最广大人民群众的根本利益为核心，坚持以实现社会主义的共同理想为目标，不断加强学习，不断提高自己的思想觉悟，不断提高自己的思想素质、文化素质、能力素质，不断地完善自我，做到自尊、自爱、自强，树立正确的价值观、苦乐观、幸福观、荣辱观，进而树立为人民服务的正确的人生观。

只有这样，才能使自己的职业理想符合人民大众的根本利益，把选择职业与选择人生道路有机地结合起来，使自己在从业或创业的过程中，既实现自己的人生价值，又为人民、为社会作出应有的贡献。

5. 职业观

职业观是人们在选择职业与从事职业所持的基本观点和基本态度，是理想在职业问题上的反映，是人生观的重要组成部分。职业观具有 3 个基本要素：一是维持生活；二是发展个性；三是承担社会义务。在 3 个基本要素中哪一个要素占主导地位，将决定一个人职业观的类型与层次。正确的职业观是把 3 个基本要素统一起来，以承担社会义务作为主导方向。

由此可见，有不同的职业观，就有不同的职业理想。

附　录

附录1　《职业价值观澄清量表》

说明：下面有60道题目，每个题目都有5个备选答案，请根据自己的实际情况或想法，在题目后面圈出相应字母，每题只能选择一个答案。通过测验，测试者可以大致了解自己的职业价值观念倾向。

A——非常重要；B——比较重要；C——一般；D——较不重要；E——很不重要

序号	项目	选项					序号	项目	选项				
1	能参与救灾济贫工作	A	B	C	D	E	21	觉得自己的辛苦没有白费	A	B	C	D	E
2	能经常欣赏完美的工艺作品	A	B	C	D	E	22	能使你更有社会地位	A	B	C	D	E
3	能经常尝试新的构想	A	B	C	D	E	23	能够分配调整他人的工作	A	B	C	D	E
4	必须花精力去深入思考	A	B	C	D	E	24	能常常加薪	A	B	C	D	E
5	在职责范围内有充分自由	A	B	C	D	E	25	生病时能有妥善照顾	A	B	C	D	E
6	可以经常看到自己的工作成果	A	B	C	D	E	26	工作地点光线通风好	A	B	C	D	E
7	能在社会扮演更重要的角色	A	B	C	D	E	27	有一个公正的主管	A	B	C	D	E
8	能知道别人如何处理事务	A	B	C	D	E	28	能与同事建立深厚的友谊	A	B	C	D	E
9	收入能比相同条件的人高	A	B	C	D	E	29	工作性质常会变化	A	B	C	D	E
10	能有稳定的收入	A	B	C	D	E	30	能实现自己的理想	A	B	C	D	E
11	能有清静的工作场所	A	B	C	D	E	31	能够减少别人的苦难	A	B	C	D	E
12	主管善解人意	A	B	C	D	E	32	能运用自己的鉴赏力	A	B	C	D	E
13	能经常和同事一起休闲	A	B	C	D	E	33	常需构思新的解决方法	A	B	C	D	E
14	能经常变换职务	A	B	C	D	E	34	必须不断地解决新的难题	A	B	C	D	E
15	能成为你想成为的人	A	B	C	D	E	35	能自行决定工作方式	A	B	C	D	E
16	能帮助贫困和不幸的人	A	B	C	D	E	36	能知道自己的工作绩效	A	B	C	D	E
17	能增添社会的文化气息	A	B	C	D	E	37	能让你觉得出人头地	A	B	C	D	E
18	可以自由地提出新颖的想法	A	B	C	D	E	38	可以发挥自己的领导能力	A	B	C	D	E
19	必须不断学习才能胜任	A	B	C	D	E	39	可以使你存下许多钱	A	B	C	D	E
20	工作不受他人干涉	A	B	C	D	E	40	有好的保险和福利制度	A	B	C	D	E

续表

序号	项目	选项					序号	项目	选项				
41	工作场所有现代化设备	A	B	C	D	E	51	工作结果受到他人肯定	A	B	C	D	E
42	主管能采取民主领导方式	A	B	C	D	E	52	能自豪地介绍自己的工作	A	B	C	D	E
43	不必和同事有利益冲突	A	B	C	D	E	53	能为团体拟定工作计划	A	B	C	D	E
44	可以经常变换工作场所	A	B	C	D	E	54	收入高于其他行业	A	B	C	D	E
45	常让你觉得如鱼得水	A	B	C	D	E	55	不会轻易地被解雇或裁员	A	B	C	D	E
46	能常帮助他人解决困难	A	B	C	D	E	56	工作场所整洁卫生	A	B	C	D	E
47	能创作优美的作品	A	B	C	D	E	57	主管的学识和品德让你钦佩	A	B	C	D	E
48	常需提出不同的处理方案	A	B	C	D	E	58	能够认识很多风趣的伙伴	A	B	C	D	E
49	需对事情深入分析研究	A	B	C	D	E	59	工作内容随时间变化	A	B	C	D	E
50	可以自行调整工作进度	A	B	C	D	E	60	能充分发挥自己的专长	A	B	C	D	E

计分方法 A—5 分，B—4 分，C—3 分，D—2 分，E—1 分

职业价值观对应题目得分如下：

利他主义 1、16、31、46

美的追求 2、17、32、47

创造发明 3、18、33、48

智力激发 4、19、34、49

独立自主 5、20、35、50

成就满足 6、21、36、51

声望地位 7、22、37、52

管理权力 8、23、38、53

经济报酬 9、24、39、54

安全稳定 10、25、40、55

工作环境 11、26、41、56

上司关系 12、27、42、57

同事关系 13、28、43、58

多样变化 14、29、44、59

生活方式 15、30、45、60

得分最高的三项是：1. ________；2. ________；3. ________。

得分最低的三项是：1. ________；2. ________；3. ________。

从得分最高和最低的三项中，可以大致看出你的价值倾向，在选择职业时就可以加以考虑。

附录 2 《霍兰德职业兴趣量表》

人的个性与职业有密切关系，不同人格特征的人适合从事不同的职业。如果通过科学的测试，预知自己的个性特征，有助于选择适合个人发展的职业。你将要阅读的这个“职业性格自测问卷”，可以帮助你作个性自评，从而了解自己的个性特征更适合从事哪方面的工作。

请根据对每一题目的第一印象和自己的情况作答，不必仔细推敲，答案没有好坏、对错之分。如果选择“是”，请打“√”，“否”请打“×”。

霍兰德职业兴趣量表

序号	项目	选项	序号	项目	选项
1	我喜欢把一件事情做完后再做另一件事	是□ 否□	15	我喜欢参加各种各样的聚会	是□ 否□
2	在工作中我喜欢独自筹划，不愿受别人干涉	是□ 否□	16	我愿意从事虽然工资少，但是比较稳定的职业	是□ 否□
3	在集体讨论中，我往往保持沉默	是□ 否□	17	音乐能使我陶醉	是□ 否□
4	我喜欢做戏剧、音乐、歌舞、新闻采访等方面的工作	是□ 否□	18	我办事很少思前想后	是□ 否□
5	每次写信我都一挥而就，不再重复	是□ 否□	19	我喜欢经常请示上级	是□ 否□
6	我经常不停地思考某一问题，直到想出正确的答案	是□ 否□	20	我喜欢需要运用智力的游戏	是□ 否□
7	对别人借我的和我借别人的东西，我都能记得很清楚	是□ 否□	21	我很难做那种需要持续集中注意力的工作	是□ 否□
8	我喜欢抽象思维的工作，不喜欢动手的工作	是□ 否□	22	我喜欢亲自动手制作一些东西，从中得到乐趣	是□ 否□
9	我喜欢成为人们注意的焦点	是□ 否□	23	我的动手能力很差	是□ 否□
10	我喜欢不时地夸耀一下自己取得的成就	是□ 否□	24	和不熟悉的人交谈对我来说毫不困难	是□ 否□
11	我曾经渴望有机会参加探险	是□ 否□	25	和别人谈判时，我总是很容易放弃自己的观点	是□ 否□
12	当我一个人独处时，会感到更愉快	是□ 否□	26	我很容易结识同性朋友	是□ 否□
13	我喜欢在做事情前，对这件事情作出细致的安排	是□ 否□	27	对于社会问题，我通常持中庸的态度	是□ 否□
14	我讨厌修理自行车、电器一类的工作	是□ 否□	28	当我开始做一件事情，即使碰到再多的困难，我也要执着地干下去	是□ 否□

续表

序号	项目	选项	序号	项目	选项
29	我是一个沉静而不易动感情的人	是□ 否□	45	听别人谈“家中被盗”一类的事，很难引起我的同情	是□ 否□
30	当我工作时，我喜欢避免干扰	是□ 否□	46	如果待遇相同，我宁愿当商品推销员，而不愿当图书管理员	是□ 否□
31	我的理想是当一名科学家	是□ 否□	47	我讨厌跟各类机械打交道	是□ 否□
32	与言情小说相比，我更喜欢推理小说	是□ 否□	48	我小时候经常把玩具拆开，把里面看个究竟	是□ 否□
33	有些人太霸道，有时明明知道他们是对的，也要和他们对着干	是□ 否□	49	当接受新任务后，我喜欢以自己的独特方法去完成它	是□ 否□
34	我爱幻想	是□ 否□	50	我有文艺方面的天赋	是□ 否□
35	我总是主动地向别人提出自己的建议	是□ 否□	51	我喜欢把一切安排得整整齐齐、井井有条	是□ 否□
36	我喜欢使用榔头一类的工具	是□ 否□	52	我喜欢成为一名教师	是□ 否□
37	我乐于解除别人的痛苦	是□ 否□	53	和一群人在一起的时候，我总想不出恰当的话来说	是□ 否□
38	我更喜欢自己下了赌注的比赛或游戏	是□ 否□	54	看情感影片时，我常禁不住眼圈发红	是□ 否□
39	我喜欢按部就班地完成要做的工作	是□ 否□	55	我讨厌学数学	是□ 否□
40	我希望能经常换不同的工作来做	是□ 否□	56	在实验室里独自做实验会令我寂寞难耐	是□ 否□
41	我总留有充裕的时间去赴约会	是□ 否□	57	对于急躁、爱发脾气的人，我仍能以礼相待	是□ 否□
42	我喜欢阅读自然科学方面的书籍和杂志	是□ 否□	58	遇到难解答的问题时，我常常放弃	是□ 否□
43	如果掌握一门手艺并能以此为生，我会感到非常满意	是□ 否□	59	大家公认我是一名勤劳踏实、愿为大家服务的人	是□ 否□
44	我曾渴望当一名汽车司机	是□ 否□	60	我喜欢在人事部门工作	是□ 否□

计分方式：

符合“是”或“否”答案的记1分，不符合的记0分。请将得分最高的三种类型从高到低排列，得出一个（或两个）三位组合答案，这就是你的霍兰德职业代码（如现实型、研究型、社会型得分排前三位，依次从高到低，则你的霍兰德职业代码为RIS）。再查阅参考标准中的《霍兰德人格类型与职业环境匹配表》《霍兰德代码与职业匹配对照表》，综合分析你适合从事的职业。

常规型：“是”（7，19，29，39，41，51，57），否（5，18，40）

现实型：“是”（2，13，22，36，43），否（14，23，44，47，48）

研究型：“是”（6，8，20，30，31，42），否（21，55，56，58）

管理型："是"（11，24，28，35，38，46，60），否（3，16，25）
社会型："是"（26，37，52，59），否（1，12，15，27，45，53）
艺术型："是"（4，9，10，17，33，34，49，50，54），否（32）

附录3 《霍兰德人格类型与职业环境匹配表》

霍兰德人格类型与职业环境匹配表

研究型 I	具有分析、谨慎、批评、好奇、独立、聪明、内向、条理、谦逊、精确、理智、保守的特征，表现如下： 1. 喜爱研究性的职业或情境，避免企业性的职业或情境。 2. 用研究的能力解决工作及其他方面的问题，即自觉、好学、自信，重视科学，但缺乏领导方面的才能。	科研人员 数学、生物方面的专家
艺术型 A	具有复杂、想象、冲动、独立、直觉、无秩序、情绪化、理想化、不顺从、有创意、富有表情、不重实际的特征，表现如下： 1. 喜爱艺术性的职业或情境，避免传统性的职业或情境。 2. 富有表达能力和直觉、独立、具有创意、不顺从（包括表演、写作、语言），并重视审美的领域。	诗人、艺术家
社会型 S	具有合作、友善、慷慨、助人、仁慈、负责、圆滑、善社交、善解人意、说服他人、理想主义等特征，表现如下： 1. 喜爱社会型的职业或情境，避免实用性的职业或情境，并以社交方面的能力解决工作及其他方面的问题，但缺乏机械能力与科学能力。 2. 喜欢帮助别人、了解别人，有教导别人的能力，且重视社会与伦理的活动与问题。	教师、牧师、辅导人员
企业型 E	具有冒险、野心、独断、冲动、乐观、自信、追求享受、精力充沛、善于社交、获取注意、知名度等特征，表现如下： 1. 喜欢企业性质的职业或环境，避免研究性质的职业或情境，会以企业方面的能力解决工作或其他方面的问题能力。 2. 有冲动、自信、善社交、知名度高、有领导与语言能力，缺乏科学能力，但重视政治与经济上的成就。	推销员、政治家、 企业家
传统型 C	具有顺从、谨慎、保守、自控、服从、规律、坚毅、稳重、有效率、但缺乏想象力等特征，表现如下： 1. 喜欢传统性质的职业或环境，避免艺术性质的职业或情境，会以传统的能力解决工作或其他方面的问题。 2. 喜欢顺从、规律、有文书与数字能力，并重视商业与经济上的成就。	出纳、会计、秘书

附录4 《霍兰德代码与职业匹配对照表》

RIA：牙科技术员、陶工、建筑设计员、模型工、细木工、制作链条人员。

RIS：厨师、林务员、跳水员、潜水员、染色员、电器修理、视光工作者、电工、纺织机器装配工、服务员、装玻璃工人、发电厂工人、焊接工。

RIE：建筑和桥梁工程、环境工程、航空工程、公路工程、电力工程、信号工程、电话工程、一般机械工程、自动工程、矿业工程、海洋工程、交通工程技术人员、制图员、家政人员、计量员、农民、农场工人、农业机械操作、清洁工、无线电修理、汽车修理、手表修理、管工、线路装配工、工具仓库管理员。

RIC：船上工作人员、接待员、杂志保管员、牙医助手、制帽工、磨坊工、石匠、机器制造、机车（火车头）制造、农业机器装配、汽车装配工、缝纫机装配工、钟表装配和检验、电动器具装配、鞋匠、锁匠、货物检验员、电梯维修工、装配工、托儿所所长、钢琴调音员、装配工、印刷工、建筑钢铁工作、卡车司机。

RAI：手工雕刻、玻璃雕刻、制作模型人员、家具木工、制作皮革品、手工绣花、手工钩针纺织、排版工作、印刷工作、图画雕刻、装订工。

RSE：消防员、交通巡警、警察、门卫、理发师、房间清洁工、屠夫、锻工、开凿工人、管道安装工、出租汽车驾驶员、货物搬运工、送报员、勘探员、娱乐场所的服务员、起卸机操作工、灭害虫者、电梯操作工、厨房助手。

RSI：纺织工、编织工、农业学校教师、某些职业课程教师（如艺术、商业、技术、工艺课程）、雨衣上胶工。

REC：抄水表员、保姆、实验室动物饲养员、动物管理员。

REI：轮船船长、航海领航员、大副、试管实验员。

RES：旅馆服务员、家畜饲养员、渔民、渔网修补工、水手长、收割机操作工、搬运行李工人、公园服务员、救生员、登山导游、火车工程技术员、建筑工作、铺轨工人。

RCI：测量员、勘测员、仪表操作者、农业工程技术、化学工程技师、民用工程技师、石油工程技师、资料室管理员、探矿工、煅烧工、烧窖工、矿工、炮手、保养工、磨床工、取样工、样品检验员、纺纱工、漂洗工、电焊工、锯木工、刨床工、制帽工、手工缝纫工、油漆工、染色工、按摩工、木匠、农民建筑工、电影放映员、勘测员助手。

RCS：公共汽车驾驶员、一等水手、游泳池服务员、裁缝、建筑工作、石匠、烟囱修建工、混凝土工、电话修理工、爆炸手、邮递员、矿工、裱糊工人、纺纱工。

RCE：打井工、吊车驾驶员、农场工人、邮件分类员、铲车司机、拖拉机司机。

IAS：普通经济学家、农场经济学家、财政经济学家、国际贸易经济学家、实验心理学家、工程心理学家、心理学家、哲学家、内科医生、数学家。

IAR：人类学家、天文学家、化学家、物理学家、医学病理、动物标本剥制者、化石修复者、艺术品管理者。

ISE：营养学家、饮食顾问、火灾检查员、邮政服务检查员。

ISC：侦察员、电视播音室修理员、电视修理服务员、验尸室人员、编目录者、医学实验定技师、调查研究者。

ISR：水生生物学者，昆虫学者、微生物学家、配镜师、矫正视力者、细菌学家、牙科医生、骨科医生。

ISA：实验心理学家、普通心理学家、发展心理学家、教育心理学家、社会心理学家、临床心理学家、目标学家、皮肤病学家、精神病学家、妇产科医师、眼科医生、五官科医生、医学实验室技术专家、民航医务人员、护士。

IES：细菌学家、生理学家、化学专家、地质专家、地理物理学专家、纺织技术专家、医院药剂师、工业药剂师、药房营业员。

IEC：档案保管员、保险统计员。

ICR：质量检验技术员、地质学技师、工程师、法官、图书馆技术辅导员、计算机操作员、医院听诊员、家禽检查员。

IRA：地理学家、地质学家、矿物学家、古生物学家、石油学家、地震学家、声学物理学家、气象学家、原子和分子物理学家、电学和磁学物理学家、设计审核员、人口统计学家、数学统计学家、外科医生、城市规划家、气象员。

IRS：流体物理学家、物理海洋学家、等离子体物理学家、农业科学家、动物学家、食品科学家、园艺学家、植物学家、细菌学家、解剖学家、动物病理学家、作物病理学家、药物学家、生物化学家、生物物理学家、细胞生物学家、临床化学家、遗传学家、分子生物学家、质量控制工程师、地理学家、兽医、放射性治疗技师。

IRE：化验员、化学工程师、纺织工程师、食品技师、渔业技术专家、材料和测试工程师、电气工程师、土木工程师、航空工程师、行政官员、冶金专家、原子核工程师、陶瓷工程师、地质工程师、电力工程师、口腔科医生、牙科医生。

IRC：飞机领航员、飞行员、物理实验室技师、文献检查员、农业技术专家、生物技师、动植物技术专家、油管检查员、工商业规划者、矿藏安全检查员、纺织品检验员、照相机修理者、工程技术员、计算机程序员、工具设计者、仪器维修工。

CRI：簿记员、会计、记时员、铸造机操作工、打字员、按键操作工、复印机操作工。

CRS：仓库保管员、档案管理员、缝纫工、讲述员、收款人。

CRE：标价员、实验室工作者、广告管理员、自动打字机操作员、电动机装配工、缝纫机操作工。

CIS：记账员、顾客服务员、报刊发行员、土地测量员、保险公司职员、会计师、估价员、邮政检查员、外贸检查员。

CIE：打字员、统计员、支票记录员、订货员、校对员、办公室工作人员。

CIR：校对员、工程职员、海底电报员、检修计划员。

CSE：接待员、通讯员、电话接线员、卖票员、旅馆服务员、私人职员、商学教师、旅游办事员。

CSR：运货代理商、铁路职员、交通检查员、办公室通信员、簿记员、出纳员、银行财务职员。

CSA：秘书、图书管理员、办公室办事员。

CER：邮递员、数据处理员、办公室办事员。

CEI：推销员、经济分析家。

CES：银行会计、记账员、法人秘书、速记员、法院报告人。

ECI：银行行长、审计员、信用管理员、地产管理员、商业管理员。

ECS：信用办事员、保险人员、各类进货员、海关服务经理、售货员、购买员、会计。

ERI：建筑物管理员、工业工程师、护士长、农场管理员、农业经营管理人员。

ERS：仓库管理员、房屋管理员、货栈监督管理员。

ERC：邮政局长、渔船船长、机械操作领班、木工领班、瓦工领班、驾驶员领班。

EIR：科学、技术和有关周期出版物的管理员。

EIC：专利代理人、鉴定人、运输服务检查员、安全检查员、废品收购人员。

EIS：警官、侦察员、交通检验员、安全咨询员、合同管理者、商人。

EAS：法官、律师、公证人。

EAR：展览室管理员、舞台管理员、播音员、驯兽员。

ESC：理发师、裁判员、政府行政管理员、财政管理员、工程管理员、售货员、职业病防治员、商业经理、办公室主任、人事负责人、调度员。

ESR：家具售货员、书店售货员、公共汽车的驾驶员、日用品售货员、护士长、自然科学和工程的行政领导。

ESI：博物馆管理员、图书馆管理员、古迹管理员、饮食业经理、地区安全服务管理员、技术服务咨询者、超级市场管理员、零售商品店店员、批发商、出租汽车服务站调度。

ESA：博物馆馆长、报刊管理员、音乐器材售货员、广告商、售画营业员、导游、（轮船或班机上的）事务长、飞机上的服务员、船员、法官、律师。

ASE：戏剧导演，舞蹈教师，广告撰稿人，报刊、专栏作者，记者，演员，英语翻译。

ASI：音乐教师、乐器教师、美术教师、管弦乐指挥、合唱队指挥、歌星、演奏家、哲学家、作家、广告经理、时装模特。

AER：新闻摄影师、电视摄影师、艺术指导、录音指导、丑角演员、魔术师、木偶戏演员、骑士、跳水员。

AEI：音乐指挥、舞台指导、电影导演。

AES：流行歌手、舞蹈演员、电影导演、广播节目主持人、舞蹈教师、口技表演者、喜剧演员、模特。

AIS：画家、剧作家、编辑、评论家、时装艺术大师、新闻摄影师、演员、文学作家。

AIE：花匠、皮衣设计师、工业产品设计师、剪影艺术家、复制雕刻品大师。

AIR：建筑师、画家、摄影师、绘图员、雕刻家、环境美化工、包装设计师、绣花工、陶器设计师、漫画工。

SEC：社会活动家、工商会事务代表、教育咨询者、宿舍管理员、旅馆经理、饮食服务管理员。

SER：体育教练、游泳指导。

SEI：大学校长、学院院长、医院行政管理员、历史学家、家政经济学家、职业学校教师、资料员。

SEA：娱乐活动管理员、国外服务办事员、社会服务助理、一般咨询者、宗教教育工作者。

SCE：部长助理、福利机构职员、生产协调人、环境卫生管理人员、戏院经理、餐馆经理、售票员。

SRI：外科医师助手、医院服务员。

SRE：体育教师、职业病治疗者、体育教练、专业运动员、房管员、儿童家庭教师、警察、引座员、传达员、保姆。

SRC：护理员、护理助理、医院勤杂工、理发师、学校儿童服务人员。

SIA：社会学家，心理咨询者，学校心理学家，政治科学家，大学或学院的系主任，大学或学院的教育学教师，大学农业教师，大学法律教师，大学工程和建筑课程的教师，大学数学、医学、物理教师，大学社会科学、生命科学教师，研究生助教，成人教育教师。

SIE：营养学家、饮食学家、海关检查员、安全检查员、税务稽查员、校长。

SIC：描图员、兽医助手、诊所助理、体检检查员、娱乐指导者、监督缓刑犯的工作者、咨询人员、社会科学教师。

SIR：理疗员、救护队工作人员、手足病医生、职业病治疗助手。

附录5 气质类型测试

你在回答下面“量表”问题时，认为很符合自己情况的计2分，比较符合的计1分，介于符合与不符合的计0分，比较不符合的计-1分，完全不符合的计-2分。

题 目	完全不符合	比较不符合	介于符合与不符合	比较符合	很符合
1. 做事力求稳妥，不做无把握的事。	−2	−1	0	1	2
2. 遇到可气的事就怒不可遏，想把心里话全说出来才痛快。	−2	−1	0	1	2
3. 宁肯一个人干事，不愿和很多人在一起。	−2	−1	0	1	2
4. 到一个新的环境很快就能适应。	−2	−1	0	1	2
5. 厌恶那些强烈的刺激，如尖叫、噪音、危险镜头等。	−2	−1	0	1	2
6. 和人争吵时，总是先发制人，喜欢挑衅。	−2	−1	0	1	2
7. 喜欢安静的环境。	−2	−1	0	1	2
8. 善于和人交往。	−2	−1	0	1	2
9. 羡慕那种能克制自己感情的人。	−2	−1	0	1	2
10. 生活很有规律，很少违反作息制度。	−2	−1	0	1	2
11. 在多数情况下情绪是乐观的。	−2	−1	0	1	2
12. 遇到陌生人觉得很拘束。	−2	−1	0	1	2
13. 遇到令人气愤的事，能很好地自我控制。	−2	−1	0	1	2
14. 做事总有很旺盛的精力。	−2	−1	0	1	2
15. 遇到问题常常举棋不定，优柔寡断。	−2	−1	0	1	2
16. 在人群中从不觉得过分拘束。	−2	−1	0	1	2
17. 情绪高昂时，觉得干什么事都有趣，情绪低落时，又觉得干什么都没意思。	−2	−1	0	1	2
18. 当注意力集中于一件事时，别的事很难使你分心。	−2	−1	0	1	2
19. 理解问题总比别人快。	−2	−1	0	1	2

续表

题　　目	完全不符合	比较不符合	介于符合与不符合	比较符合	很符合
20. 碰到危险情况，常有一种极度恐怖感。	−2	−1	0	1	2
21. 对学习、工作、事业怀有一种很高的热情。	−2	−1	0	1	2
22. 能够长时间做枯燥、单调的工作。	−2	−1	0	1	2
23. 符合兴趣的事情，干起来尽头十足，否则就不想干。	−2	−1	0	1	2
24. 一点小事就能引起情绪波动。	−2	−1	0	1	2
25. 讨厌做那种需要耐心、细致的工作。	−2	−1	0	1	2
26. 与人交往不卑不亢。	−2	−1	0	1	2
27. 喜欢参加热烈的活动。	−2	−1	0	1	2
28. 爱看感情细腻、描写人物内心活动的文艺作品。	−2	−1	0	1	2
29. 工作学习时间长了，常会感到厌倦。	−2	−1	0	1	2
30. 不喜欢长时间谈论一个问题，愿意实际动手干。	−2	−1	0	1	2
31. 宁愿侃侃而谈，不愿窃窃私语。	−2	−1	0	1	2
32. 别人说你总是闷闷不乐。	−2	−1	0	1	2
33. 理解问题常比别人慢些。	−2	−1	0	1	2
34. 疲倦时只要短暂的休息就能精神抖擞，重新投入工作。	−2	−1	0	1	2
35. 心里有话宁愿自己想，不愿说出来。	−2	−1	0	1	2
36. 认准一个目标就希望尽快实现，不达目的，誓不罢休。	−2	−1	0	1	2
37. 学习、工作一段时间后，常会比别人感到疲倦。	−2	−1	0	1	2
38. 做事有些莽撞，常常不考虑后果。	−2	−1	0	1	2
39. 老师或老师傅在讲授新知识、技术时，总希望他讲慢些，多重复几遍。	−2	−1	0	1	2
40. 能够很快忘记那些不愉快的事情。	−2	−1	0	1	2
41. 做作业或完成一件工作总比别人花时间多。	−2	−1	0	1	2
42. 喜欢剧烈、运动量大的体育活动，或喜欢参加各种文娱活动。	−2	−1	0	1	2

续表

题　目	完全不符合	比较不符合	介于符合与不符合	比较符合	很符合
43. 不能很快把注意力从一件事转移到另一件事上去。	−2	−1	0	1	2
44. 接受一个任务后，希望把它迅速完成。	−2	−1	0	1	2
45. 认为墨守成规比冒风险强些。	−2	−1	0	1	2
46. 能够同时注意几件事物。	−2	−1	0	1	2
47. 你烦闷的时候，别人很难使你高兴起来。	−2	−1	0	1	2
48. 爱看情节跌宕起伏、激动人心的小说。	−2	−1	0	1	2
49. 对工作抱认真严谨、始终一贯的态度。	−2	−1	0	1	2
50. 和周围人的关系总是相处不好。	−2	−1	0	1	2
51. 喜欢复习学过的知识，重复做已经掌握的工作。	−2	−1	0	1	2
52. 喜欢做变化大、花样多的工作。	−2	−1	0	1	2
53. 小时候背诗歌，你似乎比别人记得清楚。	−2	−1	0	1	2
54. 别人说你“出语伤人”，可你并不觉得。	−2	−1	0	1	2
55. 在体育活动中，常因反应慢而落后。	−2	−1	0	1	2
56. 反应敏捷，头脑机智。	−2	−1	0	1	2
57. 喜欢有条理而不甚麻烦的工作。	−2	−1	0	1	2
58. 兴奋的事情常使你失眠。	−2	−1	0	1	2
59. 老师讲新概念，常常听不懂，但是弄懂以后就很难忘记。	−2	−1	0	1	2
60. 假如工作枯燥无味，马上就会情绪低落。	−2	−1	0	1	2

记分方法：按题号将各题分为 4 类，计算每类题的得分总和。

胆汁质：2、6、9、14、17、21、27、31、36、38、42、48、50、54、58；

多血质：4、8、11、16、19、23、25、29、34、40、44、46、52、56、60；

黏液质：1、7、10、13、18、22、26、30、33、39、43、45、49、55、57；

抑郁质：3、5、12、15、20、24、28、32、35、37、41、47、51、53、59。

评价方法：

（1）如果某气质类型得分明显高于其他 3 种，均高出 4 分以上，则可定为该气质类型；如果该气质类型得分超过 20 分，则为典型型；如果该气质类型得分在 10~20 分，则为一般型。

（2）两种气质类型得分接近，其差异低于 3 分，而且又明显高于其他两种，高出 4 分以上，则可定为两种气质类型的混合型。

（3）三种气质类型得分接近而且均高于第四种，则为 3 种气质类型的混合型。

附录 6　MBTI 职业性格测试题

（1）MBTI 测试前须知。

参加测试的人员请务必诚实、独立地回答问题，只有如此，才能得到有效的结果。

《性格分析报告》展示的是测试者的性格倾向，而不是测试者的知识、技能、经验。

MBTI 提供的性格类型描述仅供测试者确定自己的性格类型之用，性格类型没有好坏，只有不同。每种性格特征都有其价值和优点，也有缺点和需要注意的地方。清楚地了解自己的性格优劣势，有利于更好地发挥自己的特长，并尽可能地在为人处世中避免自己性格中的劣势，更好地和他人相处，更好地作重要的决策。

本测试分为四部分，共 93 题；需时约 18 分钟。所有题目没有对错之分，请根据自己的实际情况选择。将你选择的 A 或 B 所在的○涂黑，例如：●。

只要你是认真、真实地填写了测试问卷，那么通常情况下你都能得到一个与自己性格相匹配的类型。希望你能从中或多或少地获得一些有益的信息。

（2）哪个答案最能贴切地描绘你一般的感受或行为？

序号	问题描述	选项	E	I	S	N	T	F	J	P
1	当你要外出一整天，你会： A. 计划你要做什么和在什么时候做 B. 说去就去	A							○	
		B								○
2	你认为自己是一个： A. 较为随兴所至的人 B. 较为有条理的人	A								○
		B							○	
3	假如你是一位老师，你会选教： A. 以事实为主的课程 B. 涉及理论的课程	A			○					
		B				○				
4	你通常： A. 与人容易混熟 B. 比较沉静或矜持	A	○							
		B		○						
5	一般来说，你和哪些人比较合得来？ A. 富于想象力的人 B. 现实的人	A				○				
		B			○					
6	你是否经常让： A. 你的情感支配你的理智 B. 你的理智主宰你的情感	A						○		
		B					○			
7	处理许多事情上，你会喜欢： A. 凭兴所至行事 B. 按照计划行事	A								○
		B							○	
8	你是否： A. 容易让人了解 B. 难于让人了解	A	○							
		B		○						

续表

序号	问题描述	选项	E	I	S	N	T	F	J	P
9	按照程序表做事： A. 合你心意 B. 令你感到束缚	A							○	
		B								○
10	当你有一份特别的任务，你会喜欢： A. 开始前小心组织计划 B. 一边做一边找需要做什么	A							○	
		B								○
11	在大多数情况下，你会选择： A. 顺其自然 B. 按程序表做事	A								○
		B							○	
12	大多数人会说你是一个： A. 重视自我隐私的人 B. 非常坦率开放的人	A		○						
		B	○							
13	你宁愿被人认为是一个： A. 实事求是的人 B. 机灵的人	A			○					
		B				○				
14	在一大群人当中，通常是： A. 你介绍大家认识 B. 别人介绍你	A	○							
		B		○						
15	你会跟哪些人做朋友？ A. 常提出新主意的 B. 脚踏实地的	A				○				
		B			○					
16	你倾向： A. 重视感情多于逻辑 B. 重视逻辑多于感情	A						○		
		B					○			
17	你比较喜欢： A. 坐观事情发展才作计划 B. 很早就作计划	A								○
		B							○	
18	你喜欢花很多的时间： A. 一个人独处 B. 和别人在一起	A		○						
		B	○							
19	与很多人一起会： A. 令你活力倍增 B. 常常令你心力交瘁	A	○							
		B		○						
20	你比较喜欢： A. 很早便把约会、社交聚集等事情安排妥当 B. 无拘无束，看当时有什么好玩就做什么	A							○	
		B								○
21	计划一个旅程时，你比较喜欢： A. 大部分的时间都是跟当天的感觉行事 B. 事先知道大部分的日子会做什么	A								○
		B							○	

续表

序号	问题描述	选项	E	I	S	N	T	F	J	P
22	在社交聚会中，你： A. 有时感到郁闷 B. 常常乐在其中	A		○						
		B	○							
23	你通常： A. 和别人容易混熟 B. 趋向自处一隅	A	○							
		B		○						
24	哪些人会更吸引你？ A. 一个思维敏捷及非常聪颖的人 B. 实事求是，具有丰富常识的人	A				○				
		B			○					
25	在日常工作中，你会： A. 颇为喜欢处理迫使你分秒必争的突发情况 B. 通常预先计划，以免要在压力下工作	A								○
		B							○	
26	你认为别人一般： A. 要花很长时间才认识你 B. 用很短的时间便认识你	A		○						
		B	○							

（3）在下列每一组词语中，哪个词语更合你心意？请仔细想想这些词语的意义，而不要理会它们的字形或读音。

序号	问题描述	选项	E	I	S	N	T	F	J	P
27	A. 注重隐私 B. 坦率开放	A		○						
		B	○							
28	A. 预先安排的 B. 无计划的	A							○	
		B								○
29	A. 抽象 B. 具体	A				○				
		B			○					
30	A. 温柔 B. 坚定	A						○		
		B					○			
31	A. 思考 B. 感受	A					○			
		B						○		
32	A. 事实 B. 意念	A			○					
		B				○				
33	A. 冲动 B. 决定	A								○
		B							○	
34	A. 热衷 B. 文静	A	○							
		B		○						

续表

序号	问题描述	选项	E	I	S	N	T	F	J	P
35	A. 文静 B. 外向	A		○						
		B	○							
36	A. 有系统 B. 随意	A							○	
		B								○
37	A. 理论 B. 肯定	A				○				
		B			○					
38	A. 敏感 B. 公正	A						○		
		B					○			
39	A. 令人信服 B. 感人的	A					○			
		B						○		
40	A. 声明 B. 概念	A			○					
		B				○				
41	A. 不受约束 B. 预先安排	A								○
		B							○	
42	A. 矜持 B. 健谈	A		○						
		B	○							
43	A. 有条不紊 B. 不拘小节	A							○	
		B								○
44	A. 意念 B. 实况	A				○				
		B			○					
45	A. 同情怜悯 B. 有远见	A						○		
		B					○			
46	A. 利益 B. 祝福	A					○			
		B						○		
47	A. 务实的 B. 理论的	A			○					
		B				○				
48	A. 朋友不多 B. 朋友众多	A		○						
		B	○							
49	A. 有系统 B. 即兴	A							○	
		B								○
50	A. 富有想象的 B. 以事论事	A				○				
		B			○					

续表

序号	问题描述	选项	E	I	S	N	T	F	J	P
51	A. 亲切的 B. 客观的	A						○		
		B					○			
52	A. 客观的 B. 热情的	A					○			
		B						○		
53	A. 建造 B. 发明	A			○					
		B				○				
54	A. 文静 B. 爱合群	A		○						
		B	○							
55	A. 理论 B. 事实	A				○				
		B			○					
56	A. 富有同情心 B. 合逻辑	A						○		
		B					○			
57	A. 具分析力 B. 多愁善感	A					○			
		B						○		
58	A. 合情合理 B. 令人着迷	A			○					
		B				○				

（4）哪个答案最能贴切地描绘你一般的感受或行为？

序号	问题描述	选项	E	I	S	N	T	F	J	P
59	当你要在一个星期内完成一个大项目，你在开始的时候会： A. 把要做的不同工作依次列出 B. 马上动工	A							○	
		B								○
60	在社交场合中，你经常会感到： A. 与某些人很难沟通和保持对话 B. 与多数人都能从容地长谈	A		○						
		B	○							
61	要做许多人也做的事，你比较喜欢： A. 按照一般认可的方法去做 B. 构想一个自己的想法	A			○					
		B				○				
62	你刚认识的朋友能否说出你的兴趣？ A. 马上可以 B. 要等他们真正了解你之后才可以	A	○							
		B		○						
63	你通常比较喜欢的科目是： A. 讲授概念和原则的 B. 讲授事实和数据的	A				○				
		B			○					

续表

序号	问题描述	选项	E	I	S	N	T	F	J	P
64	你认为哪个是较高的赞誉，或称许为： A. 一贯感性的人 B. 一贯理性的人	A						○		
		B					○			
65	你认为按照程序表做事： A. 有时是需要的，但一般来说你不太喜欢这样做 B. 大多数情况下是有帮助而且是你喜欢做的	A								○
		B							○	
66	和一群人在一起，你通常会选： A. 跟你很熟悉的个别人谈话 B. 参与大伙的谈话	A		○						
		B	○							
67	在社交聚会上，你会： A. 是说话很多的一个 B. 让别人多说话	A	○							
		B		○						
68	把周末期间要完成的事情列成清单，这个主意会： A. 合你意 B. 使你提不起劲儿	A							○	
		B								○
69	你认为哪个是较高的赞誉，或称许为： A. 能干的 B. 富有同情心	A					○			
		B						○		
70	你通常喜欢： A. 事先安排你的社交约会 B. 随兴之所至做事	A							○	
		B								○
71	总的说来，要做一个大型作业时，你会选： A. 边做边想该做什么 B. 首先把工作按步细分	A								○
		B							○	
72	你能否滔滔不绝地与人聊天： A. 只限于跟你有共同兴趣的人 B. 几乎跟任何人都可以	A		○						
		B	○							
73	你会： A. 跟随一些证明有效的方法 B. 分析还有什么问题，及针对尚未解决的难题	A			○					
		B				○				
74	为乐趣而阅读时，你会： A. 喜欢奇特或创新的表达方式 B. 喜欢作者直话直说	A				○				
		B			○					
75	你宁愿替哪一类上司（或者老师）工作？ A. 天性淳良，但常常前后不一的 B. 言辞尖锐但永远合乎逻辑的	A						○		
		B					○			

续表

序号	问题描述	选项	E	I	S	N	T	F	J	P
76	你做事多数是： A. 按当天心情去做 B. 按拟好的程序表去做	A								○
		B							○	
77	你是否： A. 可以和任何人按需求从容地交谈 B. 只是对某些人或在某种情况下才可以畅所欲言	A	○							
		B		○						
78	要做决定时，你认为比较重要的是： A. 据事实衡量 B. 考虑他人的感受和意见	A					○			
		B						○		

（5）在下列每一组词语中，哪个词语更合你心意？

序号	问题描述	选项	E	I	S	N	T	F	J	P
79	A. 想象的 B. 真实的	A				○				
		B			○					
80	A. 仁慈慷慨的 B. 意志坚定的	A						○		
		B					○			
81	A. 公正的 B. 有关怀心	A					○			
		B						○		
82	A. 制作 B. 设计	A			○					
		B				○				
83	A. 可能性 B. 必然性	A				○				
		B			○					
84	A. 温柔 B. 力量	A						○		
		B					○			
85	A. 实际 B. 多愁善感	A					○			
		B						○		
86	A. 制造 B. 创造	A			○					
		B				○				
87	A. 新颖的 B. 已知的	A				○				
		B			○					
88	A. 同情 B. 分析	A						○		
		B					○			
89	A. 坚持己见 B. 温柔有爱心	A					○			
		B						○		

续表

序号	问题描述	选项	E	I	S	N	T	F	J	P
90	A. 具体的 B. 抽象的	A			○					
		B				○				
91	A. 全心投入 B. 有决心的	A						○		
		B					○			
92	A. 能干 B. 仁慈	A					○			
		B						○		
93	A. 实际 B. 创新	A			○					
		B				○				
		每项总分	E	I	S	N	T	F	J	P

（6）评分规则

1. 当你将●涂好，把 8 项（E、I、S、N、T、F、J、P）分别加起来，并将总和填在每项最下方的方格内。

2. 请复查你的计算是否准确，然后将各项总分填在下面对应的方格内。

每项总分：

外向	E			I	内向
实感	S			N	直觉
思考	T			F	情感
判断	J			P	认知

（7）确定类型的规则

①评估你的性格类型倾向：

“E-I”“S-N”“T-F”和“J-P”。请你比较 4 个组别的得分。每组中，获得较高分数的那个类型就是你的性格类型倾向。例如，你的得分是：E（外向）12 分，I（内向）9 分，那你的类型倾向便是 E（外向）了。

②将代表获得较高分数的类型的英文字母，填在下方的方格内。如果在一个组别中，两个类型获同分，则依据下边表格中的规则来决定你的类型倾向。

评估类型

同分处理规则　假如　E=I，　请填 I；

假如　S=N，　请填 N；

假如　T=F，　请填 F；

假如　J=P，　请填 P。

附录7 职业能力

本测验为自评量表。

这种能力倾向测验，可以说是从个人在完成各种职业所必要的能力中，提炼出各种职业对个人所要求的最有特征的2~3种，其中纸笔测验可集体进行。记分采用标准分数，各能力因素的原始分数转换为标准分数后便可绘制个人能力倾向剖析图，并与职业能力倾向类型相对照，被试者就可以从测验结果中知道能够充分发挥个人能力特性的职业活动领域。

本测验把人的能力倾向分为9组，每一种能力由一组5个题目反映。测验时，请仔细阅读每一题，按照真实情况自己进行评定。

（一）一般学习能力倾向（G）	强 1	较强 2	一般 3	较弱 4	弱 5
1. 快而容易地学习新内容	□	□	□	□	□
2. 快而正确地解数学题	□	□	□	□	□
3. 你的学习成绩处于哪个水平	□	□	□	□	□
4. 对课文的字、词、段落、篇章的理解、分析和综合能力	□	□	□	□	□
5. 对学习过的知识的记忆能力	□	□	□	□	□

（二）语言能力倾向（V）	强 1	较强 2	一般 3	较弱 4	弱 5
1. 善于表达自己的观点	□	□	□	□	□
2. 阅读速度和理解能力	□	□	□	□	□
3. 掌握词汇量的程度	□	□	□	□	□
4. 你的语文成绩	□	□	□	□	□
5. 你的文学创作能力	□	□	□	□	□

（三）算术能力倾向（N）	强 1	较强 2	一般 3	较弱 4	弱 5
1. 做出精确的测量	□	□	□	□	□
2. 笔算能力	□	□	□	□	□
3. 口算能力	□	□	□	□	□
4. 打算盘	□	□	□	□	□
5. 你的数学成绩	□	□	□	□	□

（四）空间判断能力倾向（S）	强 1	较强 2	一般 3	较弱 4	弱 5
1. 解决立体几何方面的习题	□	□	□	□	□
2. 画三维度的立体图形	□	□	□	□	□
3. 看几何图形的立体感	□	□	□	□	□
4. 想象盒子展开后的平面图	□	□	□	□	□
5. 想象三维度的物体	□	□	□	□	□

（五）形态知觉能力倾向（P）	强 1	较强 2	一般 3	较弱 4	弱 5
1. 发现相似图形中的细微差别	□	□	□	□	□
2. 认识物体的形状差异	□	□	□	□	□
3. 注意物体的细节部分	□	□	□	□	□
4. 观察物体的图案是否正确	□	□	□	□	□
5. 对物体的细微叙述	□	□	□	□	□

（六）书写知觉（Q）	强 1	较强 2	一般 3	较弱 4	弱 5
1. 快而准确地抄写资料（如姓名、日期、电话号码）	□	□	□	□	□
2. 发现错别字	□	□	□	□	□
3. 发现计算错误	□	□	□	□	□
4. 能很快查找编码卡片	□	□	□	□	□
5. 自我控制能力（如较长时间抄写资料）	□	□	□	□	□

（七）眼手运动协调能力倾向（K）	强 1	较强 2	一般 3	较弱 4	弱 5
1. 玩电子游戏	□	□	□	□	□
2. 打篮球、排球，踢足球一类活动	□	□	□	□	□
3. 打乒乓球、羽毛球运动	□	□	□	□	□
4. 打算盘能力	□	□	□	□	□
5. 打字能力	□	□	□	□	□

（八）手指灵巧度（F）	强 1	较强 2	一般 3	较弱 4	弱 5
1. 灵巧地使用很小的工具	□	□	□	□	□
2. 穿针眼、编织等使用手指的活动	□	□	□	□	□
3. 用手指做一件小工艺品	□	□	□	□	□
4. 使用计算器的灵巧程度	□	□	□	□	□
5. 弹琴	□	□	□	□	□

（九）手腕灵巧度（M）	强 1	较强 2	一般 3	较弱 4	弱 5
1. 用手把东西分类	□	□	□	□	□
2. 推拉东西时手的灵活度	□	□	□	□	□
3. 很快地削水果	□	□	□	□	□
4. 灵活地使用手工工具	□	□	□	□	□
5. 在绘画、雕刻等手工活动中的灵活性	□	□	□	□	□

● 统计分数的方法

1. 对 9 组能力倾向分别计算总计次数：

每一组题目，都划分为“强”“较强”“一般”“较弱”和“弱”5 个等级（计算时把“强”定为第 1 项，以此类推，“弱”定为第 5 项。选择第 1 项次数之和就是选“强”的次数之和)。

每组 5 道题完成后，用下面公式计算出总计次数：

总计次数=（选择第 1 项次数之和×1）+（选择第 2 项次数之和×2）+（选择第 3 项次数之和×3）+（选择第 4 项次数之和×4）+（选择第 5 项次数之和×5）

2. 计算各组能力倾向的自评等级：

自评等级=总计次数÷5

3. 将每组我的自评等级填入下表：

职业能力倾向	G	V	N	S	P	Q	K	F	M
自评等级									

● 结果说明：

（1）自评等级分值应当介于 1~5。分值越接近 1，说明在此项能力中越具有天赋。反之，分值接近 5，说明此项能力较弱。

（2）结果对照表如下。

注：

（1）在查找《职业能力倾向对照表》之前，先将自评等级中的数值按照四舍五入的方法化为整数（例如 2.4 化为 2，2.8 进到 3），再对照进行查找。

（2）如果认为查找出的职业类型不是很符合，也可以把自评等级数值化为小于或大于它的整数再进行查找（例如把 2.4 分别化为 2 和 3，再次进行查找。）

（3）如果计算出来的自评等级分值本来就是整数，则无须再改变。

职业能力倾向对照表

职业类型	职业能力倾向								
	G	V	N	S	P	Q	K	F	M
生物学家	1	1	1	2	2	3	3	2	3
建筑师	1	1	1	1	2	3	3	3	3
测量员	2	2	2	2	2	3	3	3	3
测量辅导员	4	4	4	4	4	4	3	4	3
制图员	2	3	2	2	2	3	2	2	3
建筑和工程技术专家	2	2	2	2	2	3	3	3	3
建筑和工程技术员	2	3	3	3	3	3	3	3	3
物理科学技术专家	2	3	3	3	2	3	3	3	3
物理科学技术员	2	2	2	4	2	3	3	2	3
农业/生物/动物/植物学技术专家	2	2	2	4	2	3	3	2	3
数学家和统计学家	1	1	1	3	3	2	4	4	4
系统分析和计算机程序编制者	2	2	2	2	3	3	4	4	4
经济学家	1	1	1	4	4	2	4	4	4
社会学家、人类学家	1	1	3	2	2	3	4	4	4

续表

职业类型	职业能力倾向								
	G	V	N	S	P	Q	K	F	M
心理学家	1	1	2	2	2	3	4	4	4
历史学家	1	1	3	4	4	3	4	4	4
哲学家	1	1	4	3	3	3	4	4	4
政治学家	1	1	3	4	4	3	4	4	4
经济政治学家	2	2	2	3	3	3	3	3	5
社会工作者	2	2	3	4	4	3	4	4	4
社会服务助理人员	3	3	3	4	4	3	4	4	4
法官	1	1	3	4	3	3	4	4	4
律师	1	1	3	4	4	3	4	4	4
公证人	2	2	3	4	4	3	4	4	4
图书管理学专家	2	2	3	3	4	2	3	4	4
图书馆、博物馆和档案管理员	3	3	3	2	2	4	3	2	3
职业指导者	2	2	3	4	4	3	4	4	4
大学教师	1	1	3	3	2	3	4	4	4
中学教师	2	2	3	4	3	3	4	4	4
小学和幼儿园教师	2	2	3	3	3	3	3	3	3
职业学校教师（职业课）	2	2	2	3	3	3	3	3	3
职业学校教师（普通课）	2	2	3	4	3	3	4	4	4
内、外、牙科医生	1	1	2	1	2	3	2	2	2
兽医学家	1	1	2	1	2	3	2	2	2
护士	2	2	3	3	3	3	3	3	3
护士助手	2	4	4	4	4	2	2	3	2
工业药剂师	2	1	2	3	2	2	3	2	3
医院药剂师	2	2	2	4	9	2	3	2	3
营养学家	2	2	2	3	3	3	4	4	4
配镜师（医）	2	2	2	2	2	3	3	3	3
配眼镜商	3	3	3	3	3	4	3	2	3
放射科技术人员	3	3	3	3	3	3	3	3	3
药物实验室技术专家	2	2	2	3	2	3	3	2	3
药物实验室技术员	2	3	3	3	3	3	3	3	3
画家、雕刻家	2	3	4	2	2	5	2	1	2

续表

职业类型	职业能力倾向								
	G	V	N	S	P	Q	K	F	M
产品设计和内部装饰者	2	2	3	2	2	4	2	2	3
舞蹈家	2	3	3	2	3	4	2	2	3
演员	2	2	4	3	4	4	4	4	4
电台播音员	2	2	3	4	4	3	4	4	4
作家和编辑	2	1	3	3	3	3	4	4	4
翻译人员	2	1	4	4	4	3	4	4	4
体育教练	2	2	2	4	4	3	4	4	4
运动员	3	3	4	2	3	4	2	2	2
秘书	3	3	3	4	3	2	3	3	3
打字员	3	3	4	4	4	3	3	3	3
记账员	3	3	3	4	4	2	3	3	4
出纳员	3	3	3	4	4	2	3	3	4
统计员	3	3	2	4	3	2	3	3	4
电话接线员	3	3	4	4	4	3	3	3	3
一般办公室职员	3	4	3	4	4	3	3	4	4
商业经营管理	2	2	3	4	4	3	4	4	4
售货员	3	3	3	4	4	3	4	4	4
警察	3	3	3	4	3	3	3	4	3
门卫	4	4	5	4	4	4	4	4	4
厨师	4	4	4	4	3	4	3	3	3
招待员	3	3	4	4	4	4	3	4	3
理发员	3	3	4	4	9	4	2	2	2
导游	3	3	4	3	3	5	3	3	3
驾驶员	3	3	3	3	3	3	3	4	3
农民	3	4	4	4	4	4	4	4	4
动物饲养员	3	4	4	4	4	4	4	4	4
渔民	4	4	4	4	4	5	3	4	3
矿工	3	4	4	3	4	5	3	4	3
纺织工人	4	4	4	4	3	5	3	3	3
机床操作工	3	4	4	3	3	4	3	4	3
锻工	3	4	4	4	3	4	3	4	3

续表

职业类型	职业能力倾向								
	G	V	N	S	P	Q	K	F	M
无线电修理工	3	3	3	3	2	4	3	3	3
细木工	3	3	3	3	3	4	3	4	4
家具木工	3	3	3	3	3	4	3	4	3
一般木工	3	4	4	3	4	4	3	4	3
电工	3	3	3	3	3	4	3	3	3
裁缝	3	3	4	3	3	4	3	2	3

附录 8 《中华人民共和国职业分类大典（2015 年版）》中的职业分类表

大类	中类	职业描述
1. 党的机关、国家机关、群众团体和社会组织、企事业单位负责人	1-01. 中国共产党机关负责人	在中国共产党机关，国家机关，民主党派和工商联，人民团体和群众团体、社会组织及其工作机构，基层群众自治组织，企业、事业单位中担任领导职务并具有决策、管理权的人员。
	1-02. 国家机关负责人	
	1-03. 民主党派和工商联负责人	
	1-04. 人民团体和群众团体、社会组织及其他成员组织负责人	
	1-05. 基层群众自治组织负责人	
	1-06. 企事业单位负责人	
2. 专业技术人员	2-01. 科学研究人员	从事科学研究和专业技术工作的人员
	2-02. 工程技术人员	
	2-03. 农业技术人员	
	2-04. 飞机和船舶技术人员	
	2-05. 卫生专业技术人员	
	2-06. 经济和金融专业人员	
	2-07. 法律、社会和宗教专业人员	
	2-08. 教学人员	
	2-09. 文学艺术、体育专业人员	
	2-10. 新闻出版、文化专业人员	
	2-99. 其他专业技术人员	

续表

大类	中类	职业描述
3. 办事人员和有关人员	3-01. 办事人员	在公共管理和社会组织机构中，从事行政业务、行政事务、行政执法和仲裁、安全保卫、消防和应急救援等工作的人员。
	3-02. 安全保卫和消防人员	
	3-99. 其他办事人员和有关人员	
4. 社会生产服务和生活服务人员	4-01. 批发与零售服务人员	从事商品批发零售、交通运输、仓储、邮政和快递、住宿和餐饮、信息传输、软件和信息技术以及金融、房地产、租赁和商务、技术辅助、生态保护、文化、体育和娱乐等社会生产服务与生活服务工作的人员。
	4-02. 交通运输、仓储和邮政业服务人员	
	4-03. 住宿和餐饮服务人员	
	4-04. 信息传输、软件和信息技术服务人员	
	4-05. 金融服务人员	
	4-06. 房地产服务人员	
	4-07. 租赁和商务服务人员	
	4-08. 技术辅助服务人员	
	4-09. 水利、环境和公共设施管理服务人员	
	4-10. 居民服务人员	
	4-11. 电力、燃气及水供应服务人员	
	4-12. 修理及制作服务人员	
	4-13. 文化、体育和娱乐服务人员	
	4-14. 健康服务人员	
	4-99. 其他社会生产和生活服务人员	
5. 农、林、牧、渔业生产及辅助人员	5-01. 农业生产人员	从事农、林、畜、渔业生产活动及辅助生产的人员
	5-02. 林业生产人员	
	5-03. 畜牧业生产人员	
	5-04. 渔业生产人员	
	5-05. 农、林、牧、渔业生产辅助人员	
	5-99. 其他农、林、牧、渔业生产及辅助人员	

续表

大类	中类	职业描述
6. 生产制造及有关人员	6-01. 农副产品加工人员	从事产品生产及设备制造、矿产开采、工程施工和运输设备操作的人员及有关人员
	6-02. 食品、饮料生产加工人员	
	6-03. 烟草及其制品加工人员	
	6-04. 纺织、针织、印染人员	
	6-05. 纺织品、服装和皮革、毛皮制品加工制作人员	
	6-06. 木材加工、家具与木制品制作人员	
	6-07. 纸及纸制品生产加工人员	
	6-08. 印刷和记录媒介复制人员	
	6-09. 文教、工美、体育和娱乐用品制作人员	
	6-10. 石油加工和炼焦、煤化工生产人员	
	6-11. 化学原料和化学制品制造人员	
	6-12. 医药制造人员	
	6-13. 化学纤维制造人员	
	6-14. 橡胶和塑料制品制造人员	
	6-15. 非金属矿物制品制造人员	
	6-16. 采矿人员	
	6-17. 金属冶炼和压延加工人员	
	6-18. 机械制造基础加工人员	
	6-19. 金属制品制造人员	
	6-20. 通用设备制造人员	
	6-21. 专用设备制造人员	
	6-22. 汽车制造人员	
	6-23. 铁路、船舶、航空设备制造人员	
	6-24. 电气机械和器材制造人员	
	6-25. 计算机通信和其他电子设备制造人员	
	6-26. 仪器仪表制造人员	
	6-27. 废弃资源综合利用人员	
	6-28. 电力、热力、气体、水生产和输配人员	
	6-29. 建筑施工人员	
	6-30. 运输设备和通用工程机械操作人员及有关人员	
	6-31. 生产辅助人员	
	6-99. 其他生产制造及有关人员	

续表

大类	中类	职业描述
7. 军人	7-00. 军人	军人
8. 不便分类的其他从业人员	8-00. 不便分类的其他从业人员	不便分类的其他从业人员

附录9　2020年16个新职业信息

1. 2-02-07-13　智能制造工程技术人员

定义：从事智能制造相关技术的研究、开发，对智能制造装备、生产线进行设计、安装、调试、管控和应用的工程技术人员。

主要工作任务如下：

（1）分析、研究、开发智能制造相关技术。

（2）研究、设计、开发智能制造装备、生产线。

（3）研究、开发、应用智能制造虚拟仿真技术。

（4）设计、操作、应用智能检测系统。

（5）设计、开发、应用智能生产管控系统。

（6）安装、调试、部署智能制造装备、生产线。

（7）操作、应用工业软件进行数字化设计与制造。

（8）操作、编程、应用智能制造装备、生产线进行智能加工。

（9）提供智能制造相关技术咨询和技术服务。

2. 2-02-10-13　工业互联网工程技术人员

定义：围绕工业互联网网络、平台、安全三大体系，在网络互联、标识解析、平台建设、数据服务、应用开发、安全防护等领域，从事规划设计、技术研发、测试验证、工程实施、运营管理和运维服务等工作的工程技术人员。

主要工作任务如下：

（1）研究、设计网络互联与数据互通、共享等解决方案并指导工程实施。

（2）研究、开发、应用工业大数据的采集技术、工业机理模型和高级数据分析挖掘技术。

（3）研究、设计、开发、调测、推广工业互联网应用平台和应用型工业 App。

（4）规划、设计、部署工业互联网安全系统，监控、管理和保障工业互联网网络、平台及数据安全。

（5）规划、运营产业链和供应链资产数据，指导资源配置、协同生产和柔性生产、设备健康和能耗管理。

（6）构建、调测、维护工业互联网网络，监控相关信息，动态维护网络链路和网络资源。

（7）提供工业互联网术语解释、技术咨询与工程实施指导。

3. 2-02-10-14　虚拟现实工程技术人员

定义：使用虚拟现实引擎及相关工具，进行虚拟现实产品的策划、设计、编码、测试、维护和服务的工程技术人员。

主要工作任务如下：

（1）虚拟现实软件产品策划、场景设计、界面设计、模型制作、程序开发、系统测试。

（2）设计、开发、集成、测试虚拟现实硬件系统。

（3）研究、应用虚拟现实体系架构、技术和标准。

（4）管理、监控、维护并保障虚拟现实产品的稳定和安全运行。

（5）提供虚拟现实技术相关的技术咨询、技术培训和技术支持服务。

4. 4-01-02-06　连锁经营管理师

定义：运用连锁经营管理工具及相关技术，进行业态定位、品类管理、营销企划、顾客服务、视觉营销等工作，负责门店运营业务管理的人员。

主要工作任务如下：

（1）设计连锁体系，厘清总部与门店权责，规划门店运营模式。

（2）分析门店经营数据，制订经营目标与计划并组织实施。

（3）调研商圈特征，拓展新门店，进行业态定位与品类结构调整。

（4）负责商品的进货、销售和储存，策划门店促销活动并组织实施。

（5）设计门店动线，负责布局规划与商品陈列的落实。

（6）设计门店服务体系，培训、激励一线营业人员，做好顾客服务工作。

（7）负责维护门店外围关系，处理与门店相关的其他事务。

（8）管控门店日常运作，对门店业绩进行评估与优化。

（9）负责商品安全管理工作，组织开展门店及商品安全自查。

5. 4-02-06-05　供应链管理师

定义：运用供应链管理的方法、工具和技术，从事产品设计、采购、生产、销售、服务等全过程的协同，以控制整个供应链系统的成本并提高准确性、安全性和客户服务水平的人员。

主要工作任务如下：

（1）实施销售和运作计划，进行库存管理，协调供给与需求关系。

（2）制订采购策略，对供应商进行整合与评估。

（3）负责生产和服务设施选址与布置，实施精益生产。

（4）负责运输网络设计与管理，协调仓储规划与运作，实现产品和服务的高效交付与回收。

（5）制订供应链信息技术决策，运用数字化技术管理客户、内部供应链、供应商及交易。

（6）运用供应链绩效管理工具及方法，对供应链进行评估与改进。

（7）提供供应链技术咨询和服务。

6. 4-02-07-10　网约配送员

定义：通过移动互联网平台等，从事接收、验视客户订单，根据订单需求，按照平台智能规划路线，在一定时间内将订单物品递送至指定地点的服务人员。

主要工作任务如下：

（1）通过移动智能终端接收、验视、核对客户订单，包括但不限于数量、尺寸、规格、颜色、保质期、价格、地址。

（2）分类整理订单物品，编排递送顺序。

（3）按照客户要求及网络平台智能规划的配送路线，在一定时间内将订单物品递送至指定地点。

（4）处理无人接收、拒收、破损等递送异常情况。

（5）处理客户投诉及其他递送诉求。

7. 4-04-05-05　人工智能训练师

定义：使用智能训练软件，在人工智能产品实际使用过程中进行数据库管理、算法参数设置、人机交互设计、性能测试跟踪及其他辅助作业的人员。

主要工作任务如下：

（1）标注和加工图片、文字、语音等业务的原始数据。

（2）分析提炼专业领域特征，训练和评测人工智能产品相关算法、功能和性能。

（3）设计人工智能产品的交互流程和应用解决方案。

（4）监控、分析、管理人工智能产品应用数据。

（5）调整、优化人工智能产品参数和配置。

本职业包含但不限于下列工种：数据标注员、人工智能算法测试员。

8. 4-08-05-07　电气电子产品环保检测员

定义：从事电气电子产品的整机、元器件、材料等环保检验、检测、监测、分析及数据处理，并利用检测结果改进产品环保设计、生产工艺、供应链环保溯源管理，以及环保检测新方法开发的技术及管理服务人员。

主要工作任务如下：

（1）研究并应用电气电子产品环保法规、标准、检测方法、检测仪器设备装置。

（2）规划、设计、建置电气电子产品检测实验室，评估、校准、维护环保检测设备。

（3）开发、确认、验证新的环保检测方法，参与相关检测标准制订。

（4）组织内部检验测试单位能力比对。

（5）制订产品环保检验、检测、监测方案，进行产品材料、设计、生产工艺的禁/限用物质风险评估。

（6）根据标准或规范进行样品的采集、拆分和制样等前处理，使用检测仪器设备对样品的禁/限用物质进行检验、检测、监测及分析。

（7）对样品检测数据进行处理、分析、结果符合性判定，形成记录或出具报告。

（8）分析并利用检验、检测和监测结果，制订产品环保设计、生产工艺及供应链产品环保符合性溯源管理的改进方案。

9. 4-13-05-04　全媒体运营师

定义：综合利用各种媒介技术和渠道，采用数据分析、创意策划等方式，从事对信息进行加工、匹配、分发、传播、反馈等工作的人员。

主要工作任务如下：

(1) 运用网络信息技术和相关工具，对媒介和受众进行数据化分析，指导媒体运营和信息传播的匹配性与精准性。

(2) 负责对文字、声音、影像、动画、网页等信息内容进行策划和加工，使其成为适用于传播的信息载体。

(3) 将信息载体向目标受众进行精准分发、传播和营销。

(4) 采集相关数据，根据实时数据分析、监控情况，精准调整媒体分发的渠道、策略和动作。

(5) 建立全媒体传播矩阵，构建多维度立体化的信息出入口，对各端口进行协同运营。

10. 4-14-01-02 健康照护师

定义：运用基本医学护理知识与技能，在家庭、医院、社区等场所，为照护对象提供健康照护及生活照料的人员。

主要工作任务如下：

(1) 观察发现照护对象的常见健康问题及疾病（危急）症状，提出相应预防、康复及照护措施，或提出送医建议。

(2) 观察发现照护对象的常见心理问题，提供简单心理疏导及支持性照护措施。

(3) 照护老年人生活起居、清洁卫生、睡眠、日常活动，提供合理饮食及适宜活动，提供预防意外伤害安全照护，为临终老人提供安宁疗护措施。

(4) 照护孕产妇生活起居，根据个体身心特点，提供合理营养、适当运动的健康生活照护，促进母乳喂养及产后康复。

(5) 照护婴幼儿生活起居与活动，提供喂养、排泄、洗浴、抚触、睡眠、生长发育促进及心理健康照护措施。

(6) 照护病患者生活起居、清洁卫生、日常活动，提供合理饮食及适宜活动，按医嘱督促、协助照护对象按时服药、治疗。

(7) 为照护对象家庭提供整洁的生活环境、合理的营养膳食及健康常识普及。

本职业包含但不限于下列工种：医疗护理员。

11. 4-14-01-03 呼吸治疗师

定义：使用呼吸机、肺功能仪、多导睡眠图仪、雾化装置等呼吸治疗设备，从事心肺和相关脏器功能的评估、诊治与康复，以及健康教育、咨询指导等工作的人员。

主要工作任务如下：

(1) 运用肺功能检查、多导睡眠图、心肺运动检查、呼吸力学、血气分析等设备及技术方法，进行心肺和相关脏器生理与功能的监测及评估，制订呼吸治疗方案。

(2) 评估和管理需要呼吸支持的患者，维护呼吸机等相关设备，保障呼吸机等设备的规范化使用。

(3) 负责人工气道管理与自然气道维护的个体化计划的制订与实施。

(4) 负责雾化吸入、气道湿化、气道廓清等其他呼吸治疗方案的制订和实施。

(5) 负责患者院内外转运或急救中呼吸治疗安全的保障工作。

(6) 负责呼吸康复的管理、指导与咨询，进行戒烟指导和呼吸健康宣教工作。

(7) 参与呼吸治疗相关技术与设备的研究、开发和推广。

12. 4-14-02-04 出生缺陷防控咨询师

定义：从事出生缺陷防控宣传、教育、咨询、指导以及提供出生缺陷发生风险的循证信息、遗传咨询、解决方案建议、防控管理服务及康复咨询的人员。

主要工作任务如下：

（1）为咨询对象提供包括环境、遗传等因素的出生缺陷发生风险的循证咨询建议，提供医学检查和就医建议。

（2）对出生缺陷检测、治疗与康复、病患家庭的重点人群再生育等提供咨询建议。

（3）为咨询对象提供出生缺陷临床表现和可能采取的干预措施及预后情况的咨询，并提供心理疏导。

（4）为咨询对象、病患家庭提供出生缺陷相关的防控、保障等社会资源信息。

（5）进行出生缺陷防控社会宣传，普及出生缺陷防控相关知识。

13. 4-14-03-06　康复辅助技术咨询师

定义：根据功能障碍者的身体功能与结构、活动参与能力及使用环境等因素，综合运用康复辅助技术产品，为功能障碍者提供辅助技术咨询、转介、评估、方案设计、应用指导等服务的人员。

主要工作任务如下：

（1）为功能障碍者提供康复辅助技术产品咨询与服务转介。

（2）评估功能障碍者的身体结构和功能、活动和参与、环境因素以及个人因素，提出康复辅助技术产品适配方案，以及个人和公共环境改造方案。

（3）指导康复辅助技术产品适配方案、个人和公共环境改造方案的实施。

（4）指导功能障碍者使用康复辅助技术产品，并进行效果评价。

（5）为功能障碍者提供辅助技术产品保养和简单维修知识及简易康复指导服务，对用户进行随访。

（6）开展社区居民的康复辅助技术服务科普和宣教。

14. 6-23-03-15　无人机装调检修工

定义：使用设备、工装、工具和调试软件，对无人机进行配件选型、装配、调试、检修与维护的人员。

主要工作任务如下：

（1）根据无人机的产品性能等相关要求，对无人机进行配件选型、制作及测试。

（2）按照装配图等相关要求，使用专用工具进行无人机的整机装配。

（3）使用相关调试软件和工具，进行无人机系统和功能模块的联调与测试。

（4）使用专用检测仪器及软件进行无人机各系统检测、故障分析和诊断。

（5）使用相关工具，根据故障诊断结果进行无人机维修。

（6）使用专用检测工具和软件对修复后的无人机进行性能测试。

（7）根据维护保养手册，对无人机各功能模块进行维护保养。

（8）编制无人机设备装配、测试、检修维修等报告。

15. 6-29-02-16　铁路综合维修工

定义：对铁路线路、路基、桥涵、隧道、信号、牵引供电接触网及附属设备进行检测、施工、养护、维修的人员。

主要工作任务如下：

（1）负责铁路线路、路基、桥涵、隧道及附属设备的巡视检查、日常养护、值班值守、应急处置、施工配合等。

（2）负责铁路现场信号设备的巡视检查、日常养护、值班值守、应急处置、施工配合等。

（3）负责铁路牵引供电接触网设备的巡视检查、日常养护、值班值守、应急处置、施工配合等。

（4）负责铁路现场信号设备、牵引供电接触网设备的数据采集、整理及综合分析。

（5）负责铁路基础设施巡检、基础设施设备养护现场作业安全防护等。

本职业包含但不限于下列工种：铁路网线维修工、铁路信线维修工。

16. 6-29-99-00　装配式建筑施工员

定义：在装配式建筑施工过程中从事构件安装、进度控制和项目现场协调的人员。

主要工作任务：

（1）编制装配式建筑预制构件现场安装方案。

（2）负责预制构件现场堆放。

（3）负责现场构件定位放线、标高测定、吊装、安装、调平、校正。

（4）负责构件的临时支撑。

（5）负责外墙、内墙构件的砂浆密封和套筒灌浆连接。

（6）负责构件吊装后的吊点切割和抹平。

（7）负责构件表面预埋件凹槽部位的处理。

（8）负责施工现场进度的控制和有关单位的沟通协调。

（资料来源：http：//www. mohrss. gov. cn/gkml/zcfg/gfxwj/202003/t20200302_ 361062. html）

附录 10　不同行业的用人要求

不同的职业因其不同的功能和特征，对从事这项劳动的劳动者具有不同的素质要求。下面我们介绍一些主要的职业对劳动者素质的具体要求。

1. 农业

（1）身体健壮，对各种气候环境适应性强，并要求有较强的臂力、手眼灵活结合的运动能力。

（2）有敏锐的观察力、较好的分析能力和果断的决策能力。

（3）具有初中以上文化水平，至少要接受初等农业技术教育，掌握植物学、植物遗传学、育种、土壤、肥料、植物保护、耕作、气象、栽培、病虫害防治、农药和化肥使用、农业经济管理等方面的基础知识。

（4）热爱农业，有良好的职业道德。

2. 采掘业

（1）吃苦耐劳，不怕苦不怕累，组织纪律性强，能严格执行安全操作规程。

（2）身体健康，视力、听力好，双臂粗壮，动作控制能力较强。

（3）感觉、知觉、嗅觉较好，对各种突变情况反应灵敏，神经系统属强型，心理负荷承受能力强，处理问题果断。

3. 轻工业

（1）体魄健康，没有传染病，没有心脏病、肝炎等慢性疾病，无色盲、色弱。

（2）热爱本职工作，不嫌脏，不怕累，严格遵守操作规程，保证产品质量。

（3）感觉反应灵敏，心细、有毅力。

（4）手眼协调能力强，手指动作灵活。

（5）一般应从专业的职业学校或技工学校毕业，对物理、化学、美术等方面的知识应丰富些。

4. 重工业

（1）具有健康体魄，没有支气管哮喘、慢性支气管炎、肾炎、心肌炎等疾病，有较好的视力。

（2）具有较好的记忆力、组织能力、分析和应变能力，遇事冷静、不慌乱，头脑清醒，反应灵敏，手眼动作协调。

（3）具有初中以上文化基础，掌握数学、力学、电学、机械原理等方面的专业知识，要能看图，具有基本工具的操作技能。

（4）不怕苦，不怕累，有良好的组织纪律性，严格执行工艺规程。

5. 化学工业

（1）没有支气管扩张、慢性支气管炎等疾病；对化学药品及其气味没有过敏史；无色盲、色弱，有较强的辨色力和气味分辨力；听觉灵敏。对制药职业者还要求没有患传染病。

（2）有较强的反应能力、严格按生产工艺过程操作的能力。

（3）受过中等教育，经过专门岗位技术培训，有一定的化学计算能力。

（4）对工作高度认真负责，对生产操作一丝不苟；有临危不乱，果断处理事故，不惜牺牲生命保护国家财产的献身精神。

6. 建筑业

（1）身体健康。

（2）具有较强的空间感觉和手脚协调、全身动作协调以及手指动作灵巧等能力。具有良好的自我控制能力，尤其是对高空作业的心理负荷能力要强，具有临危不惧、善于处理意外的能力。

（3）具有中等专业技术文化程度。尤其要掌握中学物理、数学、化学等知识和基建工程专业技术知识，有较强的识图能力。凭专业证书上岗劳动。

（4）在职业道德方面，必须高度重视安全，严格遵守劳动纪律，文明施工，认真执行施工规范和有关安全操作规程，确保工程质量；有高度的节约精神，在施工中勤俭节约；有较高的协作精神。

7. 交通运输业

（1）身体健康，对听力、视觉都有特定要求，对身体、年龄也有特定要求。

（2）注意力高度集中，对气候、生活环境等的适应能力特别强，手、脚、眼协同动作，记忆力强等。

（3）熟知运输工具的构造、性能，掌握驾驶操作规程和基本修理技能，熟知交通规章等。

（4）有严格的组织纪律性，遵守交通法规；对运输的货物、旅客高度负责；对技术精益求精。必须经过专门的技术培训，特别是驾驶员、修理工。

8. 邮电通信业

（1）身体健康，无残缺畸形，有较好的视力、听力和语言表达能力。对外在素质，如气质、音容等也有一定的要求。

（2）在劳动过程中手眼配合好，能较长时间保持注意力高度集中，专心地进行操作，语言流畅。尤其是话务员、营业员，口齿要清晰，甚至能听懂地区方言。

（3）有较丰富的语文、地理、电子等方面的知识，懂得邮电通信基础知识。

（4）有严格的组织纪律性，能准确、及时、无误地传递信息。严格遵守通信保密纪律，不泄露、不扩散国家机密和用户的信息等。对待顾客有礼貌，态度和蔼，服务热情。必须经过专门的高等职业技术教育，主要是经过高职或技校的专业技术培训。

9. 工程技术业

（1）有较高的文化水平，起码要完成中等专业技术教育，一般应有大专水平。

（2）精力充沛，特别是应具有敏锐的观察力、钻研精神和创造力，要掌握并运用较高深的专业技术知识。为了便于学习和应用国外的先进技术，还要有一定的外语水平；有较强的自学能力，能不断进行自我素质开发，以便及时掌握并运用发展变化了的新技术、新工艺。

10. 技术服务业

主要包括科学技术方面，电子计算机、气象、地震、测绘、计量、海洋环境、环境保护等，素质要求如下。

（1）具有较高的文化程度，一般应是具有专业技术的大学本科毕业。

（2）身体健康，精力充沛，视力正常。

（3）心理健康，注意力集中，分析能力较强，应变能力强，有辩证思维能力、较强的逻辑判断能力和推理能力，思维敏捷。在野外工作的，工作生活条件艰苦，必须有吃苦耐劳的精神。

（4）在知识结构上，数学、计算机、外语水平需较高。

（5）在人际关系方面善于与别人合作。

11. 教师

（1）把德育放在首位，培养学生德智体全面发展。

（2）五官端正、听力正常、无口吃。

（3）要有多方面的能力：一是语言表达能力；二是非语言的表达能力，如表情、手势、姿态等；三是观察能力——不仅要对社会问题、社会现象有正确的观察力，还要对学生有敏锐的观察力；四是组织、协调能力；五是文字表达能力。

12. 印刷业

（1）身体健康，无传染病，视力良好。

（2）具有高中或高职以上文化程度，文化知识面要广，而且需经过专门技术培训。

（3）工作严肃认真，精力高度集中。尤其是排版工人，要有较强的记忆力，能较长时间集中精力工作。

（4）手眼能准确地进行协同动作。

13. 编辑、记者

（1）身体健康，尤其是记者，必须有健康的身体。

（2）要有较高的文化素质，一般需要大学本科以上毕业，要有较宽的知识面。

（3）要有较强的社会活动能力、人际交往能力。

（4）要有敏锐的观察能力、辩证的思维能力和非常好的语言文字表达能力。

（5）要有高尚的职业道德，对党、对人民、对社会主义现代化事业无限热爱，有极强的责任感，实事求是，不弄虚作假。

14. 医疗卫生

（1）有高尚的道德，有救死扶伤的人道主义精神，热爱生命，热爱事业，工作高度认真负责。

（2）身心健康，不能有传染病，而且要有健康的心理。

（3）要有多学科的知识。医务人员必须接受专门的职业技术教育，必须具有高职以上的文化程度。

（4）要有良好的记忆力、观察力、分析力、辩证的思维能力和判断力。

（5）要有全心全意为人民服务的思想，不能以医谋私；要实事求是、一丝不苟，来不得半点虚假；有吃苦耐劳的精神。

15. 企业经营管理

（1）身体健康，精力充沛。

（2）有较高的文化修养和文化水平，起码是高职以上的文化程度。同时，要有一定的历史、文学艺术知识，了解社会风俗习惯，甚至具有一定的世界政治、经济、文化知识。特别是既要有经营管理的专业知识，又要有关于企业生产、经营方面的基本技术知识。

（3）要有健康的心理素质和多方面的能力。

（4）要有良好的自学习惯。

（5）要有较好的外在气质，身材适中，相貌端庄，与人接触礼貌周全，不卑不亢，既令人尊敬，又不使人惧怕。

16. 个体经营

（1）有一定文化和从事生产经营的技术、技能和基本知识。

（2）有一定的特殊技术、技能和能力。

（3）对国家的就业方针、政策、工商税务、物价、卫生、市容监督、劳动部门等的行政、法律规定等有比较全面的认识和了解。

（4）有较坚定的政策和法制观念。

（5）有良好的职业道德。

（6）有强烈的自我保障意识。加强个人自我保障意识，拿出适当的现实收入参加各种与个人生活、丧失劳动能力后生存有关的保险。

（7）有自觉遵守社会公德、伦理道德、有关社会治安、正常的社会秩序的观念、习惯。

17. 工艺美术设计

（1）视力正常。

（2）有一定的创造能力和形象思维能力。

（3）有坚强的意志和毅力；有时工作持续时间很长，思想、精力要高度集中。

（4）思维敏捷，手的动作灵活，性格活泼，对外界事物反应较快。

（5）要有较强的观察、审美、欣赏能力。

（6）必须接受专业技术教育，起码要完成工艺美术技校的专业教育。

18. 商业、公共饮食服务、物资供销和仓储职业

这几种职业是以其劳务为消费者服务，都是流通领域中的第三产业服务人员，必须具备的劳动素质如下。

（1）要经过专门的技术培训，其文化程度从职业高中或高职到大学本科，个别专业的个别岗位甚至需要硕士研究生。

（2）要懂得心理学、经济学等知识。

（3）廉洁奉公、勤恳、热情、礼貌待人，严格遵守国家各项政策、法律、财务制度、财经纪律，有良好的卫生习惯。

（4）身体健康，精力充沛，无传染病。

（5）记忆力好，有耐力，手眼动作灵敏协调，思维敏捷，有较好的洞察力和判断力。对售货员、服务员来说，还要有较好的语言表达能力和交际能力。

（6）售货员、服务员要有较好的外在气质，五官端正、身材匀称，注意仪表，整洁大方。

19. 家庭服务

（1）身体健康，无传染病，无残疾、畸形，有一定体力。

（2）最好能有初中文化程度，经过短期的职业培训上岗，懂得家庭生活基本常识。

（3）思想品质健康，作风正派，不能有贪利之心，不受金钱利诱。

（4）记忆力和语言表达能力较好。

20. 房地产管理、公用事业、居民服务业

这几个职业的服务过程与消费过程是统一的，提供劳务的人都需要有一定的专业技术技能，其劳动素质的基本要求如下。

（1）身体健康，有一定的体力，有的甚至要求有较强的体力，无传染病。

（2）除各部门经营管理者外，一般要求中等文化程度，但必须经过专业技术培训。导游一般应有大专以上文化程度，而且对外语、地方方言有较高水平。

（3）一般要求外向型性格，服务热情、细致、周到，性格开朗、大方，喜欢社会交往，动作敏捷、头脑灵活、应变能力强。

（4）有些工种要不怕苦、不怕脏、不怕累，能吃苦耐劳。能够默默无闻，甚至在别人曲解的情况下也能坦然工作，如环卫、殡葬服务人员等。

（5）要有一定的审美能力，有一定的观察生活、观察自然、观察人的能力，以及创造想象力和形象思维能力，如园林工人、理发、美容、保育员等。

（6）公共交通、公共场所售票员、理发美容员、旅馆服务员、导游人员等，要求五官端正，有较好的语言表达能力，仪表庄重大方，甚至对身高也有一定要求。

21. 会计、审计、统计

（1）身体健康，精力充沛，有较好的视力，矫正视力应在 1.0 以上。毅力、耐力较好，能长时间持续地坐着工作。

（2）需要较高的文化程度，受过专业培训，起码要中等专业学校毕业。不但要掌握会计学、审计学、统计学，还要掌握经济、有关法律及所在单位的生产经营、行政方面的知识。

（3）需要有良好的道德品质，不贪图小恩小惠、不吃请受礼，要坚持原则，不贪污、不受贿，有敢于同违反财经纪律的行为、抢劫行为作斗争的精神，甚至有不惜牺牲生命来保卫公共和国家财产的斗争精神。

（4）工作严肃、认真、谨慎、心细，有较好的运算能力，文字书写得体、工整、清晰。

22. 金融、保险

（1）身体健康，精力充沛，能够手脑并用，吃苦耐劳，能适应工厂企业、机关等各种生活环境。

（2）具有高职以上文化程度，熟练地掌握本专业技术知识，懂得市场经济理论、资金管理、财务管理、生产经营管理等管理知识，具有财政、信贷、会计、保险等方面专门知识。

（3）廉洁奉公，有较强的法制观念、政策观念，较高的思想觉悟，秉公办事。

（4）有严肃认真的负责精神，要有较强的分析、判断能力，善于调查研究，善于发现问题、分析问题，并能独立解决问题。

（5）五官端正，仪表大方，工作沉着，对外接触热情。在不丧失原则的前提下能灵活处理人际关系。

23. 经纪人

（1）身体健康，无传染病，精力充沛，五官端正。

（2）有较高的文化程度，尤其是交易所内的经纪人一般应有大专学历，而且应接受专门的职业培训。除了要有深厚的经济理论基础知识，还要对经济活动实践有较深刻的理解。

（3）要有较好的辩证思维能力及较强的观察能力、分析能力、判断能力，活动能力强，对政治、经济形势敏感，注重人际关系，讲信誉。

（4）有较好的外在素质，有较好的语言表达能力，善于言谈交际。

24. 文学、艺术

（1）有健康的身体素质。

（2）有一定的文学、艺术天资。

（3）要接受过专门的艺术教育。

（4）要有良好的记忆力和自学模仿能力、语言表达能力，要有丰富的想象力，源于生活、高于生活的创造能力；感情丰富，能用文字或语言，或表情，或动作表达出人们喜、怒、哀、乐的感情变化；舞蹈、武打演员、乐器演奏演员、杂技演员等还需要脑、手、眼、脚协调配合的能力。

（5）要有高尚的情操。

25. 图书馆、博物馆、文化馆、艺术馆、档案馆

主要是管理人员和讲解员，其劳动素质如下。

（1）身体健康，脑力体力并重。

（2）有中等以上的文化程度，必须接受专业技术技能教育。既要掌握有关管理、讲解的技能知识，还要掌握与所收藏的文化艺术品、文物等有关的文化技术知识和外语表达能力。

（3）管理人员要有搜集、鉴别、整理、仿制、文字写作的能力；讲解员要有较好的语言表达能力。外在素质也要比较好。

26. 体育

这里主要介绍运动员和教练员所必备的劳动素质。

（1）要有健康的身体，这不是指一般的健康，而是要求超常的健康。

（2）有中等以上的文化水平。

（3）有较宽广的学识面，如体育的技能知识、体育科学的基础理论知识、训练方法和比赛规则等；此外，还要了解心理学、运动生理学、运动医学、国家的外交政策等知识。

（4）要有健康的心理素质，要有自信心、自制能力，要有较强的分析、判断能力，反应快、动作敏捷。

（5）要有较高的思想境界。教练员更要有处事公正、知人善任、诲人不倦的美德。

27. 模特

（1）身体健康，无任何残缺。要有较好的体力。

（2）精力充沛、感情表达能力强。

（3）文化水平较高。模特需要有较高的文化、艺术修养，起码要高中毕业，并要经过专门的技能训练。

（4）思想健康，自尊自爱，作风正派，不为小利丧失人格和国格。

28. 公安、法院、检察院

（1）有健康的身体、充沛的精力。

（2）有较高的文化程度，起码要达到高中文化程度。

（3）有高度的责任感、使命感，热爱祖国，热爱人民，有随时为国家为人民以身殉职的牺牲精神。

（4）有爱憎分明的立场、感情。

（5）有严格的组织纪律性，严格保守机密。

（6）有健康的心理，有敏锐的观察能力、较强的分析能力、判断能力、应变能力、较强的人际交往能力、语言表达能力和自我约束能力。

（7）外貌端庄，身高适宜，谈吐清晰、稳健，有较好的外在气质。

（8）对党的路线、方针、政策能够做到认真领会、实事求是地积极贯彻执行。

29. 军事职业

（1）公民应服兵役的年龄为18~22周岁，身体健康，没有严重的生理缺陷或者严重残疾。

（2）思想健康、热爱祖国、忠于人民、勇于牺牲、顽强勇敢、不怕苦不怕累、不畏险阻、不屈服于压力。

（3）有一定的文化程度，起码需要初中毕业，而军事科学研究人员、军事指挥人员、相当一部分文职官员和专业兵种的士兵，则必须具有大专以上的文化程度，并且需要接受专业技术技能教育。

30. 保安

（1）身体健康，需要有较好的听力、视力、体力。

（2）有一定的擒拿功夫。

（3）有不怕苦、不怕累的吃苦耐劳精神。

（4）有良好的思想品质，不受金钱利诱、不贪图小便宜，不能监守自盗。

（5）要有机敏的反应能力、较好的判断能力，遇事镇静不慌乱。

（6）要有较好的仪表和语言表达能力，有礼貌。

31. 秘书

（1）有较高的文化水平和文化素养，较宽的知识面，起码需要高中以上文化程度，最好具有大专以上文化程度。

（2）身体健康，精力充沛，能在各种环境下协助领导工作，能长时间连续从事工作。

（3）有较高的写作能力和较好的语言表达能力；思维敏捷，对各种事物反应较快；有较好的辩证思维能力、观察分析能力、判断能力和记忆力；有较好的社会交往能力。

（4）认真负责、积极主动；细心、逻辑性强；开朗乐观、稳健；办事、存放东西井然有序、忙而不乱。

（5）有端庄的相貌仪表，善于应酬各种场面。

（6）具有操作现代化办公设备的技能。

附录 11　决策风格类型测试表

下列情境描述是否贴合你的实际？如果符合，就得 1 分。如果不符合，则不得分。

1. 我常仓促做草率的判断。
2. 我做事情时不喜欢自己出主意。
3. 碰到难做的事情，我就把它放到一边。
4. 我会多方收集决定所必需的一些个人及环境材料。
5. 我常凭一时冲动行事。
6. 做事时我喜欢有人在身旁，以随时商量。
7. 遇到需要做决定的，我就紧张不安。
8. 我会将收集到的材料加以比较分析，列出选择的方案。
9. 我经常改变自己所做出的决定。
10. 发现别人的看法与我的不同，我就不知道怎么办。
11. 我做事总是东想西想，下不了决心。
12. 我会权衡各项可选择方案的利弊得失，判断出此时此地最好的选择。
13. 做决定之前，我从未做任何准备，也未分析可能的结果。
14. 我很容易受别人意见的影响。
15. 我觉得做决定是一件痛苦的事情。
16. 我会参考其他人的意见，再斟酌自己的情况来做出最适合自己的决定。
17. 我常不经慎重思考就做决定。
18. 在父母、师长或亲友催促做决定之前，我并不打算做任何决定。
19. 为了避免做决定的痛苦，我现在并不想做决定。
20. 经过深思熟虑之后，我会明确决定一项最佳的方案。
21. 我喜欢凭直觉做事。
22. 我常让父母、师长或亲友为我做决定。
23. 我处理事情经常犹豫不决。
24. 当已经决定了所选择的方案，我会展开必要的准备行动并全力以赴做好它。

计分方式：

根据类型分布，将同一类型的题目得分进行相加，哪种类型得分最高，可能你就属于哪种决策类型。

决策风格类型测试结果：____________________

不同类型决策风格的题型分布：

冲动直觉型：1、5、9、13、17、21

依赖型：2、6、10、14、18、22

忧郁型：3、7、11、15、19、23

理性型：4、8、12、16、20、24

附录 12　《教育部关于应对新冠肺炎疫情做好 2020 届全国普通高等学校毕业生就业创业工作的通知》

教育部关于应对新冠肺炎疫情
做好 2020 届全国普通高等学校毕业生
就业创业工作的通知

教学〔2020〕2 号

各省、自治区、直辖市教育厅（教委），有关省、自治区人力资源社会保障厅，部属各高等学校、部省合建各高等学校：

2020 届全国普通高校毕业生规模达 874 万人。当前正值高校毕业生求职择业的关键时期，受经济下行压力和新冠肺炎疫情叠加影响，高校毕业生求职困难增多，就业形势复杂严峻。党中央、国务院高度重视高校毕业生就业工作，及时作出一系列重要决策部署。各地各高校既要充分认识当前做好高校毕业生就业工作的重要性、紧迫性，切实增强责任感和使命感；又要看到我国经济长期向好的基本面和国家出台一系列政策大力促进就业等有利因素，进一步增强和坚定做好毕业生就业工作的信心。为贯彻落实习近平总书记在统筹推进新冠肺炎疫情防控和经济社会发展工作部署会议上的重要讲话以及系列重要指示批示精神，落实国务院常务会议部署要求，多措并举做好高校毕业生就业工作，现就有关事项通知如下。

一、强化担当，加强对高校毕业生就业工作的组织领导

（一）强化统筹部署。各地各高校要强化组织领导，把促进高校毕业生就业摆上领导班子重要议事日程。各省级教育部门要深入研判本地高校毕业生就业形势，抓紧制订本地促进高校毕业生就业工作方案，加强工作部署和对高校的督导检查，确保本地高校毕业生就业局势稳定。

（二）强化部门协同。要充分发挥各省（区、市）就业工作领导小组的统筹协调作用，教育部门要主动协调并会同人力资源社会保障、发展改革、卫生健康、公安、财政等部门，加强工作协调和信息沟通，把高校毕业生作为公共就业服务的重点群体，充分用好公共就业人才服务资源，共同制订稳定高校毕业生就业的政策措施，合力促进毕业生就业创业。

（三）强化高校责任。各高校要把做好毕业生就业工作作为当前一项紧迫的政治任务，认真落实“一把手”工程，主要负责同志要亲自部署，分管领导要靠前指挥，院系领导要落实责任，进一步健全校内相关机构分工负责、协同推进、院系联动、全员参与的工作机制。要主动作为，细化本校就业工作安排，精心组织就业活动。及时掌握毕业生求职心态和就业进展，帮助学生解决就业过程中面临的困难和问题，充分体现对毕业生的关心关爱。

二、创新方式，提升网上就业服务能力

（四）组织网上就业大市场。教育系统在疫情没有得到有效缓解之前，要暂停举办各类高校毕业生现场招聘活动。要充分利用部、省、校三级联通的就业网络体系以及社会招聘网站，联合举办“2020 届高校毕业生全国网络联合招聘——24365 校园招聘服务”活动（24 小时 365 天招聘活动），各地各高校要组织毕业生积极参加上述网上招聘活动。要建立严格的信息审核机制，确保招聘单位及岗位信息真实准确。各高校要及时发布毕业生学科专业及生源信息，多渠道主动联系用人单位，充分发挥学术资源、校友资源作用，调动辅导员、班主任、专业教师、研究生导师等，举全校之力为毕业生提供就业信息和服务。

（五）优化网上就业服务。各地各高校要加快建设“互联网+就业”智慧平台，丰富和完善线上业务办理相关功能，加快与人力资源社会保障部门招聘网站链接及信息共享，鼓励毕业生和用人单位通过网络进行供需对接。有条件的地区和高校要根据毕业生求职意愿和用人单位需求，实现人岗信息智能匹配、精准推送。积极推动实行网上面试、网上签约。要利用网络为留学回国毕业生提供便捷的学历学位认证服务，做好相关就业信息服务。

（六）强化线上就业创业指导。充分利用各类国家、省和高校教育资源，开发、共享一批线上就业创业精品课程和就业创业讲座视频，方便毕业生点播观看。汇总发布各地各高校毕业生就业创业政策汇编及就业创业网站等信息，方便毕业生查阅使用。

三、拓宽渠道，促进毕业生就业并增加升学深造机会

（七）促进毕业生多渠道就业。各地各高校要积极配合有关部门组织好“特岗计划”“大学生村官”“三支一扶”“西部计划”等基层项目以及事业单位、国有企业招聘，并及时发布调整后的笔试面试时间等信息。聚力服务脱贫攻坚和乡村振兴战略，引导毕业生到中西部地区、东北地区、艰苦边远地区基层，到现代农业、社会公共服务等领域就业创业。落实好基层就业学费补偿贷款代偿、考研加分等优惠政策。建立校企合作对接平台，在重点区域、重大工程、重大项目、重要领域中加强人才供需对接。深入挖掘互联网、大数据、人工智能和实体经济深度融合创造的就业机会，充分利用平台经济、众包经济、共享经济等新经济形态平台，支持毕业生以新就业形态、灵活多样方式实现多元化就业。会同有关部门落实大学生创业优惠政策，加强创业平台建设，举办中国“互联网+”大学生创新创业大赛，鼓励和支持更多毕业生自主创业。

（八）积极引导大学毕业生参军入伍。各地各高校要深入贯彻落实习近平总书记给南开大学新入伍大学生回信精神，配合兵役机关落实好国务院、中央军委关于今年征兵工作部署，针对毕业生群体开展精准宣传动员和重点征集。

（九）加大高校毕业生补充教师队伍力度。各地教育部门要积极会同有关部门，通过挖潜创新、统筹调剂等多种方式加强编制配备，招录更多高校毕业生到中小学、幼儿园，特别是到急需教师的高中和幼儿园任教，落实应届公费师范生全部入编入岗，补齐缺口满足发展需要。

（十）持续推送大学生到国际组织实习任职。要加大政策支持力度，及时收集发布国际组织招聘信息，组织开展专家讲座、训练营、国际交流等活动，进一步拓宽实习任职渠道。

（十一）增加毕业生升学深造机会。扩大 2020 年硕士研究生招生规模，主要向国家战略和民生领域急需的临床医学、公共卫生与预防医学、集成电路、软件、新材料、先进制造、人工智能等相关学科和专业学位类别倾斜，向中西部和东北地区高校倾斜。扩大 2020 年普通高等学校专升本规模，主要由职业教育本科和应用型本科高校向产业升级和改善民生急需的专业招生，向电子信息类、计算机类、生物医学工程类和预防医学、健康服务与管理、应急管理、养老服务管理、护理等专业倾斜。

四、关心关爱，做好重点群体就业帮扶

（十二）加强思想教育和就业心理辅导。针对当前就业形势和疫情影响，各地各高校要及时了解掌握毕业生思想动态和心理状况，有针对性地开展教育引导工作。有条件的地区和高校要开通就业心理咨询和就业帮扶热线，疏导毕业生就业焦虑情绪，缓解就业心理压力。

（十三）强化湖北等重点地区和重点群体就业帮扶。扩大农村义务教育阶段学校教师特设岗位计划在湖北高校招募规模。配合有关部门，增加中央基层项目在湖北高校的招募计划。更大力度扩大湖北省普通高校专升本招生计划。举办面向湖北高校以及湖北籍学生的专场网上招聘活动，高校要协调用人单位适当延长招聘时间、推迟体检时间、推迟签约录取。同时，高校要全面掌握建档立卡贫困家庭、身体残疾等毕业生情况，实行分类帮扶和“一人一策”动态管理，优先推荐岗位。

五、规范管理，提升就业工作服务水平

（十四）维护毕业生就业权益。各地各高校要坚决反对任何形式的就业歧视，在教育系统招聘活动中，不得发布拒绝招录疫情严重地区高校毕业生的招聘信息，严禁设置性别、民族等歧视性条件和院校、培养方式（全日制和非全日制）等限制性条件。加强对学生的就业安全教育，严密防范招聘陷阱、就业欺诈、“培训贷”等不法行为，并配合有关部门予以打击。

（十五）改革完善就业统计制度。加强高校毕业生就业状况统计监测，启动高校毕业生就业状况布点监测工作。各高校要严格遵守就业签约工作“四不准”要求（不准以任何方式强迫毕业生签订就业协议和劳动合同，不准将毕业证书、学位证书发放与毕业生签约挂钩，不准以户档托管为由劝说毕业生签订虚假就业协议，不准将毕业生顶岗实习、见习证明材料作为就业证明材料），确保数据真实准确。我部将委托第三方对就业信息进行核查，各地也要建立就业状况核查机制，对发现的弄虚作假情况，要依法依规对相关责任人员严肃问责。

（十六）健全就业状况反馈机制。启动毕业生和用人单位大规模线上跟踪调查，并及时将调查结果反馈高校招生、学科专业设置和人才培养工作，促进高校专业结构调整和人才培养模式改革。

（十七）适当延长毕业生择业时间。各地各高校可视情况适当延长就业签约时间，及时为已落实工作单位的毕业生办理就业手续。要配合有关部门引导用人单位推迟面试和录取时间，对延迟离校应届毕业生推迟报到、落户等时限。要与人力资源社会保障部门做好离校未就业毕业生信息衔接和服务接续工作，为离校未就业毕业生持续提供就业服务。对离校时未落实工作单位的高校毕业生，可按规定将户口、档案在学校保留两年，并为落实单位的毕业生按应届毕业生身份及时办理就业手续。

教育部
2020 年 3 月

附录 13　贵州省《促进 2020 年高校毕业生就业创业十条措施》

一、扩大基层就业机会

鼓励和引导高校毕业生面向基层一线就业。招聘、招募“教师特设岗位计划”10 000 人，“贵州省万名大学生志愿服务西部计划基层项目”10 000 人，“三支一扶计划”1 000 人，

“选调生”1 000人，“面向脱贫攻坚一线计划”1 000人，“青年见习计划”10 000人。

二、开发设置公益性岗位

鼓励各地针对就业困难的高校毕业生开发设置非营利性公共管理和社会公益性服务岗位20 000个。资金渠道中，10 000个按规定从就业补助资金中列支，10 000个由各级地方财政保障。

三、盘活编制岗位存量

进一步充实基层农技岗位、医疗卫生岗位、文化教育等岗位，重点面向全省脱贫攻坚主战场，面向基层乡镇一线。全省各级各类机关事业单位要在原年度用编计划的基础上，再增加5 000个用编计划，定向招录招聘2020年应届高校毕业生。

四、支持毕业生自主创业

全省扶持5 000名高校毕业生自主创业，高校毕业生申办个体工商户、民营企业的，按规定享受注册登记改革制度政策、创业担保贷款扶持政策、创业补贴政策、税收优惠政策、创业培训政策等专项政策扶持。鼓励和引导高校毕业生参与农村产业革命，到12个农业特色优势产业领办、创办农业企业，发展电子商务，培育新型职业农民队伍，重点围绕农村经纪人、农产品流通、农业种养殖、科研及深加工等领域创业，按规定给予一次性10 000元创业补贴。外省高校毕业生在黔创业享受同等相关政策。

五、鼓励企业吸纳毕业生

国有企业、千亿级工业产业的企业、12个农业特色优势产业的企业、现代服务业的企业、优强民营企业、中小微企业要积极吸纳高校毕业生，在年度用人计划中单列一定比例专项招聘应届高校毕业生，为企业发展储备人才。小微企业、民营经济组织和社会组织吸纳离校2年内未就业的高校毕业生就业的按规定给予社会保险补贴；中小微企业吸纳高校毕业生就业符合相关条件的，按规定享受财政扶持、贷款扶持和各类奖励补助。

六、增加毕业生再教育机会

争取国家支持，扩大硕士研究生招生规模，招生计划增加到9 000人。挖掘贵州省高校办学潜力，扩大专升本招生规模，招生计划增加到10 000人，努力增加应届本科毕业生和专科毕业生的升学机会。

七、扩大“订单班”毕业生就业规模

压实“订单班”毕业生就业出口，充分发挥东西部协作机制作用，挖掘省内企业吸纳定向毕业生就业的潜力，实现2020年“订单班"就业人数不少于10 000人（其中“精准脱贫班”订单就业人数不少于1 000人）。

八、解决困难群体就业

对城镇零就业家庭、享受城乡居民最低生活保障家庭、建档立卡贫困家庭高校毕业生，在校期间申请并获得国家助学贷款的高校毕业生，父母双方（单方）持《残疾人证》且全部或部分丧失劳动能力或本人持《残疾人证》的高校毕业生，享受特困人员救助供养待遇的高校毕业生以及孤儿高校毕业生按每人1 000元标准发放求职创业补贴基础上再追加500元。鼓励全省各级各类事业单位在2020年事业单位公开招聘中，拿出不少于1 000个岗位面向12个挂牌督战县等贫困地区的建档立卡贫困户和易地扶贫搬迁户家庭高校毕业生招聘。对农村建档立卡贫困户高校毕业生按照“重点关注、重点推荐、重点服务、重点落实”的原则，开展“一对一”就业帮扶和就业指导，精准推送就业岗位。确保农村建档立卡贫困户高校毕业生初次就业率达 90%以上。

九、激励毕业生应征入伍

切实加强组织领导，强化协同配合，建立健全征兵工作常态化运行机制，落实和兑现激励大学生应征入伍的政策和措施。各地各部门要进一步加强高校毕业生应征入伍政策探索和创新，激励更多高校毕业生应征入伍，确保征集数量和质量双提高。征集高校毕业生入伍 1 500 人。

十、做好就业服务保障

各级党委宣传部门要进一步加大舆论引导力度，大力宣传高校毕业生在农村产业革命中就业创业，带动农民群众脱贫致富的先进典型，营造在农村产业革命中建功立业，决战决胜脱贫攻坚的良好氛围。加大财政投入，从就业补助资金中列支 1 000 万元支持高校毕业生就业创业工作。各地各部门、各用人单位要创造条件，开设高校毕业生就业绿色通道，在做好贵州省毕业生就业创业工作的同时，大力引进省外优秀大学毕业生到贵州省就业创业，满足各产业、各领域发展的人才需求，积极打造人才集聚新高地。各高校要简化和优化就业手续，进一步转变就业服务观念，积极开展网上就业服务，提前做好疫情防控中的就业工作方案，鼓励毕业生灵活就业，适当延长择业时间。对延迟离校毕业生推迟报到、落户等时限，对离校未就业毕业生提供 2 年户口和档案托管，按应届毕业生办理就业手续。

《促进 2020 年高校毕业生就业创业十条措施》任务分解表

目标任务	目标内容	牵头单位	责任单位	完成时间
一、扩大基层就业机会	1.“教师特设岗位计划”10 000 人。	省教育厅	省委编办、省人社厅	2020 年 12 月
	2.“贵州省万名大学生志愿服务西部计划基层项目”10 000 人。	团省委	省教育厅、省人社厅	2020 年 12 月
	3.“三支一扶计划”1 000 人。	省人社厅	省委组织部、省教育厅、省财政厅、省水利厅、省农业农村厅、省卫健委、省扶贫办、团省委	2020 年 12 月
	4.“选调生”1 000 人，“面向脱贫攻坚一线计划”1 000 人。	省委组织部	省人社厅、省教育厅	2020 年 12 月
	5.“青年见习计划”10 000 人。	省人社厅	省财政厅、省国资委、团省委、省商务厅、省发改委、省工信厅、省工商联	2020 年 12 月

续表

目标任务	目标内容	牵头单位	责任单位	完成时间
二、开发设置公益性岗位	鼓励各地针对就业困难的高校毕业生开发设置非营利性公共管理和社会公益性服务岗位 20 000 个。资金渠道中，10 000 个按规定从就业补助资金中列支，10 000 个由各级地方财政保障。	省人社厅、各市（州）人民政府、贵安新区管委会	各县（市、区、特区）人民政府	2020 年 12 月
三、盘活编制岗位存量	进一步充实基层农技岗位、医疗卫生岗位、文化教育等岗位，重点面向全省脱贫攻坚主战场，面向基层乡镇一线。全省各级各类机关事业单位要在原年度用编计划的基础上，再增加 5 000 个用编计划，定向招录招聘 2020 年应届高校毕业生。	省委编办	省委组织部、省人社厅、省财政厅、各市（州）人民政府贵安新区管委会	2020 年 12 月
四、支持毕业生自主创业	全省扶持 5 000 名高校毕业生自主创业，高校毕业生申办个体工商户、民营企业的，按规定享受注册登记改革制度政策、创业担保贷款扶持政策、创业补贴政策、税收优惠政策、创业培训政策等专项政策扶持。鼓励和引导高校毕业生参与农村产业革命，到 12 个农业特色优势产业领办、创办农业企业，发展电子商务，培育新型职业农民队伍，重点围绕农村经纪人、农产品流通、农业种养殖、科研及深加工等领域创业，按规定给予一次性 10 000 元创业补贴。外省高校毕业生在黔创业享受同等相关政策。	省人社厅	省财政厅、省农业农村厅、省商务厅、省扶贫办、省林业局、省市场监管局、省税务局、人行贵阳中心支行	2020 年 12 月
五、鼓励企业吸纳毕业生	国有企业、千亿级工业产业的企业、12 个农业特色优势产业的企业、现代服务业的企业、优强民营企业、中小微企业要积极吸纳高校毕业生，在年度用人计划中单列一定比例专项招聘应届高校毕业生，为企业发展储备人才。小微企业、民营经济组织和社会组织吸纳离校 2 年内未就业的高校毕业生就业的按规定给予社会保险补贴；中小微企业吸纳高校毕业生就业符合相关条件的，按规定享受财政扶持、贷款扶持和各类奖励补助。	省国资委、省农业农村厅	省发改委、省工信厅、省人社厅、省商务厅、省市场监管局	2020 年 12 月

续表

目标任务	目标内容	牵头单位	责任单位	完成时间
六、增加毕业生再教育机会	争取国家支持，扩大硕士研究生招生规模，招生计划增加到 9 000 人。挖掘贵州省高校办学潜力，扩大专升本招生规模，招生计划增加到 10 000 人，努力增加应届本科毕业生和专科毕业生的升学机会。	省教育厅	各高等学校	2020 年 9 月
七、扩大“订单班”毕业生就业规模	压实“订单班”毕业生就业出口，充分发挥东西部协作机制作用，挖掘省内企业吸纳定向毕业生就业的潜力，实现 2020 年“订单班”就业人数不少于 10 000 人（其中“精准脱贫班”订单就业人数不少于 1 000 人）。	省教育厅	省发改委、省扶贫办、省工信厅、各高等学校	2020 年 12 月
八、解决困难群体就业	1. 对城镇零就业家庭、享受城乡居民最低生活保障家庭、建档立卡贫困家庭高校毕业生，在校期间申请并获得国家助学贷款的高校毕业生，父母双方（单方）持《残疾人证》且全部或部分丧失劳动能力或本人持《残疾人证》的高校毕业生，享受特困人员救助供养待遇的高校毕业生以及孤儿高校毕业生按每人 1000 元标准发放求职创业补贴基础上再追加 500 元。鼓励全省各级各类事业单位在 2020 年事业单位公开招聘中，拿出不少于 1 000 个岗位面向 12 个脱贫攻坚挂牌督战县等贫困地区的建档立卡贫困户和易地扶贫搬迁户家庭高校毕业生招聘。	省人社厅	省财政厅、省教育厅、省扶贫办、省民政厅、省残联	2020 年 12 月
	2. 对农村建档立卡贫困户高校毕业生按照“重点关注、重点推荐、重点服务、重点落实”的原则，开展“一对一”就业帮扶和就业指导，精准推送就业岗位，确保农村建档立卡贫困户高校毕业生初次就业率达 90%以上。	省教育厅	省人社厅、省扶贫办	2020 年 12 月
九、激励毕业生应征入伍	切实加强组织领导，强化协同配合，建立健全征兵工作常态化运行机制，落实和兑现激励大学生应征入伍的政策和措施。各地各部门要进一步加强高校毕业生应征入伍政策探索和创新，激励更多高校毕业生应征入伍，确保征集数量和质量双提高。征集高校毕业生入伍 1 500 人。	省教育厅	省征兵办、各市（州）人民政府	2020 年 9 月

续表

目标任务	目标内容	牵头单位	责任单位	完成时间
十、做好就业服务保障	1. 各级党委宣传部门要进一步加大舆论引导力度，大力宣传高校毕业生在农村产业革命中就业创业，带动农民群众脱贫致富的先进典型，营造在农村产业革命中建功立业，决战决胜脱贫攻坚的良好氛围。	省委宣传部	省教育厅、团省委、各高等学校	2020 年 12 月
	2. 加大财政投入，从就业补助资金中列支 1 000 万元支持高校毕业生就业创业工作。	省人社厅	省财政厅	2020 年 12 月
	3. 各地各部门、各用人单位要创造条件，开设高校毕业生就业绿色通道，在做好贵州省毕业生就业创业工作的同时，大力引进省外优秀大学毕业生到贵州省就业创业，满足各产业、各领域发展的人才需求，积极打造人才集聚新高地。	省人社厅	省委组织部、省委编办、省教育厅、省市场监管局	2020 年 12 月
	4. 各高校要简化和优化就业手续，进一步转变就业服务观念，积极开展网上就业服务，提前做好疫情防控中的就业工作方案，鼓励毕业生灵活就业，适当延长择业时间。对延迟离校毕业生推迟报到、落户等时限，对离校未就业毕业生提供 2 年户口和档案托管，按应届毕业生办理就业手续。	省教育厅	省人社厅、省公安厅、各高等学校	2020 年 12 月

附录 14　2020 年铜仁市就业创业扶持政策

本部分为 2020 年铜仁市就业扶持、创业扶持、大学生就业创业、返乡农民工就业创业和职业培训五个方面扶持政策，帮助读者了解企业吸纳就业、自主创业、职业培训等都可以享受到哪些政策扶持。

一、就业扶持

（一）吸纳就业一次性补贴

1. 申请对象

吸纳建档立卡贫困劳动力或易地扶贫搬迁劳动力稳定就业 3 个月以上，签订 1 年以上劳动合同，并缴纳社会保险的各类农民专业合作社、种养大户、扶贫车间、建筑业小微企业等生产经营主体。

2. 补贴标准

按每人 500 元的标准给予一次性补贴。

3. 申请资料

营业执照复印件、就业人员身份证复印件、招用人员花名册、3 个月以上的银行工资发放流水、劳动合同复印件等。

符合条件的提供以上资料到所在区（县）就业局申请。

（二）一次性跟踪服务补贴

1. 申请对象

有组织劳务输出建档立卡贫困劳动力、易地扶贫搬迁劳动力稳定就业 6 个月以上，且提供 1 年跟踪服务的人力资源服务机构、劳动经纪人等市场主体。

2. 补贴标准

按每人 500 元的标准给予一次性补贴。

3. 申请资料

贫困劳动力和搬迁劳动力身份认定证明、就业人员身份证复印件、劳动合同复印件、银行开户账号、1 年跟踪服务记录、6 个月以上的企业发放工资明细账（单）、社会保险缴费明细账单（省内就业的不再提供）等。

符合条件的提供以上资料到所在区（县）就业局申请。

（三）以工代训职业培训补贴

1. 申请对象

市内各农民专业合作社、种养殖大户、家庭农场等“合作社式扶贫车间”、苗绣编织等“居家式扶贫车间”、建筑业小微企业等生产经营主体吸纳贫困劳动力和易地扶贫搬迁劳动力就业，贫困劳动力或易地扶贫搬迁劳动力通过在工作岗位以实际操作的方式接受培训。根据吸纳人数，给予生产经营主体最长不超过 6 个月的以工代训职业培训补贴。

2. 补贴标准

按照生产经营主体发放给贫困劳动力或易地扶贫搬迁劳动力月工资收入的 30% 予以补贴，每人每月补贴最高不超过 500 元。

3. 补贴期限

2019 年 1 月 1 日至 2021 年 12 月 31 日。

4. 申请资料

生产经营主体法人身份证复印件、营业执照副本复印件、用工合同或协议复印件、银行开户账号、吸纳就业人员花名册、银行发放工资流水或工资发放清册等。

符合条件的提供以上资料到所在乡（镇、街道）人社中心申请，经区（县）人力资源社会保障局审核后，将补贴通过银行拨付到生产经营主体账户。

（四）就业扶贫援助补贴

1. 申请对象

通过治安巡防、公共产业巡护等巡防巡护类；养老服务、五保户服务、留守儿童看护等邻里互助类；村寨保洁、河道管护、农村“组组通”公路养护等一线公共服务类；就业扶贫信息统计收集、就业扶贫服务等协助管理类岗位实现就业，以及通过、依托各类农民专业合作社（种养大户、家庭农场）、就业扶贫车间、就业扶贫示范基地及各类园区企业实现就业或从事刺绣、银饰加工、特色编织、来料加工等居家就业且收入较低的易地扶贫搬迁劳动力和建档立卡贫困劳动力中符合以下条件之一的，由用人单位代为申请。

（1）持《残疾证》人员。

（2）女年满 45 周岁以上（含 45 周岁）、男年满 50 周岁（含 50 周岁）以上人员。

（3）易地扶贫搬迁零就业家庭劳动力。

（4）因照顾老人、儿童或病人无法外出务工人员。

2. 补贴标准

符合条件的给予每人每月 400 元的补贴。

3. 补贴期限

2019 年 1 月 1 日至 2021 年 12 月 31 日。

4. 申请资料

用人单位营业执照复印件、工资发放凭证、吸纳人员花名册、符合条件的人员身份证复印件等。

由用人单位按月提供以上资料到乡（镇、街道）人社中心申请，经区县人力资源社会保障局审核后，将补贴资金通过银行发放到贫困劳动力个人账户。

（五）申请公益性岗位

1. 申请对象

市内就业困难人员。

2. 申请资料

个人身份证复印件、个人申请、残疾证、低保证或高校毕业证复印件等。

符合条件的提供以上资料到所在区（县）就业局申请。

（六）吸纳就业困难人员社会保险补贴

1. 申请对象

对招用持《就业创业证》并进行就业援助登记的就业困难人员，与其签订 1 年以上期限劳动合同并缴纳社会保险费的用人单位。

2. 补贴标准

按其为就业困难人员实际缴纳的基本养老保险、基本医疗保险费、失业保险费和工伤保险单位部分给予补贴。除距法定退休年龄不足 5 年的就业困难人员可以享受至退休外，其余补贴期限最长不超过 3 年。

3. 申请资料

营业执照复印件、企业法人身份证复印件、就业困难人员身份证复印件、劳动合同复印件、工资发放清册等。

符合条件的提供以上资料到所在区（县）就业局申请。

（七）吸纳高校毕业生社会保险补贴

1. 申请对象

吸纳离校 2 年内未就业高校毕业生就业，与其签订 1 年以上劳动合同并缴纳社会保险的小微企业、民营经济组织和社会组织。

2. 补贴标准

按其为高校毕业生实际缴纳的基本养老保险、基本医疗保险、失业保险、生育保险和工伤保险单位部分给予补贴，补贴期限最长不超过 12 个月。

3. 申请资料

企业法人身份证复印件、高校毕业生身份证复印件、毕业证复印件、劳动合同复印件、工资发放清册或工资银行发放流水等。

符合条件的提供以上资料到所在区（县）就业局申请。

（八）灵活就业人员社会保险补贴

1. 申请对象

通过灵活就业后缴纳社会保险费的就业困难人员和离校 2 年内未就业高校毕业生。

2. 补贴标准

（1）按就业困难人员缴纳社会保险费的 2/3 予以补贴，补贴期限从初始享受时计算，除距法定退休年龄不足 5 年的可以享受至退休外，其余最长不超过 3 年。

（2）按高校毕业生缴纳社会保险费的 2/3 予以补贴，补贴期限最长不超过 2 年。

3. 申请资料

本人身份证复印件、高校毕业提供毕业证复印件等。

符合条件的提供以上资料到灵活就业地所在区（县）就业局申请。

（九）就业见习补贴

1. 申请对象

16 岁失业青年（含高校毕业生）。

2. 补贴标准

按照见习当年地方最低工资标准的 60%予以补贴，见习期为 3 个月以补贴，补贴期限最长不超过 12 个月。对见习期满留用率达到 50%以上的见习单位，按最低工资标准的 80%进行补贴。

3. 申请资料

个人身份证复印件、毕业证书复印件等。

符合条件的提供以上资料到所在区（县）就业局申请。

二、创业扶持

（一）自主创业补贴

1. 申请对象

首次创办小微企业或从事个体经营，且所创办企业或个体工商户自工商登记注册之日起正常运营 1 年以上并带动 1 人以上就业的离校 2 年内的高校毕业生、就业困难人员、农民工、复员退伍军人（搬迁劳动力创办企业或个体工商户自工商登记注册之日起正常运营 6 个月以上并带动 1 人以上就业）。

2. 补贴标准

一次性补贴 5 000 元。

3. 申请资料

①身份证复印件，高校毕业生、就业困难人员、复员退伍军人、残疾人需分别提供毕业证、《就业创业证》（原《就业失业登记证》）、退伍证、残疾证原件及复印件；②营业执照原件及复印件、银行账户、创业场地照片 2 张；③吸纳就业人员的劳动合同或花名册，小微企业需提供近期财务报表；④城镇职工或城乡居民社保缴费凭证。

符合条件的提供以上资料到创业项目所在区（县）就业局申请。

（二）创业场所租赁补贴

1. 申请对象

租用符合规划、安全和环保要求的经营场地创业，且未享受场地租赁费用减免的离校 2 年内的高校毕业生、就业困难人员、农民工、复员退伍军人。

2. 补贴标准

符合条件的，给予每月 500 元场地租赁补贴，对实际月租金低于 500 元的，据实补贴。补贴期限最长不超过 3 年，每次申报补贴期限不超过 12 个月。

3. 申请资料

身份证复印件、营业执照复印件、复员退伍军人提供退伍军人证、高校毕业生提供毕业证、场地租赁协议和租赁收据等。

符合条件的提供以上资料到创业项目所在区（县）就业局申请。

（三）优秀创业项目补贴

1. 申请对象

在各类创业创新大赛获奖的新技术、新成果、新工艺等优秀创业项目的创业主体。

2. 补贴标准

每个优秀创业项目最高不超过 3 万元。

3. 申请资料

项目计划书、项目团队人员情况、创业创新大赛获奖证书、项目团队负责人银行账户。

（四）创业担保贷款

1. 申请对象

城镇登记失业人员、就业困难人员（含残疾人）、复员转业退役军人、刑满释放人员、高校毕业生（含大学生村官和留学归国学生）、化解产能过剩企业职工和失业人员、返乡创业农民工、网络商户、建档立卡贫困人口、农村自主创业农民。

2. 贷款标准

符合条件的人员自主创业的，可申请最高不超过 15 万元的创业担保贷款；小微企业当年新招用符合创业担保贷款申请条件的人员数量达到企业现有在职职工人数 25%（超过 100 人的企业达到 15%）并与其签订 1 年以上劳动合同的，可申请最高不超过 300 万元的创业担保贷款。

3. 申请资料

（1）个人、合伙经营者须提供：借款人户口簿、身份证、婚姻登记证明、工商营业执照、租赁合同、城镇居民提供《就业创业证》、反担保人身份证及工资证明、借款人和反担保人信用报告等。

（2）小微企业须提供：工商营业执照、银行开户许可证、经营场地证明、公司章程、法定代表人和财务负责人身份证及个人简历、股东会的决议、公司及法定代表人信用报告、当期会计报表及年度审计报告、招用人员的劳动合同、缴纳社会保险费专用发票等。

符合条件的提供以上资料到创业项目地所在区（县）就业局申请。

三、大学生创业就业

（一）自主创业补贴

1. 申请对象

首次创办小微企业或从事个体经营，且所创办企业或个体工商户自工商登记注册之日起正常运营 1 年以上并带动 1 人以上就业的离校 2 年内的高校毕业生。

2. 补贴标准

一次性补贴 5 000 元。

3. 申请资料

身份证复印件、营业执照复印件、毕业证复印件、吸纳就业人员花名册、小微企业需提供近期财务报表等。

符合条件的提供以上资料到创业项目所在区（县）就业局申请。

（二）创业场所租赁补贴

1. 申请对象

租用符合规划、安全和环保要求的经营场地创业，且未享受场地租赁费用减免的离校

2 年内的高校毕业生。

2. 补贴标准

符合条件的，给予每月 500 元场地租赁补贴，对实际月租金低于 500 元的，据实补贴。补贴期限最长不超过 3 年，每次申报补贴期限不超过 12 个月。

3. 申请资料

身份证复印件、营业执照复印件、毕业证复印件、场地租赁协议和租赁收据等。

符合条件的提供以上资料到创业项目所在区（县）就业局申请。

（三）一次性求职创业补贴

1. 申请对象

市内就业困难高校毕业生。

2. 补贴标准

一次性补贴 1 000 元。

3. 申请资料

身份证复印件、困难证明材料等。

符合条件的将相关资料提供给所在毕业院校，由所在院校统一到铜仁市就业局申请。

（四）创业担保贷款

1. 申请对象

高校毕业生（含大学生村官和留学回国学生）。

2. 贷款标准

符合条件的人员自主创业的，可申请最高不超过 15 万元的创业担保贷款；小微企业当年新招用符合创业担保贷款申请条件的人员数量达到企业现有在职职工人数 25%（超过 100 人的企业达到 15%）并与其签订 1 年以上劳动合同的，可申请最高不超过 300 万元的创业担保贷款。

3. 申请资料

（1）个人、合伙经营者须提供：借款人户口簿、身份证、婚姻登记证明、工商营业执照、租赁合同、城镇居民提供《就业创业证》、反担保人身份证及工资证明、借款人和反担保人信用报告等。

（2）小微企业须提供：工商营业执照、银行开户许可证、经营场地证明、公司章程、法定代表人和财务负责人身份证及个人简历、股东会的决议、公司及法定代表人信用报告、当期会计报表及年度审计报告、招用人员的劳动合同、缴纳社会保险费专用发票等。

符合条件的提供以上资料到创业项目地所在区（县）就业局申请。

（五）灵活就业人员社会保险补贴

1. 申请对象

灵活就业后缴纳社会保险费的离校 2 年内未就业的高校毕业生。

2. 申请资料

按缴纳的社会保险费 2/3 予以补贴，补贴期限最长不超过 2 年。

3. 申请资料

本人身份证复印件、毕业证复印件等。

符合条件的提供以上资料到灵活就业地所在区（县）就业局申请。

（六）就业见习补贴

1. 申请对象

离校 2 年内未就业的高校毕业生。

2. 补贴标准

按照见习当年地方最低工资标准的 60%予以补贴，见习期为 3 个月以补贴，补贴期限最长不超过 12 个月。对见习期满留用率达到 50%以上的见习单位，按最低工资标准的 80%进行补贴。

3. 申请资料

个人身份证复印件、毕业证书复印件等。

符合条件的提供以上资料到所在区（县）就业局申请。

四、返乡农民工就业创业

（一）自主创业补贴

1. 申请对象

首次创办小微企业或从事个体经营，且所创办企业或个体工商户自工商登记注册之日起正常运营 1 年以上并带动 1 人以上就业的返乡农民工（易地搬迁劳动力自工商登记注册之日起正常运营 6 个月以上并带动 1 人以上就业）。

2. 补贴标准

一次性补贴 5 000 元。

3. 申请资料

身份证复印件、营业执照原件及复印件、银行账户、创业场地照片 2 张、吸纳就业人员的劳动合同或花名册，小微企业需提供近期财务报表、农村居民社保缴费凭证（由人社部门内部核查）。

符合条件的劳动者提供以上资料到创业项目所在区（县）就业局申请，经审核后将补贴资金拨付至申请者个人银行账户。

（二）创业场所租赁补贴

1. 申请对象

租用符合规划、安全和环保要求的经营场地创业，且未享受场地租赁费用减免的返乡农民工。

2. 补贴标准

符合条件的，给予每月 500 元场地租赁补贴，对实际月租金低于 500 元的，据实补贴。补贴期限最长不超过 3 年，每次申报补贴期限不超过 12 个月。

3. 申请资料

身份证复印件、营业执照与创业场地租赁协议（合同）和租赁费缴纳凭证原件及复印件、银行账户、创业场地照片 2 张、吸纳就业人员的劳动合同或花名册、小微企业需提供近 1 年的财务报表。

符合条件的劳动者提供以上资料到创业项目所在区（县）就业局申请，经审核后将补贴资金拨付到申请者本人银行账户。

（三）创业担保贷款

1. 申请对象

返乡创业农民工、农村自主创业的农民、网络商户、建档立卡贫困人口等具有创业意愿和创业条件的人员。

2. 贷款标准

符合条件的人员自主创业的，可申请最高不超过15万元的创业担保贷款；小微企业当年新招用符合创业担保贷款申请条件的人员数量达到企业现有在职职工人数25%（超过100人的企业达到15%）并与其签订1年以上劳动合同的，可申请最高不超过300万元的创业担保贷款。

3. 申请资料

（1）个人、合伙经营者须提供：借款人户口簿、身份证、婚姻登记证明、工商营业执照、租赁合同、城镇居民提供《就业创业证》、反担保人身份证及工资证明、借款人和反担保人信用报告等。

（2）小微企业须提供：工商营业执照、银行开户许可证、经营场地证明、公司章程、法定代表人和财务负责人身份证及个人简历、股东会的决议、公司及法定代表人信用报告、当期会计报表及年度审计报告、招用人员的劳动合同、缴纳社会保险费专用发票等。

符合条件的提供以上资料到创业项目地所在区（县）就业局申请。

（四）就业扶贫援助补贴

1. 申请对象

通过治安巡防、公共产业巡护等巡防巡护类；养老服务、五保户服务、留守儿童看护等邻里互助类；村寨保洁、河道管护、农村“组组通”公路养护等一线公共服务类；就业扶贫信息统计收集、就业扶贫服务等协助管理类岗位实现就业，以及通过、依托各类农民专业合作社（种养大户、家庭农场）、就业扶贫车间、就业扶贫示范基地及各类园区企业实现就业或从事刺绣、银饰加工、特色编织、来料加工等居家就业且收入较低的易地扶贫搬迁劳动力和建档立卡贫困劳动力中符合以下条件之一的，由用人单位代为申请：

（1）持《残疾证》人员。

（2）女年满45周岁以上（含45周岁）、男年满50周岁（含50周岁）以上人员。

（3）易地扶贫搬迁零就业家庭劳动力。

（4）因照顾老人、儿童或病人无法外出务工人员。

2. 补贴标准

符合条件的给予每人每月400元的补贴。

3. 补贴期限

截止到2021年12月31日。

4. 申请资料

身份证、属残疾人的须提供《残疾证》、劳动合同或劳务协议、工资发放凭证、用人单位营业执照原件及复印件、《就业扶贫援助补贴申请表》、《就业扶贫援助补贴申请花名册》、个人银行账户。

由用人单位按月提供以上资料到乡（镇、街道）人社中心申请，经区（县）人社部门审核后，将补贴资金通过银行发放至劳动者个人银行账户。

（五）求职创业补贴

1. 补贴对象

通过有组织输出到县外稳定就业6个月以上的建档立卡贫困劳动力及易地扶贫搬迁劳动力。

2. 补贴标准

有组织输出到县外省内就业的一次性每人500元、省外就业的一次性每人1 000元。

3. 申请资料

身份证及劳动合同复印件、6个月以上工资银行流水（含单位财务出具的工资清册或社保缴费凭证）、个人银行账户。

符合条件的劳动者提供以上资料到户籍所在的乡（镇、街道）人社服务中心申请，经区（县）人社部门审核后，将补贴直接拨付至劳动者银行账户。

（六）江苏省就业稳岗补贴

1. 补贴对象

通过有组织输出到江苏稳定就业3个月以上的建档立卡贫困劳动力。

2. 补贴标准

有组织输出到江苏省就业的一次性每人3 000元就业稳岗补贴。

3. 申请资料

身份证、银行卡复印件，3个月以上的工资银行流水或盖有单位公章的工资发放清单、收入证明，劳动合同或盖有单位公章的就业证明、社会保险参保凭证，《铜仁籍建档立卡贫困劳动力江苏省就业稳岗补贴申请表》。

符合条件的提供以上资料到区（县）人社部门审核后，将补贴直接拨付至劳动者银行账户。

（七）江苏省就业社会保险补贴

1. 补贴对象

通过有组织输出到江苏稳定就业并缴纳企业职工社会保险满6个月以上的建档立卡贫困劳动力。

2. 补贴标准

有组织输出到江苏省就业并缴纳企业职工社会保险的一次性每人1 000元社会保险补贴。

3. 申请资料

身份证、银行卡复印件，社会保险参保凭证，6个月以上的工资银行流水或盖有单位公章的工资发放清单、收入证明，社会保险参保凭证，《铜仁籍建档立卡贫困劳动力江苏省就业社会保险补贴申请表》。

符合条件的提供以上资料到区（县）人社部门审核后，将补贴直接拨付至劳动者银行账户。

（八）职业培训

1. 培训对象

劳动年龄内的返乡农民工。

2. 补贴标准

免费为返乡农民工提供职业技能培训和创业培训，凡属于农村建档立卡贫困劳动力和易地扶贫搬迁劳动力，每天给予40元的生活补助。

3. 申请资料

身份证复印件。

劳动者持身份证复印件到区（县）就业局申请培训。

五、职业培训

1. 职业培训对象

（1）贫困家庭子女。

（2）毕业年度的高校毕业生。

（3）城乡未继续升学的应届初高中毕业生。

（4）农村转移就业劳动者。

（5）城镇登记失业人员。

（6）符合条件的企业在职职工。

2. 培训人员年龄

职业培训参训人员年龄 16 周岁到 60 周岁。农业实用技术培训参训年龄 16 周岁到 65 周岁。

3. 职业培训类型

职业培训分为就业技能培训、企业职工岗位技能培训、创业培训和高技能人才培训四种类型。创业培训分为 GYB（产生你的企业想法）、SYB（创办你的企业）、IYB（改善你的企业）、EYB（扩大你的企业）和网络创业培训。

4. 申请职业技能培训所需资料

（1）贫困家庭子女：贫困证明材料、居民身份证复印件。

（2）毕业年度高校毕业生：毕业证复印件或所在学校出具的应届毕业证明（在校生提供学生证或就业推荐表）、居民身份证复印件。

（3）城乡未继续升学的应届初高中毕业生：毕业证复印件、居民身份证复印件。

（4）农村转移就业劳动者：居民身份证复印件。

（5）城镇登记失业人员：居民身份证复印件、《就业创业证》复印件。

（6）企业开展高技能人才、企业职工岗位技能培训：居民身份证复印件、劳动合同复印件。

符合条件并有培训意愿的可以提供以上资料到各区（县）就业局报名申请。

5. 职业培训补贴方式及标准

（1）一般技能培训补贴：每人每天 100 元。

（2）护工家政等紧缺工种培训补贴：每人每天 110 元。

（3）GYB 创业培训补贴：每人每天 100 元。

（4）SYB 创业培训补贴：每人每天 120 元。

（5）网络创业培训补贴：每人每天 200 元。

（6）初级职业资格证书技能鉴定补贴：每人 200 元。

（7）专项能力证书技能鉴定补贴：每人 100 元。

对建档立卡贫困劳动力参加培训的，给予每人每天 40 元生活费补贴。

附录 15　铜仁市公共就业服务机构联系电话

铜仁市就业局：0856-5211881

碧江区就业局：0856-5223578

万山区就业局：0856-3521090

松桃县就业局：0856-2833498

玉屏侗族自治县就业局：0856-3221139

江口县就业局：0856-6620956

石阡县就业局：0856-7623386

印江自治县就业局：0856-6231310

思南县就业局：0856-7222906

德江县就业局：0856-8522131

沿河县就业局：0856-8220202

大龙开发区就业服务中心：0856-3321329

附录 16　铜仁市扶持企业复工复产促进就业创业补充措施

为统筹做好全市疫情防控和经济社会发展，推动企业全面复工复产，扎实推进“留雁行动”，进一步贯彻落实《省人民政府办公厅关于印发〈扶持企业复工复产促进农民工返岗就业政策二十四条〉的通知》（黔府办发电〔2020〕87 号）和《中共铜仁市委铜仁市人民政府关于开展“留雁行动”促进外出务工返乡人员就业创业的实施意见》（铜党发〔2020〕2 号）等有关文件精神，在市应对新型冠状病毒引起的肺炎疫情工作领导小组办公室印发《铜仁市应对新冠肺炎疫情支持企业复工复产十六条措施》的基础上，特提出如下补充措施：

一、优化企业开办服务

对返乡创业人员、大学生、退伍军人、农民工群体在铜仁市内创业，办理营业执照的，开辟服务绿色通道，设立专门窗口，配备专门人员，优先办理。对于有意愿就近创业的，引导企业通过全程电子化“零见面”服务全程在线申请办理营业执照。（责任单位：市市场监管局）

二、压缩防疫重点物资生产经营许可审批时限

对满足基本条件申请办理工业产品生产许可的，2 个工作日办结；对不涉及生产条件变更的医疗器械经营许可，1 个工作日办结；对新办、涉及经营变更的医疗器械经营许可，7 个工作日办结；对办理医疗器械二类备案的，1 个工作日办结。（责任单位：市市场监管局）

三、优化食品生产经营许可服务

对涉及生活必需的食品生产企业，新办理食品生产许可证的，最大限度压缩现场核查时限，8 个工作日办结；疫情防控期间，对无法在规定时限内完成核查的非高风险类食品生产企业，允许其先行从事食品生产活动；办理变更登记的，企业承诺生产条件未发生变化的，免于现场核查，1 个工作日办结。新办理食品经营许可证的，无须现场核查、关键资料齐全的，1 个工作日办结；需现场核查的，准予其先行从事食品经营，6 个工作日办结。食品生产经营从业人员所持健康证明在 2020 年 1 月 23 日以后有效期届满的，可延期使用至本次疫情解除后 3 个月内。（责任单位：市市场监管局）

四、简化建筑工程项目备案、核准、审批流程

疫情防控期间，对政府投资项目项目建议书审批，凭项目单位申请扫描件及项目建议书文本电子版通过全国投资项目在线审批监管平台审批；可研批复凭项目单位申请文件，资金平衡方案电子版，选址意见书、用地预审文件、节能评估审查文件，可研报告（文本或电子版）及与文本编制单位同等资质以上咨询机构的咨询评估报告通过全国投资项目在线审批监管平台审批；初步设计批复凭项目单位申请文件，初步设计文本、投资概算表（纸质或电子文档），用地规划许可和与文本编制单位同等资质以上设计机构的评估报告通过全国投资项目在线审批监管平台审批。对企业投资核准类项目，凭项目单位申请文件、项目申请报告文本和选址意见书（划拨土地类项目）、用地文件、节能评估文件通过全国投资项目在线审批监管平台核准；企业投资备案类项目，只需项目单位在线提交备案申请及项目基本情况，通过全国投资项目在线审批监管平台备案。项目单位对在线审批、核准、备案上传材料真实性负责，待新冠肺炎疫情防控解除后，由项目单位向审批部门补提交项目可研报告、初步设计审批及企业投资项目核准相应正式材料，提交材料应与在线申请材料一致。（责任单位：市发展改革委）

五、简化建筑工程项目用地规划许可流程

疫情防控期间，房屋建筑工程项目规划设计方案经市城规委专家咨询会审查通过，即可报备放线施工，待疫情结束后，6个月内补齐相关手续。自然资源部门土地挂牌项目（含工业类），业主单位只需提供建设用地规划许可申请书、国有建设用地使用权出让合同、建设工程规划设计条件通知书，即可办理建设用地规划许可证。政府投资类项目用地预审及选址意见书，只需提供建设项目申请表、市委市政府同意项目选址的意见、区（县）自然资源部门初审意见、立项文件、红线图（独立坐标或2 000坐标）、边界拐点表、建设单位及个人相关材料，占用基本农田、生态红线和风景名胜等特殊情况的需提供相关证明材料，市政与线性项目还需提供《建设项目规划选址论证报告》，即可办理。（责任单位：市自然资源局）

六、优化建筑工程项目施工审批

疫情防控期间，办理施工许可证，不需提交纸质材料原件，只需提供电子文档即可办理，待疫情结束后补交纸质材料原件（需企业承诺不违反相关法律法规，待疫情结束后补齐相关手续资料）。办理施工许可时可缓缴安全文明措施费，由申报企业递交安全文明施工承诺书，保证在项目实施阶段严格按照安全文明专项施工方案进行施工，疫情结束后按规定补缴。（责任单位：市住房城乡建设局）

七、建筑工程项目减、缓缴纳有关费用

对受疫情影响的开发建设项目，由建设单位作出书面承诺后，可申请缓缴城市基础设施配套费，缓缴期限最长不超过6个月。因疫情影响，建筑施工企业不能按期进行纳税申报的，可依法申请延期申报和延期缴纳税款。新开工房屋建筑及市政工程暂不收取农民工工资保障金，由总承包方承诺待疫情结束后1个月内补缴。市级水务行政主管部门依法审批水土保持方案的建设项目，生产建设单位可缓缴水土保持补偿费，疫情结束后，再予以补缴。在疫情防控期间，对建筑施工企业用电、用水实行“欠费不停供”，因疫情导致经营困难的，根据市政府疫情防控和企业复工复产要求，经供电、供水部门审批后，电、水费可缓交至疫情结束后2个月，缓交期间免收滞纳金。（责任单位：市住房城乡建设局、市税务局、市人力资源社会保障局、市水务局、铜仁供电局、铜仁供水公司）

八、将防疫成本计入工程价款

疫情防控期间，新签合同的建筑工程项目应将防疫成本计入工程价款；已执行合同价款施工单位按照经确认的新冠肺炎防控工作方案，在对应承建项目所产生的防疫成本，由甲乙双方按实签证，计入工程价款，全额予以追加。（责任单位：市住房城乡建设局）

九、疫情期间延期合同履约

因应对新型冠状病毒引发肺炎疫情直接导致施工企业停工停产引起工期延误的，应当顺延工期。（责任单位：市住房城乡建设局）

十、引导鼓励市内就业

积极引导鼓励外出务工返乡人员在铜仁高新区、大龙开发区及各区（县）工业园区企业就业。对铜仁籍劳动力新入职市内企业就业的，所产生的交通费由输入地区（县）政府一次性据实补贴。（责任单位：各区（县）政府，铜仁高新区、大龙开发区管委会）

十一、有序开展劳务输出

进一步加强与东部对口帮扶城市、长三角、珠三角等铜仁籍务工人员主要集中城市的对接，通过加开劳务专班、返岗专列，开通交通出行、健康检查绿色通道，采取“点对点”的方式将返岗人员和外出务工人员集中统一输送到外地用工企业就业。对到江苏省务工的建档立卡贫困劳动力和提供到苏就业组织输送服务的人力资源服务公司、劳务公司，按照《铜仁市扶贫开发领导小组办公室关于印发东西部扶贫协作促进铜仁籍建档立卡贫困劳动力稳定就业有关补贴实施方案的通知》（铜扶领办发〔2020〕2号）文件执行相关补贴政策。（责任单位：市人力资源社会保障局、市交通运输局）

十二、引导和鼓励社会力量开展劳务输出

组建国有劳务派遣公司，统筹全市企业用工服务和劳务输出。各区（县、高新区、开发区）要明确两家人力资源服务公司、劳务公司参与“留雁行动”，实行1名干部联系1家公司、1家公司联系1个或多个村（社区、易地扶贫搬迁安置点）的社会劳务帮扶机制。通过购买服务的方式，鼓励其开展劳动力资源调查、信息发布和岗位推荐。对人力资源服务公司、劳务公司组织输送铜仁籍劳动力到市内企业稳定就业3个月以上，并提供跟踪服务的，按每人400元标准给予一次性有组织劳务输出补贴，其中，输出建档立卡贫困劳动力补贴从东西部扶贫协作资金解决；输出非建档立卡贫困劳动力补贴由输入地区（县）政府解决。对输送建档立卡贫困劳动力和易地扶贫搬迁劳动力稳定就业6个月以上、提供1年跟踪服务的，按每人500元标准给予一次性跟踪服务补贴，所需资金从就业补助资金中列支，政策实施期限截至2021年12月31日。”（责任单位：市人力资源社会保障局、市财政局、市国资局，各区（县）政府，铜仁高新区、大龙开发区管委会）

十三、成立劳务合作平台

指导各乡（镇、街道）、村（社区）、易地扶贫搬迁安置点成立劳务合作社，负责辖区内的劳动力资源调查、政策宣传、岗位推荐、劳务输出等就业服务工作。鼓励城乡劳动者以劳动力入股参与分红，建立“劳务合作社+劳动力”利益联结机制。对劳务合作社向市内企业开展有组织劳务输出的，按第十二条规定落实一次性有组织劳务输出补贴和一次性跟踪服务补贴。（责任单位：市人力资源社会保障局，各区、县政府，铜仁高新区、大龙开发区管委会）

十四、托底解决困难群体就业

整合资源，在村（社区）、易地扶贫搬迁安置点开发一批保洁员、护林员、护河员、护路员、调解员、信息调查员、楼栋长等公益性岗位，托底解决贫困户、边缘户、生活特别困难家庭劳动力、留守居家无法外出人员等就业困难群体就近就地就业。对建档立卡贫困劳动力和易地扶贫搬迁劳动力中的就业困难人员通过以工代赈等实现就业且收入较低的，按每人每月 400 元标准发放就业扶贫援助补贴，所需资金从就业补助资金中列支，政策实施期限截至 2021 年 12 月 31 日。（责任单位：市人力资源社会保障局）

十五、强化公共就业服务

进一步明确易地扶贫搬迁外出务工返乡人员结对帮扶人责任，每周对帮扶对象跟踪 1 次，并依托大数据平台及时动态更新帮扶对象就失业情况。对处于失业状态的帮扶对象，及时进行岗位推送服务，帮助其尽快实现就业。不断优化大数据平台服务功能，尽快实现与就业、社保、劳动用工备案等资源共享，提升公共就业服务水平。（责任单位：市人力资源社会保障局、市大数据局）

十六、大力开展技能培训

在确保疫情防控安全的前提下，大力支持鼓励企业组织职工开展岗前培训、以工代训、企业技能提升及转岗培训和线上培训，并给予培训补贴。对新招聘职工开展岗前培训的，给予每人 500 元的培训补贴；对招聘建档立卡贫困劳动力和易地扶贫搬迁劳动力并开展以工代训的，给予每人每月不超过 500 元的补贴，补贴期限最长不超过 6 个月，政策实施期限截至 2021 年 12 月 31 日；对企业改变生产方式，需对职工开展技能提升或转岗培训的，给予每人每天 100 元（最高每人 2 000 元）的企业技能提升及转岗培训补贴。以上补贴所需资金从就业补助资金或职业技能提升行动专项资金中列支。对企业或企业委托的培训机构开展线上培训的，按规定给予每人每天 100 元（最高每人 500 元）的培训补贴，所需资金从就业补助资金或工业和信息化发展专项资金中列支。大力实施重点群体技能培训，对建档立卡贫困劳动力、易地扶贫搬迁劳动力、零就业家庭成员等人员参加培训的，在培训期间按照每人每天 40 元标准给予生活补助。其中，建档立卡贫困劳动力和易地扶贫搬迁劳动力中的建档立卡贫困劳动力生活补助从扶贫资金中列支；非建档立卡易地扶贫搬迁劳动力和零就业家庭成员等人员生活补助从就业补助资金中列支。（责任单位：市人力资源社会保障局、市工业和信息化局）

十七、拓宽就近就地就业创业渠道

结合农村产业结构调整、乡村振兴战略，谋划一批创业项目，支持鼓励返乡务工能人投资创业，解决更多返乡劳动力在本地就业。引进一批适合易地扶贫搬迁劳动力就近就业的劳动密集型企业，支持鼓励在易地扶贫搬迁安置点投资办厂。符合条件的，认定为就业扶贫车间或就业扶贫基地，对经省级人力资源社会保障部门认定为先进就业扶贫示范基地、先进就业扶贫车间的，分别给予一次性 3 万元、1 万元资金奖补，所需资金从就业补助资金中列支。（责任单位：市人力资源社会保障局、市农业农村局、市生态移民局、市工业和信息化局、市投资促进局）

十八、落实一次性吸纳就业补贴

对市内企业、农民专业合作社、种养大户、家庭农场、扶贫车间、建筑业小微企业等生产经营主体吸纳铜仁籍建档立卡贫困劳动力和易地扶贫搬迁劳动力稳定就业 3 个月以上，签订 1 年以上劳动合同，并缴纳社会保险的，按每人 500 元标准给予吸纳就业一次性补贴，所需资金从就业补助资金中列支，政策实施期限截至 2021 年 12 月 31 日。对疫情防控期间开工生产、配送疫情防控医疗物资的企业，从工业企业结构调整中央专项奖补资金中按每吸纳一人稳定就业 1 个月以上 400 元标准给予一次性补贴。（责任单位：市人力资源社会保障局、市财政局）

十九、落实一次性求职创业补贴

对建档立卡贫困劳动力和易地扶贫搬迁劳动力通过有组织劳务输出到户籍所在县外省内新就业的，给予每人 500 元一次性求职创业补贴；输出到省外新就业的，给予每人 1 000 元一次性求职创业补贴，所需资金从就业补助资金中列支，政策实施期限截至 2021 年 12 月 31 日。（责任单位：市人力资源社会保障局）

二十、给予创业就业补贴扶持

对高校毕业生、就业困难人员、农民工、复员退伍军人首次创办小微企业或个体工商户自工商登记注册之日起正常运营 1 年以上并带动就业的，给予 5 000 元的一次性创业补贴；租用符合规划、安全及环境要求的经营场地创业，且未享受场地租赁费用减免的，给予每月低于 500 元的据实补贴，补贴期限最长不超过 3 年。补贴所需资金从就业补助资金中列支。对符合申请扶持微型企业发展条件的微型企业，按 2020 年省政府出台的扶持政策规定落实好“3 个 15 万元”的相关扶持政策。（责任单位：市人力资源社会保障局、市市场监管局）

二十一、助力受困民营小微企业发展

为小微企业做好精准续贷，缓解受困小微企业的流动资金压力；普惠型小微企业的贷款综合融资成本在 2019 年的基础上继续下降；适度提高不良贷款容忍度，对受疫情影响严重的企业到期还款困难的，根据实际，通过续贷、信贷重组、减免逾期利息等方式予以全面支持。（责任单位：铜仁银保监分局）

二十二、完善社会民生领域的金融服务

对因感染新冠肺炎住院治疗或隔离人员、疫情防控需要隔离观察人员、参加疫情防控工作人员以及受疫情影响暂时失去收入来源的人群，引导银行机构在信贷政策上予以适当倾斜，灵活调整住房按揭、信用卡等个人信贷还款安排，合理延后还款期限。（责任单位：人行铜仁市中心支行、铜仁银保监分局）

二十三、提供创业担保贷款

符合条件的城镇登记失业人员、就业困难人员、高校毕业生、返乡创业农民工、建档立卡贫困劳动力等群体，可按规定申请不超过 15 万元的创业担保贷款。对个人发放的创业担保贷款期限最长不超过 3 年，财政部门给予 3 年的全额贴息。创办小微企业的，按当年新招用符合创业担保贷款申请条件的人员数量达到企业现有在职职工 20%（超过 100 人的企业达到 10%）并与其签订 1 年以上劳动合同的，可申请最高不超过 300 万元的创业担保贷款，财政提供基准利率 50%的贴息。已发放的个人创业担保贷款，借款人患新冠肺炎的，可向贷款银行申请展期还款，财政部门继续给予贴息支持。（责任单位：市人力资源社会保障局）

二十四、减轻企业税收负担

对受疫情影响，缴纳房产税和城镇土地使用税确有困难的中小企业，可向主管税务机关提出申请，主管税务机关给予不少于 2 个月的应纳税款减免。适用“定期定额”征收的个体工商户生产经营受到影响的，税务机关结合实际合理调整定额。纳税人因疫情影响不能按期缴纳税款的，经税务机关批准，可以延期缴纳税款，最长不超过 3 个月。（责任单位：市税务局）

本通知由各相关部门、单位负责解释并认真执行。

国家、省有相关规定的支持政策遵照执行。

参考文献

[1] 全国高等学校学生信息咨询与就业指导中心组. 大学生职业发展与就业指导［M］. 北京：高等教育出版社，2009.
[2] 林崇德. 心理学大辞典. 上海：上海教育出版社，2003.
[3] 钟思嘉，金树人. 大学生职业生涯规划：自主与自助手册［M］. 北京：高等教育出版社，2017.
[4] 金树人. 生涯咨询与辅导［M］. 北京：高等教育出版社，2007.
[5] 罗伯特·里尔登（Robert C. Reardo），珍妮特·伦兹（Janet G. Lenz），加里·彼得森（Gary W. Peterson），小詹姆斯·桑普森（James P. Sampson，Jr）. 职业生涯发展与规划，4版［M］. 侯志瑾，译. 北京：中国人民大学出版社，2018.
[6] 杰弗里·H. 格林豪斯（Jeffrey H. Greenhaus），杰勒德·A. 卡拉南（Gerard A. Callanan），维罗妮卡·M. 戈德谢克（Veronica M. Godshalk）. 职业生涯管理，4版［M］. 王伟，译. 北京：清华大学出版社，2014.
[7] 保罗·D. 蒂戈尔（Paul D. Tieger），芭芭拉·巴罗·蒂戈尔（Barbara Barron-Tieger）. 做适合你的工作［M］. 张梅，张洁，译. 北京：东方出版社，1999.
[8] 陈德明，祁金利. 大学生生涯规划与管理［M］. 北京：高等教育出版社，2008.
[9] 张景春，余克敏. 大学生职业生涯规划与就业指导［M］. 北京：北京理工大学出版社，2018.
[10] 吴文君，曾长霞. 大学生职业生涯规划与就业指导［M］. 北京：清华大学出版社，2009.
[11] 周秀芳，林秀芬. 大学生职业生涯规划与创业就业指导［M］. 北京：中央广播电视大学出版社，2017.
[12] 许湘岳，黄东斌. 职业生涯规划［M］. 北京：人民出版社，2017.
[13] 许湘岳，蒋璟萍. 礼仪训练教程［M］. 北京：人民出版社，2017.
[14] 邓凌. 大学生择业的心理误区及调适［J］. 中国青年研究，2005（2）.
[15] 方成智. 大学生就业的心理障碍及调适［J］. 当代教育论坛，2006（3）.
[16] 郭冬娥. 大学生就业负性心理暗示的归因及应对［J］. 黑龙江高教研究，2007（3）.
[17] 崔长江. 大学生就业心理问题及其引导［J］. 北京市经济管理干部学院学报，2008（2）.
[18] 谢永阳. 走出大学生就业心理障碍困境的路径解析［J］. 中共乐山市委党校学报（新论），2011（4）.
[19] 于华龙，郜凤琳. 大学生职业生涯规划概论［M］. 开封：河南大学出版社，2008.
[20] 赵北平，雷五明. 大学生涯规划与职业发展［M］. 武汉：武汉大学出版社，2006.
[21] 陈浩明，孙晓虹，吕京宝. 大学生职业生涯规划［M］. 上海：复旦大学出版社，2012.
[22] 王群，夏文芳. 医学类学生职业生涯与就业指南［M］. 上海：复旦大学出版社，2011.
[23] 田新民，张宗恩. 择业与就业：大学生职业规划与发展［M］. 上海：上海交通大学出版社，2008.